# 警察执法百案解析

黄胜　编著

中国人民公安大学出版社

图书在版编目（CIP）数据

警察执法百案解析 / 黄胜编著. -- 北京 : 中国人民公安大学出版社, 2022.8

ISBN 978-7-5653-4446-6

Ⅰ. ①警… Ⅱ. ①黄… Ⅲ. ①警察—行政执法—案例—中国 Ⅳ. ①D922.145

中国版本图书馆 CIP 数据核字 (2022) 第 005845 号

# 警察执法百案解析

黄 胜　编著

出版发行：中国人民公安大学出版社
地　　址：北京市西城区木樨地南里
邮政编码：100038
经　　销：新华书店
印　　刷：三河市荣展印务有限公司

版　　次：2022 年 8 月第 1 版
印　　次：2024 年 5 月第 8 次
印　　张：10.625
开　　本：880 毫米 ×1230 毫米　1/32
字　　数：275 千字

书　　号：ISBN 978-7-5653-4446-6
定　　价：38.00 元

网　　址：www.ppsup.com.cn　www.porclub.com.cn
电子邮箱：zbs@cppsup.com　zbs@cppsu.edu.cn

营销中心电话：010-83903991
读者服务部电话（门市）：010-83903257
警官读者俱乐部电话（网购、邮购）：010-83901775
公安业务分社电话：010-83906108

# 序言一

## 琐碎正义——伟大法治的基石

当黄胜同志把这本《警察执法百案解析》书稿交给我的时候，我原本以为是一本枯燥的法律读物，但随手翻了几页之后，我竟然被里面的内容吸引住了，逐个案件读下去，就像看一部引人入胜的连续剧一样，精彩极了。这不是一本学术著作，但相比研读专著，此书更能让我了解一个执法者所要面对的生活百态。

这是一个警察写的办案手记，有趣、有料、有追求。

**一、法律是有趣的学问**

有趣的法律才有魅力。

在浙江大学教刑法学期间，我一直提倡“无快乐不学习，无案例不法律”。由于浙江大学许多大一、大二的学生是不分专业的，老师除了基础的教学工作之外，还需要吸引更多学生将来选择法学专业，因而有趣的课程才能让人一见倾心、向法而行。

在互联网时代，很多学生的信息量比老师还要大。法律不是数学，老师不需要面对面讲解复杂公式。但是，如果只是照本宣科，同学们宁愿到网上听名家授课；或者为了职业需要，学生也可以直接听法考培训课。所以，现在大学课堂授课的目的，除了传播知识之外，还要让学生对法律产生兴趣。喜欢才能放肆地爱，学生们需要高深的理论，但也需要幽默的知识，这样可以感受到学习的快乐。

在很多人眼里，法律是严肃的。庄严的法庭、黑色的法袍、肃穆的法官，各种充满仪式感的程序，目的是让法律显得高端、大气、上档次，似乎在法庭上笑一笑就是扰乱法庭秩序。但是，这不应该是法律本来的样子。

人们喜欢法律，常是因为案件中精彩的故事情节。对很多旁观者而言，一些庭审就像一场话剧表演，演员们戴着假发、穿着制式服装、用着法槌等道具，按照预定程序一点点把案情呈现给观众。估计在没有影视作品的年代，法庭和剧院会有同样的功能：为生活加点料。

在《红与黑》中，法国作家司汤达描述的法庭精彩情节给人们留下了深刻印象：

“当地的人会长久地记住这桩有名的诉讼案。对被告人的同情，引起了人们的骚动。这是因为：他的罪行是骇人的，但并不残忍。即使是残忍的，可这个年轻人多么英俊啊！他辉煌的前程就要完了，这更增加了人们的同情。‘他们会判他死刑吗？’女人们问着她们熟识的男子。可以看得出，她们在等待回答时，脸色是苍白的。”

这种旁观者的心理，和我当年看《勇敢的心》《真实的谎言》等电影时的心理非常相似。

在严肃的法律教科书之外，我们也需要“开胃甜品”。

黄胜同志的这本书，就是夏日冰激凌。深夜翻阅它的时候，我毫无困意，因为很多案件非常有趣，且有些案件我是第一次听说。例如，为了挽回感情而限制他人人身自由、公公为了多拿拆迁补偿款对儿媳爬灰等，这些案情读起来让人忍俊不禁，而黄胜又是很多案件的亲历者，其用简洁的文笔勾勒出来的案件，让人过目难忘。

有多少人是因为有趣的案件而喜欢法律的呢？

长久喜欢一个人，一定是因为他有个有趣的灵魂。

有趣的法律小故事也一样，它是大众接受法律的最好途径。《论法的精神》《正义论》这样经典的理论书籍当然有历史价值，但对大多数人而言是奢侈品。很多法律读物，往往是罗列法条，冰冷而生硬。一些案件虽然经典，但不食人间烟火，如“马伯里诉麦迪逊案”“洞穴奇案”“电车难题”，这些案件远离大众生活，就好似案件中的“阳春白雪”。

黄庭坚曾说：“东坡之酒，赤壁之笛，嬉笑怒骂，皆成文章。”黄胜的书告诉我们，生活处处是法律。

让法律有趣起来，才是普法的最高境界。

**二、法律是讲故事的科学**

有故事的法律才有灵魂。

法律是一门实践学科，没有案例的法律，就是没有颜色的花朵。

遗憾的是，我国法学教材中，案例都过于刻板。例如，刑法学教材中讨论的1897年的德国“癖马案”、1884年的英国“海难吃人案”，这些古典案例是法律理论的源泉，无数代西方学者对这些案件的讨论，形成了今天法律理论的基本框架。

今天，中国案例应该成为法律的主角。由于人口多、地域广等原因，中国是全球最大的案例资源库，今天中国的很多法律案例，已经超越了西方学者的研究框架。例如，几年前中国学者就开始讨论“偷换二维码案”，在德国举办的研讨会中，无论翻译者怎么解释，德国学者根本无法理解，其背后是社会实践的差距。中国电子支付已经极为发达，第三方甚至第四方支付已经成为主流支付方式。我所在的杭州基本成了无现金城市，甚至正在走向无感支付，如车辆驶出停车场时司机无须任何支付手续，停车费会自动从支付宝中扣除。这些新型支付方式对欧洲学者而言不可思议，德国人还在使用现金、支票、信用卡，很难理解我们的扫码支付、无感支付。

为什么不用中国故事讲法律？以前是因为没有经济基础，现在则是因为没有文化意识。

当然，今天法学教科书中也会讨论很多中国案例。但是，这些法律案例多是判例，判决书固然有其严谨性，但却阉割了案件的生动性，使读者很难了解案件的细节。

最重要的是，大量普通的案件，很难进入公众视野。媒体习惯讨论热点案件，如“昆山龙哥被反杀的正当防卫案”“江苏女辅警敲诈勒索案”等，这些重大案例的确高潮迭起、吸引眼球，但是，日常生活中出现最多的还是简单案件。这些细小的法律问题，很少有教科书讨论。例如，吃“霸王餐”，拨打劳动保障客服电话扬言放火，在公共场所故意裸露身体，等等。这些法律问题我也很少关注，很难对其精准定性。

在宏大法治的叙事中，凡人的故事常被忽略，而黄胜的书讲的就是法律中的柴米油盐，很接地气。

这是一本有料的书，讲的是中国的故事、生活的故事、凡人的故事。

法律，应当有烟火的气息。

**三、正义始于琐碎之事**

通向伟大法治的道路，是由琐碎正义之石铺成的。

法学院的学生，都习惯于关注宏大法治命题。谈到自由、民主、法治等问题，很多学生可以侃侃而谈，颇有苏格拉底的风范。法律人都梦想着在“辛普森杀妻案”等世纪审判中大放异彩。然而，现实是很多法律人整个职业生涯都在处理借款、邻里、交通等简单纠纷，如当事人要求律师把 2 万元借款要回来，让楼上房东赔偿漏水导致的损失等案件。

心中想着维护世界和平，却整天要处理家庭纠纷。

曾经梦想仗剑走天涯，后来拿着木棍当保安。

但是，再小的案件，都是法治的孩子。

法律人不能眼高手低，就好比在饭桌上，谈及世界格局、中美关系，人人都是时事评论家。但是，一旦回到具体的社会问题，怎么做好小区垃圾分类、怎么调解邻里纠纷，很多人就会一脸茫然。

生活就是琐碎之事，法律就要体现细节正义。

法律当然需要轰轰烈烈的案件，但大案未必是难办案件。例如，在“药家鑫交通肇事后杀人案”“于某正当防卫案”等案件中，司法机关已经投入了大量资源，案情查得非常清楚，专家已经有了深入讨论，争论的都是教科书常见问题。

法律工作最难的，是处理琐碎之事。

琐碎之事，最考验法律人的智慧。

民间流传很多法律故事，都饱含处理琐碎之事的技巧。例如，郑板桥断案传说之一：利用苍蝇处理借款纠纷，就是“小事件大智慧”。某日，郑板桥在集市上看见一个鱼贩拉住一个商人纠缠，鱼贩讲道，就在一会前，商人称抓药银子没带够，临时向鱼贩子借 10 两银子，并保证回家后拿钱马上归还，但半个时辰后鱼贩遇到商人，他就不认账了，商人坚称口袋里的银子是自己带的而非向鱼贩借的。郑板桥就让两人把口袋的银子掏出来，再让人放苍蝇，结果很多苍蝇飞到了鱼贩的银子上，也有苍蝇飞到了商人的银子上。郑板桥据此认定，商人的银子就是鱼贩借给他的，因为鱼贩拿过银子才会招苍蝇。

处理琐碎之事，司法者需要大智慧。

黄胜同志这本书里写的，多是他办理的一些琐碎案件，不是惊天动地的大案。但是，这些细微的案件，是群众最常见的法律问题。小案件大正义，琐碎之事，才是人民群众感受法律正义的地方。

正是有了琐碎正义的点点光亮，法治国家才会有灿烂的星空。

希望像黄胜一样的执法者，不忘初心，秉公执法，把法律之光照耀到生活的每一个角落。

他们代表着国家的形象，他们的良知，决定着法治的高度。

是为序。

浙江大学数字法治研究院副院长

高艳东

2021年5月1日

# 序言二

黄胜是我2008年加入浙江广电集团最早认识的老师和朋友之一。

说是老师，是因为黄胜彼时的身份是浙江省新闻名专栏、浙江广电集团知名舆论监督类节目《阳光行动》的一名优秀调查记者，而我加入浙江广电参与主持的第一档节目就是《阳光行动》。略感遗憾的是，几乎在我加入的同时，他选择离开了媒体，去杭州市级机关谋求新的发展。慢慢熟络之后，我才知道作为一名记者，黄胜有多“拼”！印象中，不管是个人的“三观”还是他主导的新闻调查都充满了一种朴素的道义和为民代言的情怀，他的执念是用新闻力量推动社会的公平和进步，我想这应该是他骨子里的东西。也正因为这些特质，虽然我们共事的时间极少，但友谊却历久弥坚。

几经辗转，黄胜又开始了新的尝试：公安工作！这是包括我在内的许多朋友都不曾想到的。印象中，公安工作非常辛苦且伴有高风险。为此，我们曾交流过这个问题。得到的回答却很简单：希望能给人生多一些尝试。在新的岗位上，他陆续通过了国家法律职业资格考试，也取得了公职律师执业证。我知道，其实是黄胜骨子里关于公平正义的追求驱使他做出了选择。

尔后十年，黄胜越发觉得当初的选择是对的。我们每次交流，他总说：公安机关是准确、及时查明犯罪事实的启动者，是维护社会主义法治，尊重和保障人权的重要力量。把好第一道关、看好第一道门、守好第一道口是公安工作的职责所在！每每说到这些，我都能感受到他内心的自豪和坚定。记忆中，入职公安岗位不久，在忙于办案的同时，黄胜就开始“折腾”起了微信公众号。

本以为在这里会看到他一些工作之外的东西，打开一看，一个化身卡通形象的黄 sir 正使着浑身解数跟大家分享办案心得和必要提醒。形式活泼、生动有趣，一时间我有些分不清，文字的背后是一名警察还是一名记者。当然，无论是警察还是记者，我想我们的最终追求是一致的：守护社会的公平正义。

于是，笔耕不辍的黄胜，他的微信公众号越来越活跃，而我也从中获得很多见识和触动。呈现在面前的这些丰富的案例和思辨，让作为媒体人的我深切地感受到一位一线公安民警在执法过程中的探索和思考。因为工作的原因，我也常和黄胜说起一些社会关注度比较高的案件，直言我的一些困惑。他说干公安这些年，他也深刻感受到公安法制工作不断地进步和完善，执法规范化建设如火如荼，建章立制扎紧了制度的篱笆，但同时也存在着一些不足和缺点，比如个别执法主体的执法能力和执法素质不适应新形势，仍停留在老套路、老办法、老观念中。

那时，黄胜就已经不满足于微信公众号了，他说他要将从业十年来所接触的案例、所引发的思考集结成一本书。作为朋友，我自然期待。但转念一想，工作强度那么高，能成吗？

直到近日，我们再见面时，簇新的一本书摆在眼前。我赶忙打开，刑事执法篇、行政（治安）执法篇和派出所执法篇构成了全书的主体。从导语到基本案情、从争议焦点到以案释法，遣词造句严谨专业，阐述的某个刑法问题或者行政案件法律适用问题也让即使外行的我一目了然。反复翻看，不由地佩服黄胜十年的光阴付出，这些生动的案例就来自他的工作，这些基于案件的思辨和解读都是他在一线执法实践中的观察和思考。与其说我捧着一本书，不如说我捧着一颗炽热滚烫的对公安事业无限热爱和忠诚的初心。有些人，初看不经意，再看已经长成参天大树。

黄胜的这本书，成书背后的辛苦自不必多说。作为一名新闻工作者，我很庆幸能看到这样的书。功利点儿说，它丰富了我的认知、拓展了我的储备、启迪了我的思考。让我再面对热点案件时能多一分理性和专业去报道、去观察、去解读、去引导。而黄胜说，他刚进公安队伍时，在办理案件的时候常常感到迷茫和无助，定性问题把握不好、量罚问题把握不准，经常请教前辈们。在不懂的时候参考已经批过的、成熟的案件，一点一点地摸索前进。转眼十年，自己也是一名公安“老兵”了，希望自己埋头写就的这些文字能够为包括一线民警在内的更多人提供一种观察和探讨的视角，共同努力确保每一个公民都能在一起起的案件中感受到公平正义。这是法治社会的题中应有之义，更是崭新时代里所有人的共同守望。再看这本书，我能感受到黄胜如此坚持的原因了。

写这些文字的时候，2021 年全国两会刚刚胜利闭幕。这次全国两会是站在“两个一百年”奋斗目标历史交汇点上召开的盛会，既立足“十四五”开好局，又锚定了 2035 年远景目标，具有十分重要的意义。回望十三五、展望十四五，就法治层面来说，法治浙江乃至法治中国建设仍然在路上。而就公安工作来讲，我认为如何注重系统观念、法治思维、强基导向，推进科技赋能和理念创新，下大力气固根基、补短板、强弱项，是公安工作高质量发展和新突破必须要面对的考卷。基于此，作为媒体人，我乐见像黄胜这样的一线公安民警能在办案中思考、能在思考中办案。浙江正在努力打造社会主义现代化先行省，奋力扛起新时代“重要窗口”的使命担当，在之江大地上，需要更多的人主动去学习法律，更多的人去普及法律，让司法护航复兴之路。基于此，作为媒体人，我乐见像这样的书能多一些再多一些，不是枯燥的法条，而是生动的以案释法，拉近法律和百姓的距离。

我由衷地推荐您读读这本书。

中国新闻奖获得者 浙江省青年岗位能手

浙江省第十届青年委员　浙江之声新闻主播

飞　扬

2021年3月16日

# 目 录

## 第一部分刑事执法篇

## 第二部分行政（治安）执法篇

## 第三部分派出所执法篇

# 第一部分
# 刑事执法篇

# 1 是否能够认定正当防卫?

导语:生命权、身体权和健康权是受法律保护的,《刑法》第四章专门规定了公民人身、民主权利,旨在保护公民的人身合法权益。伤害类案件办理的过程中,除了作为当事人和解的公诉案件办理之外,还有一条路是可以依法撤销案件,即公安机关认为情节显著轻微、危害不大,可不作犯罪处理。比如具有被害人有重大过错的、具有防卫性质的情形的。在这种情况下,双方达成和解协议的,公安机关可撤销案件,并向同级检察机关备案。

**基本案情:**

王某和苏某同在杭州江干区[1]某劳务市场上班,是抬头不见低头见的“兄弟”,平时有活干的时候就做做临时工,没有活干的时候就喜欢喝喝酒打发时光,因为没有一技之长,所以只能干一些简单的力气活。

1月某天中午,苏某一个人买了中饭在市场门口吃,期间还喝了一点小酒。同时王某在另外一边吃完午饭走过来,想起之前和苏某有过“疙瘩”,

1 2021年4月9日,杭州召开部分行政区划优化调整实施动员部署会议,宣布正式启动实施部分行政区划优化调整。经《国务院关于同意浙江省调整杭州市部分行政区划的批复》(国函【2021】29号)同意,杭州撤销上城区和江干区,设立新的上城区,以原上城区、江干区的行政区域(不含下沙街道、白杨街道)为新的上城区的行政区域,人民政府驻望江街道望潮路77号。为行文顺畅,本书内涉及江干区内容不再特殊说明。

看到苏某就问其是否骂过一个外号叫“东北佬”的人，苏某说没有骂过，王某不信，之后就你一言我一语地吵了起来。

王某随后用右手打了苏某好几个巴掌，还用脚踢在了对方的胸口，并用拳头击打对方的身体。苏某一直防守退让没有还手，让王某不要再打了并让王某走开，王某偏又不走开，还越打越来劲，从这头打到那头，并骑在苏某身上，锁喉、踩踏、脚踢。苏某实在受不了，就起身还手反击，赤手空拳打了王某的头部、脸部等部位，打的王某鼻子出血，造成王某颈部骨折、鼻骨骨折。

后经杭州市公安局司法鉴定中心鉴定，王某的损伤已经构成轻伤二级。经查王某有多次寻衅滋事、盗窃、谎报案情等犯罪和违法前科，而苏某没有前科。

证人（清洁工）季某证实：深色外套男子（苏某）全程根本没有还手，包括刚开始在劳务市场门口白衣男子（王某）身体往苏某身上靠近，到后来在加油站进口王某用手推搡苏某，用脚踢苏某，整个过程苏某都没有采取任何动作回应。过了好久苏某才起身回击。

另有证人（出租车司机）也证实：看到白衣男子（王某）一直在挑衅深色外套男子（苏某），就是嘴上骂骂咧咧，用手指指点点，刚开始的时候还时不时用手打一下对方，接着打对方的脸部，再后来一把把对方推倒在地上，用锁喉、踩踏等方式打骂对方。苏某大概实在忍受不了就还手了，把白衣男子的脸部打得都是血，地上也有一摊血。

**争议焦点：**

因民间纠纷引发的故意伤害案件发生后，双方达成和解协议，被害人表示谅解。在被害人有过错的前提下或者嫌疑人具有正当防卫性质的情形下，刑事案件能否撤销？

**警官评析之以案释法：**

**一、苏某涉嫌故意伤害罪**

根据《刑法》第二百三十四条之规定，故意伤害他人身体的，处三年以下有期徒刑、拘役或者管制。犯前款罪，致人重伤的，处三年以上十年以下有期徒刑；致人死亡或者以特别残忍手段致人重伤造成严重残疾的，处十年以上有期徒刑、无期徒刑或者死刑。本法另有规定的，依照规定。

故意伤害罪侵犯的客体是他人的身体健康。损害他人身体健康，主要是指损害人体组织的完整或者破坏人体器官的正常功能。如果是损害他人的人格、名誉等，则构成侮辱罪、诽谤罪。

根据《刑法》第九十五条之规定，重伤是指使人肢体残废或者毁人容貌，使人丧失听觉、视觉或者其他器官机能，以及其他对于人身健康有重大伤害的情形。轻伤是造成人体组织、器官结构一定程度的损害或者部分功能障碍，尚不构成重伤，又不属于轻微伤害的损伤情形。2014年1月1日起施行的《人体损伤程度鉴定标准》为伤情鉴定提供了科学依据。一般来说确定伤情轻重应以受伤时的状况为主，结合治疗恢复后的情况，全面分析，合理认定。

经过司法鉴定部门的鉴定，王某的伤势达到了轻伤二级的标准。苏某的行为已经涉嫌故意伤害罪，但是否必须要接受刑法的处罚，则还要看其他客观因素及责任阻却事由。

**二、正当防卫是免责事由**

根据《刑法》第二十条之规定，为了使国家、公共利益、本人或者他人的人身、财产和其他权利免受正在进行的不法侵害，而采取的制止不法侵害的行为，对不法侵害人造成损害的，属于正当防卫，不负刑事责任。

正当防卫明显超过必要限度造成重大损害的，应当负刑事责任，但是应当减轻或者免除处罚。

对正在行凶、杀人、抢劫、强奸、绑架以及其他严重危及人身安全的暴力犯罪，采取防卫行为，造成不法侵害人伤亡的，不属于防卫过当，不负刑事责任。

回归到本案，苏某当时正在吃饭，面对王某的问话时，苏某并未恶语相向，当口角纠纷升级为肢体冲突的时候，从监控视频上看，王某十几分钟持续对苏某进行攻击，具体动作表现为推搡、拳击、脚踢、锁喉、踩踏、掐脖子、打巴掌，在此过程中，苏某完全处于被殴打局面，没有还手，只是劝对方不要再打了。当言语求饶不起作用，当身体权、健康权遭受不法侵害时，当自己实在是忍无可忍时，苏某奋起反击，虽然造成了对方轻伤二级的伤害结果，但相比较苏某身体各处都是伤而言，应当说并未超过必要限度，也并未造成重大损害，属于正当防卫。

正当防卫不仅包括结果正当，也包括手段正当。结果正当表现为苏某的伤势经鉴定是轻微伤，苏某的反击造成王某轻伤二级的伤害结果，并未超过限度。手段正当表现为，苏某的手段正当，苏某被拳打脚踢，苏某也是用手予以还击，并没有直接拿砍刀反击，并没有造成手段不对等。

防卫行为的手段、强度、后果同不法侵害行为的手段、强度、后果要基本相适应，因为法律并没有明确规定“必要限度”的具体标准，所以只能进行个案综合分析。只要防卫人的行为没有造成过于悬殊的不必要损害，笔者认为属于正当防卫。

**三、能否撤销案件**

根据《刑事诉讼法》第二百八十八条规定：下列公诉案件，犯罪嫌疑人、被告人真诚悔罪，通过向被害人赔偿损失、赔礼道歉等方式获得被害人谅解，被害人自愿和解的，双方当事人可以和解：（一）因民间纠纷引起，涉嫌刑法分则第四章、第五章规定的犯罪案件，可能判处三年有期徒刑以下刑罚的；（二）除渎职犯罪以外的可能判处七年有期徒刑以下刑罚的过失犯罪案件。犯罪嫌疑人、被告人在五年以内曾经故意犯罪的，不适用本章规定的程序。

伤害类案件可以适用和解程序。事后，在派出所民警的主持下，王某意识到自己过错在先，发生损害的事实都是由于自己的鲁莽、主动攻击行为才导致的，双方选择谅解，两人最终达成了和解协议，互不追究对方的责任，并签字背书。

另据2018年10月出台的《浙江省高级人民法院、人民检察院、公安厅关于办理盗窃、故意伤害、赌博刑事案件的若干意见》第九条规定：具有下列情形之一的轻伤害案件，已达成调解或和解协议，被害人明确表示谅解，公安机关认为情节显著轻微、危害不大的，可不作犯罪处理，依法撤销案件，并向同级检察机关备案：（一）在拉扯、推搡过程中造成伤害的；（二）被害人有重大过错的；（三）具有防卫性质的；（四）其他可以不作为犯罪处理的。

根据杭州市公、检、法2013年5月出台的《办理刑事和解案件若干问题的规定》（杭公法［2013］74号）第六条规定，对于下列案件，在诉讼过程中双方当事人达成和解协议并履行完毕的，公安机关可以撤销案件，人民检察院可以作出不起诉决定，人民法院可以对被告人免予刑事处罚：（一）因民间纠纷引起的轻伤害案件。

所以无论是浙江省公、检、法的解释还是杭州市公、检、法的解释，对于民间纠纷引起的伤害案件，被害人有重大过错，或者嫌疑人有防卫性质的，是可以依法撤销案件的，只不过需要向同级检察机关备案。

近年来，关于正当防卫案件，最高人民检察院出台了很多的指导案例，以规范司法实践中正当防卫的适用问题，如发生在杭州的“盛某平正当防卫案”，传销人员以谈恋爱为名将盛某平骗至杭州市桐庐县，后以恐吓、体罚、殴打等“抖新人”措施威逼其加入传销组织，盛某平持刀挥刺，刺中成某某的左侧胸部，致心脏破裂，后引起死亡。公安机关以盛某平涉嫌故意伤害罪（防卫过当）向检察机关移送审查起诉，杭州市检察院认定盛某平的行为构成正当防卫，作出不起诉决定。

2018 年 8 月江苏“昆山龙哥反杀案”，使正当防卫走进了大众视野。最终，司法机关判定当事人属于正当防卫，不负刑事责任。

2019 年，“福州市赵某见义勇为案”经媒体报道后，舆论高度关注。赵某从涉嫌过失致人重伤罪到晋安区人民检察院作出相对不起诉决定，再到福州市检察院以正当防卫对赵某作出无罪的不起诉决定。过程一波三折，跌宕起伏。

## 2 究竟是紧急避险还是非法侵入住宅?

导语：世间百态尽在派出所接处警故事。市民小张向 110 报警称两名物业工作人员非法侵入住宅。物业是服务业主的大管家，为什么要侵入他人住宅呢？还是有其他缘由？是否为不得已而采取的紧急避险行为呢？

**基本案情：**

11 月 30 日 15 时许，王某在杭州某住宅小区家中一楼客厅看电视，突然间天花板上的水漏了下，来正好落在工作中的电暖风机上，王某开始没有注意，但后期越漏越多。于是王某马上向物业报告此事，物业工作人员也立马赶到王某家里，断定是二楼出了状况。

于是物业人员陪同王某一起敲响 201 室的门，但是始终没有人应答，物业工作人员回到办公室查看 201 业主的联系电话，经多次拨打，始终无人接听。过了半个小时还是无法联系上。此时 101 业主家的客厅已经准备了5只大脸盆接水，客厅天花板也在漏、卧室天花板也在漏、厨房天花板也在漏，情况越来越不容乐观。

业主急中生智，想出爬阳台进入201室的想法。于是立马行动从工程部拿了梯子，为了以防万一，两名物业工作人员同时爬进阳台进入业主家中，发现家中客厅、餐厅、厨房已经水漫金山，连卧室都有积水。到厨房一看，水龙头一直在放水，原来是水龙头老化爆裂导致的出水。未曾想，工作人员交谈的声音把沉睡中的业主张某（女）吵醒了。

原来张某一直躺在床上睡觉，因为昨天上了夜班，所以沉睡未醒，张某胆子小，对于家中突然闯入两名大汉感到恐慌，质问物业工作人员为啥闯入？工作人员解释了情况，张某表示不解并道："我家水龙头坏掉了，关你物业何干，我要报警告你们非法侵入他人住宅。"物业很无语，称自己没有故意闯入业主家。

就这么一件事情又惊动了110。

于是民警同志当起了"老娘舅"，开始做调解和法律普及工作。

**争议焦点：**

物业工作人员为了避免楼下业主免遭漏水侵害，而进入楼上业主家中，是否构成非法侵入住宅行为？能否构成紧急避险？是否为不得已的行为？是否应当受到鼓励和支持？

**警官评析之以案释法：**

**一、物业工作人员没有非法侵入他人住宅的故意**

本案中，两名物业工作人员虽有侵入他人合法住宅的客观行为，但是他们并没有非法侵入住宅的主观故意。作为物业来说，根据物业服务合同的相关约定，业主在日常生活中遇到的家事困难，物业有责任按照服务合同的规定提供相应的服务和保障。业主交了物业费，物业提供的是有偿对价服务，所以当101室业主家中进水时请求物业帮助既合情又合理。在这起案件中，物业根据业主的请求进入他人住宅并没有过错。所以，工作人员并没有非法侵入他人住宅的明知故意。

**二、本案构成紧急避险**

紧急避险是出罪的免责事由，也是一种违法阻却事由，就如正当防卫一样，为使他人人身、财产权利免受正在进行的不法侵害，而采取的制止不法侵害的行为，属于正当防卫，不负刑事责任。紧急避险规定在《中华人民共和国刑法》第二十一条，为了使国家、公共利益、本人或者他人的人身、财产和其他权利免受正在发生的危险，不得已采取的紧急避险行为，造成损害的，不负刑事责任。紧急避险超过必要限度造成不应有的损害的，应当负刑事责任，但是应当减轻或者免除处罚。

本案中物业已尽了最大的努力，敲了201室的门，打了业主的手机，在现有的手段都用完之后才采取了架梯子、爬阳台的方式避免损害的发生。不但保护了101室家中的财产安全，而且退一步讲还节约了201家中的水费。当一楼家中正在遭受漏水之困的时候，有进一步扩大风险的可能，物业看到这个情况后，不得已采取了进入他人合法住宅的紧急避险行为，是完全合理、合情、合法的，符合社会主义核心价值观。另外法条还规定造成损害的，不负刑事责任，本案也没有造成人身、财产上的损害，只是对住宅的安宁权有所打扰。

举个例子，大夏天市民看到一个婴儿留在汽车内，原来是粗心爸爸将婴儿落在车上，好市民就直接打破玻璃把婴儿救出的行为，其实也是紧急避险，虽然造成了车玻璃的损失，但是生命的法益大于财产的法益，所以也不构成故意毁坏财物罪。

**三、侵害他人民事权益应承担侵权责任**

在讲完法律上的紧急避险事由外，民警同志从《中华人民共和国民法典》侵权责任编再予以说服。《民法典》第一千一百六十五条规定："行为人因过错侵害他人民事权益造成损害的，应当承担侵权责任”。

接着民警同志给张某讲解侵权责任的四个构成要件，即侵权行为、主观过错、损害事实、因果关系。侵害行为包含了作为和不作为。如果因为楼上的水漏下来导致楼下的电器短路等财物的损失或者其他损害，作为侵权人201室的业主承担民事赔偿责任是毫无疑问的，所幸的是王某发现及时，未造成相关物品损失，目前王某也没有追究张某的责任。所以从侵权责任的角度，张某从某种程度上讲也是要承担相应的法律责任的。

张某听了民警同志的解释，非常理解，表示事出有因，不追究物业工作人员的违法责任。

## 3 出于泄愤将房间内的餐巾纸点燃是否构成放火罪?

导语：放火案是公安司法实践中经常碰到的一个案由，最著名的一起案例是发生在2017年的杭州蓝色钱江保姆纵火案，该案件造成了4人死亡，最终法院认定犯罪嫌疑莫某犯放火罪、盗窃罪并判处死刑。放火罪侵犯的是社会公共安全，对不特定多数人的生命、身体、财产造成侵害的具体危险性，所以刑法规定了对这类严重破坏社会秩序的犯罪分子最高可以判处死刑。

**基本案情：**

王某与姜某因为感情不和于某年上半年离婚，因为小孩的抚养费问题，两人离婚后还经常吵架。因共同财产分配问题，前妻姜某起诉到法院要求强制执行，这让王某感到非常不舒服。

在最近一次电话里吵架时，王某得知前妻找了男朋友。1月25日早上8时许，王某想去看看前妻的男朋友长什么样子，打开前妻租住的房间密码锁后，发现房内空无一人，房间里有男性的鞋子，还有一个皮质旅行箱，里面都是男人的衣物。王某一时气愤，醋意大发，就随手拿出之前买好的打火机，点燃了餐巾纸，并将燃烧的餐巾纸扔进了塑料收纳箱里，然后又点燃了一些餐巾纸扔到床上的棉被上，眼看着火势已经越来越大，王某把门锁上后离开。

602室二层北侧西边房间正门状况

图 现场图

该房有三层，第一层有两个房间，第二层有三个房间，第三层有一个房间，目前住了五户人家，姜某住在第二层的一个房间。

幸亏消防人员迅速控制了火情，将火势控制在姜某的房间，否则对周边的业主、租客的人身安全和财产安全的威胁、影响实在是太大了。

**争议焦点：**

因感情纠纷原因，嫌疑人出于泄愤将房间内的餐巾纸点燃后放到塑料收纳箱和床上，虽然消防人员及时控制了火势，但嫌疑人是否构成放火罪？

**警官评析之以案释法：**

**一、构成放火罪**

根据《刑法》第一百一十四条规定，放火、决水、爆炸以及投放毒害性、放射性、传染病病原体等物质或者以其他危险方法危害公共安全，尚未造成严重后果的，处三年以上十年以下有期徒刑。

根据《刑法》第一百一十五条规定，放火、决水、爆炸以及投放毒害性、放射性、传染病病原体等物质或者以其他方法致人重伤、死亡或者使公私财产遭受重大损失的，处十年以上有期徒刑、无期徒刑或者死刑。

过失犯前款罪的，处三年以上七年以下有期徒刑；情节较轻的，处三年以下有期徒刑或者拘役。

最高人民法院、最高人民检察院《关于办理组织、利用邪教组织破坏法律实施等刑事案件适用法律若干问题的解释》第十二条规定，邪教组织人员以自焚、自爆或者其他危险方法危害公共安全的，依照刑法第一百一十四条、第一百一十五条的规定，以放火罪、爆炸罪、以危险方法危害公共安全罪等定罪处罚。（2017 年 1 月 25 日，法释〔2017〕3 号）

公安机关认定，1 月 25 日早上 8 时许，犯罪嫌疑人王某因为与前妻的感情纠纷原因，赶至前妻家中趁无人之际，用随身携带的打火机将餐巾纸点燃，后返回工作地上班。邻居发现火情后立刻拨打 119 报警电话，后消防队及时出警将火势扑灭，由于消防人员及时扑救，所幸同住其他住户及邻居未有人身和财产损失，大火将前妻家中的家具、平板电脑、衣物等个人物品全部烧毁。

**二、保护的法益是公共安全**

放火罪规定在《刑法》分则第二章危害公共安全罪中，放火罪位于该章中的第一个条款。放火罪，是指故意纵火焚烧公私财物，危害公共安全的行为。危害公共安全犯罪是侵犯社会利益的犯罪，具体来说是人身权利和财产权利。但是与《刑法》第四章的侵犯人身权利、民主权利和第五章的侵犯财产权利有所区别，尽管都侵犯了人身和财产权利，但是危害公共安全犯罪侵犯的是公共安全。所谓的公共安全，是指不特定或者多数人的生命、身体、健康或者财产安全。所谓不特定，是指行为所侵犯的对象是不特定的，行为人无法预料也无法控制，造成的危害结果可能随时扩大，使社会公众面临不特定的风险和侵害。

危害公共安全罪并非一定要造成多少财产损失或者多人伤亡，而是看行为是否有造成不特定对象人身伤亡、财产损失的可能性。

实践案例中也有发生以放火形式杀人的，这就构成了放火罪与故意杀人罪的想象竞合，主流观点认为以放火罪更能实现对行为的评价。陈兴良教授指出：在爆炸罪与故意杀人罪之间发生法条竞合的情况下，应当按照整体法优先于部分法的原则，以爆炸罪论处。[1]

本案未涉及故意剥夺他人生命的故意杀人罪问题，本案所涉房屋位于该幢的二层，整楼共有三层，是一个群租房，每一层都住着人，由于事发是早上 8 时许，有些租户还在睡梦中，所幸他们闻到烟雾及时迅速逃离，否则伤亡结果真的无法预料。

**三、既遂的标准问题**

根据张述元主编的《刑法条文理解适用与司法实务全书》，区分放火罪的既遂与未遂，关键不在于行为人是否达到了预期的犯罪目的，而在于是否具备了法律所要求的全部构成要件。只要行为着手实施了放火的行为，并且这种行为具有造成严重后果的危险性，即使由于行为人意志以外的原因尚未造成严重后果，也构成放火罪的既遂。

放火罪属于危险犯。一般采取“独立燃烧说”，即目标物达到了独立燃烧的程度，这就相当危险了。我国的房屋多数采取的是砖混结构，目标物已经能够独立燃烧就可认定为犯罪既遂。

本案所涉房屋是常见的居民住宅楼，当王某点燃棉被、收纳箱等物品后，就随手关门离开，完全放任火势的继续扩大，家里的可燃物一旦燃烧，火力会越来越大，他的行为具有发生侵害社会法益的危险性。最终也导致了前妻家里的所有物品被烧毁。构成了放火罪的既遂标准。

---

1 陈兴良．判例刑法学（下卷）［M］．北京：中国人民大学出版社，2009.

## 附：李某某放火案二审刑事判决书

案号：（2014）驻少刑终字第64号

**一审法院查明：**

原判认定，2014年1月14日23时许，被告人李某某酒后因家庭琐事与父母发生纠纷后，在家中趁家人外出之际，用随身携带的打火机将被子点燃，火势起来后，李某某扑救未果，便积极向邻居寻求帮助，其邻居拨打报警电话后，火势被消防队及时扑灭，没有危及邻居的财产安全。大火将屋内的墙壁、家具、家电、衣物等物品烧毁。被告人李某某的父母对其表示谅解，要求不再追究其刑事责任。

上述事实，有经庭审举证质证的被告人供述、被害人陈述、证人证言、现场勘查笔录、物证、书证等证据予以证实，原审法院依照《中华人民共和国刑法》第一百一十四条，第二十四条第一款、第二款，第六十七条第三款之规定，以被告人李某某犯放火罪，判处有期徒刑一年。

抗诉机关的抗诉意见是，被告人李某某的行为已构成犯罪既遂，不存在犯罪中止。综合全案应对被告人李某某以放火罪判处三年以上有期徒刑。

原审被告人李某某当庭对一审判决认定的事实和证据均无异议，希望法院对其从轻处罚。

经二审审理查明的事实与原审判决认定的事实一致，定案证据业已经原审法院庭审举证、质证，证据来源合法，内容客观真实，本院予以确认。

**二审请求情况：**

关于抗诉机关抗诉称，被告人李某某的行为已构成犯罪既遂，不存在犯罪中止的意见，经查，上诉人李某某为泄愤于酒后故意放火，在一楼其家中客厅内用打火机将被子点燃后，又将煤气罐搬至客厅，并打开阀门释放煤气，导致火势迅速蔓延，引起大火，致使屋内大量物品被烧毁，后被消防队及时扑灭，上诉人李某某的行为已成立放火罪既遂。故抗诉机关抗诉理由成立，本院予以支持。

**本院认为：**

本院认为，原审判决认定事实清楚，定罪准确，审判程序合法，但原审被告人李某某案发前表现良好，无违法违纪等不良行为，本案系酒后偶发犯罪，案发后真诚悔罪，其父母表示谅解，到案后又如实供述自己的罪行，依法应从轻处罚。原审被告人李某某的行为已成立放火罪既遂，原判关于其行为符合放火罪中止的认定及因此而作出的量刑不当，依法应予改判，故抗诉机关抗诉理由成立，本院予以支持。根据其犯罪的事实，犯罪的性质、情节和对于社会的危害程度，李某某的父母及其所在村委和社区矫正机关愿意对其监管帮教，对其适用缓刑确实不致再危害社会，对所居住社区没有重大不良影响，依法可从轻判处三年有期徒刑，并对其适用缓刑。依据《中华人民共和国刑法》第一百一十四条，第六十七条第三款，第七十二条第一款，第七十三条第二款、第三款，《中华人民共和国刑事诉讼法》第二百二十五条第一款第（二）项之规定，判决如下：

一、撤销新蔡县人民法院（2014）新少刑初字第61号刑事判决。即被告人李某某犯放火罪，判处有期徒刑一年。

二、原审被告人李某某犯放火罪，判处有期徒刑三年，缓刑五年。

（缓刑考验期限，从判决确定之日起计算）

本判决为终审判决。

## 4 销售“德国黑金刚”构成何种犯罪?

导语：食品药品安全关系到老百姓的生命、身体的健康安全，党和政府历来非常重视，同时在刑法上也规定了违反食品药品安全的刑事责任，扎紧了制度的篱笆。然而再严的法律，也会有人为了利益而缺乏对法律的敬畏之心。正如马克思在《资本论》里所说：如果有 50% 的利润，他就铤而走险，如果有 100% 的利润，他就敢践踏一切人间法律，如果有 300% 的利润，他就敢犯任何罪行，甚至冒绞首的危险。

**基本案情：**

熊某和梅某是夫妻，某年 7 月在杭州某小区开了一家成人用品店，一开始售卖充气娃娃、避孕套、振动棒之类的情趣用品，生活平淡无奇。虽然生意并不怎么好，但也勉强维持生活。本来这样经营下去，平平安安也不会出事。事情的转折点发生在第二年年初，有一位上门推销人员到他们店里推销“药品”。而推销员也正是看中他们店门口放着成人用品的牌子才进来的。

推销人员给他推销德国黑金刚、黄金玛卡、精品伟哥、袋鼠精、金枪不倒、肾宝片等性保健用品，并且告诉他可以先卖货后付货款，另外还特别交代让熊某偷偷摸摸卖，不要光明正大卖，卖的时候要小心一点。熊某虽然只有 29 岁，但也是见过世面的，心里纳闷为什么要这么操作？推销人员告诉他卖

图 相关药品

这些药是违法的，并且也不是正规厂家出品的。熊某本想拒绝，但是想想现在生意不好做，钱也不好赚，既然不用先付款那就先在店里卖着吧。

之后，熊某就在店里悄悄地卖，进价 15 元每盒的德国黑金刚，他对外出售的价格是 40 元，利润大致在 50% ～ 150% 之间，中间还进货三次至五次，

细心的熊某还在网上查询了“延时”“壮阳”“成分”之类的关键词，查询到延时用品的成分是西地那非，熊某还清楚地知道西地那非对人体有危害作用，会造成头晕、眼花、视线模糊、充血等后果。

2020 年 9 月，市场监督管理局执法人员到该店检查，发现该店还有“特效 72 小时”“黄金玛卡”“日本伟哥”“K 哥”等存货共计 400 多粒。随后因为该店涉嫌销售有毒有害食品罪而移交公安机关处理。

根据权威机构的检测报告，上述产品均检测出西地那非成分。

**争议焦点：**

新修订的《药品管理法》已经删除了“按假药论处”的规定，删除了“使用依照本法必须取得批准文号而未取得批准文号的原料药生产的”这条规定，那么本案在适用罪名上应当适用“销售假药罪”还是“销售有毒、有害食品罪”？

**警官评析之以案释法：**

**一、熊某的行为构成销售有毒、有害食品罪**

根据《中华人民共和国刑法》第一百四十四条规定，销售明知掺有有毒、有害的非食品原料的食品的，处五年以下有期徒刑，并处罚金，构成销售有毒、有害食品罪。

《中华人民共和国食品安全法》第三十四条规定，禁止生产经营下列食品、食品添加剂、食品相关产品：

（一）用非食品原料生产的食品或者添加食品添加剂以外的化学物质和其他可能危害人体健康物质的食品，或者用回收食品作为原料生产的食品……

最高人民法院、最高人民检察院《关于办理危害食品安全刑事案件适用法律若干问题的解释》第二十条规定，下列物质应当认定为“有毒、有害的非食品原料”：

（一）法律、法规禁止在食品生产经营活动中添加、使用的物质；

（二）国务院有关部门公布的《食品中可能违法添加的非食用物质名单》《保健食品中可能非法添加的物质名单》上的物质。

《关于发布保健品中可能非法添加的物质名单（第一批）的通知》规定，声称缓解体力疲劳（抗疲劳）功能产品中，西地那非明确为可能添加物质名称。

综上所述，西地那非属于《食品安全法》里禁止生产经营的原料，也属于“两高”司法解释里认定为“有毒、有害的非食品原料”。

**二、熊某的行为不构成销售假药罪**

根据 2019 年 12 月 1 日实行的《药品管理法》，新修订的法律已经删除了原《药品管理法》中“按假药论处”的规定，使用依照本法必须取得批准文号而未取得批准文号的原料药生产的。删除之后，这些壮阳药就不能按照假药论处了。在 2016 年笔者在办理此类案件的时候是以销售假药罪认定的，而本案是 2020 年案发，是在《药品管理法》修订之后，此类案件中涉案的保健品应该认定为有毒、有害食品，不能再以没有药品批准文号为由按假药论处，除非涉案药品宣传具有药品疗效，且经食药监鉴定为假药。

**三、涉嫌犯罪需要移交公安机关处理**

根据《行政执法机关移送涉嫌犯罪案件的规定》第三条规定，行政执法机关在依法查处违法行为过程中，发现违法事实涉及的金额、违法事实的情节、违法事实造成的后果等，根据《刑法》关于破坏社会主义市场经济秩序罪、妨害社会管理秩序罪等罪的规定和最高人民法院、最高人民检察院关于破坏社会主义市场经济秩序罪、妨害社会管理秩序罪等罪的司法解释以及最高人民检察院、公安部关于经济犯罪案件的追诉标准等规定，涉嫌构成犯罪，依法需要追究刑事责任的，必须依照本规定向公安机关移送。该案先由市场监督管理局在日常检查工作中发现的，因为涉嫌销售有毒有害食品罪，而市场监督管理局作为行政机关没有权限开展侦查工作，所以，涉嫌犯罪的必须由公安机关处理。

## 5 假冒注册商标案的罪数认定问题

导语：注册商标的商业价值日益凸显，品牌效应与日俱增，假冒注册商标行为不但给注册商标专用权人带来巨大的经济损失，损害知名企业名誉，也严重扰乱了市场经济秩序，其社会危害性显而易见。所以刑法将商品的注册商标纳入刑法规制的范畴，另外《刑法修正案（十一）》还将服务商标纳入了同等保护，体现了国家对知识产权的完善保护。

**基本案情：**

某年 12 月，民警在工作中发现王某等人在杭州某农民房生产高端假酒，并销售给各大烟酒店，是一个集生产、销售于一体的制假团伙。

经查，两年前王某伙同张某租用了杭州某街道一农民房，既当作仓库，也当作生产车间，从外地购买一些低端的白酒，再从不同的人手里收购茅台、五粮液等酒类的废瓶子以及防伪标识、酒杯、酒盖等内外包装，将低端酒勾兑成高端白酒，将白酒装入这些空瓶，后成箱地往外销售。

两人经过合谋之后，有具体的分工明细，王某负责进货、送货、对外联络客户，张某负责加工白酒、装箱之类的活。

流水线的生产模式做了一段时间后，“生意”有些起色，两人还用赚来的钱购买了一辆面包车，用来拉货和送货。

6 瓶装的茅台酒每箱对外售价 1500 元，五粮液 6 瓶装每箱卖 900 元，销售至多家烟酒店。生产、销售假冒“贵州茅台”“五粮液”“剑南春”注册商标的白酒共计 50 多万元。

公安机关全链条打击，包括提供废瓶子的人，提供外包装的人，提供低端白酒的人以及多个烟酒店的负责人。

**争议焦点：**

嫌疑人实施了假冒注册商标的犯罪行为，生产了很多的“贵州茅台”“五粮液”等不同酒类的商品，后又销售了这些侵权产品，既触犯了假冒注册商标罪，又触犯了销售假冒注册商标的商品罪，两法益、两行为，是不是数罪并罚呢？

**警官评析之以案释法：**

**一、构成假冒注册商标罪**

根据《刑法》第二百一十三条之规定，未经注册商标所有人许可，在同一种商品上使用与其注册商标相同的商标，情节严重的，处三年以下有期徒刑或者拘役，并处或者单处罚金；情节特别严重的，处三年以上七年以下有期徒刑，并处罚金[1]。

假冒注册商标罪，是指违反了国家商标管理法规，未经注册商标所有人许可，在同一种商品上使用与其注册商标相同的商标，情节严重的，

1 《刑法修正案（十一）》将“商品”后面加了“服务”，使服务商标与商品商标同等保护。

构成本罪。本罪侵犯的客体是国家的商标管理制度和注册商标专用权。

根据《商标法》第三条规定，经商标局核准注册的商标为注册商标，包括商品商标、服务商标和集体商标、证明商标；商标注册人享有商标专用权，受法律保护。

注册商标是受法律保护的，一些注重知识产权保护的企业非常注重保护商标，为了保护本企业的商标，专门向国家商标局申请注册，经商标局核准之后就取得了注册商标专用权，受法律严格保护。在我国社会主义市场经济环境下，仍有一些不法商贩为了谋取更大的非法利益，往往选择“傍大牌”，假冒商品当作真商品来卖，商品质量得不到保障，损害消费者的利益，扰乱市场经济秩序，因此这种行为必须予以惩治。

**二、必须在同一种商品上使用与注册商标相同的商标**

《商标法》第六十七条规定，未经商标注册人许可，在同一种商品上使用与其注册商标相同的商标，构成犯罪的，除赔偿被侵权人的损失外，依法追究刑事责任。

追究刑事责任要符合以下两个条件：

1. 必须在同一种商品上使用，不包括类似、近似的商品。所以严格限定为同一种商品，是限缩解释。如果在类似、近似商品上使用与其注册商标相同的商标，是侵犯注册商标专用权的行为，要承担行政责任和民事赔偿责任，但不构成犯罪，不能追究刑事责任。

2. 必须要使用“与其注册商标相同的商标”。根据《关于办理侵犯知识产权刑事案件具体应用法律若干问题的解释》第八条，“相同的商标”是指与被假冒的注册商标完全相同，或者与被假冒的注册商标在视觉上基本无差别、足以对公众产生误导的商标。在后面的《关于办理侵犯知识产权刑事案件适用法律若干问题的意见》中有更为明细的规定，比如改变注册商标的字体、字母大小写或者文字横竖排列，与注册商标之间仅有细微差别的，可以认定为“与其注册商标相同的商标”。

本案犯罪嫌疑人比较简单粗暴，直接购买了假注册商标贴牌。

**三、本罪属于情节犯**

根据刑法的规定，构成本罪需要达到“情节严重”的标准。根据《关于办理侵犯知识产权刑事案件具体应用法律若干问题的解释》规定，以下三种情况属于“情节严重”，一是非法经营数额在五万元以上或者违法所得数额在三万元以上的；二是假冒两种以上注册商标，非法经营数额在三万元以上或者违法所得数额在二万元以上的；三是其他情节严重的。

关于“非法经营数额”，根据司法解释的规定，是指行为人在实施侵犯知识产权行为过程中，制造、储存、运输、销售侵权产品的价值。关于价值的具体计算方式有三种不同的情况：一是已销售的侵权产品的价值，按照实际销售的价格计算；二是未销售的侵权产品的价值，按照标价或者已经查清的侵权产品的实际销售平均价格计算；三是没有标价或者无法查清其实际销售价格的，按照被侵权产品的市场中间价格计算。

本案中王某和张某，采用非法的手段，假冒“贵州茅台”“五粮液”“剑南春”三种注册商标，销售金额50多万元，已经构成“情节特别严重”（标准：假冒两种以上注册商标，非法经营数额在十五万元以上）。

**四、一罪与数罪的区分**

本案中，王某和张某实施了假冒注册商标的犯罪行为后，又销售了“贵州茅台”“五粮液”等侵权产品，既触犯了假冒注册商标罪，又触犯了销售假冒注册商标的商品罪，两法益、两行为，是不是数罪并罚呢？笔者认为应当择一重罪处理，属于牵连犯，目的与手段的牵连。行为人制造假冒的商品是为了销售牟利，必然伴随着事后的销售行为，比较像事后不可罚行为，如盗窃之后再销赃，不能按照掩饰、隐瞒犯罪所得处理。所以择一重罪处罚，即应当按照《刑法》第二百一十三条的假冒注册商标罪定罪处罚，不实行数罪并罚。

但是如果行为人实施了假冒注册商标犯罪后，又销售了明知是他人的假冒注册商标的商品，则应当数罪并罚。

## 6 《刑法修正案（十一）》的实施对正在办理的销售假冒注册商标的商品罪的影响

导语:《刑法修正案(十一)》对侵犯知识产权类犯罪做了大量的修改，有提高量刑标准的，有扩大保护范围的，有降低入罪门槛的，其中将销售假冒注册商标的商品罪的“销售金额”改为“违法所得”，而司法实践中关于本罪未决的案件还有很多，那下一步走向应该如何?

**基本案情:**

王某，在杭州租了住宅楼下的商铺设立水站从事卖水工作，之前都是正规卖水，从上家进来很多的山泉水，然后稍微加价销售出去，赚取微薄利润维持生计。这样的生意没有维持多长时间，王某嫌起早摸黑卖水太辛苦，也嫌赚的钱太少。在一次偶然机会中获知矿泉水是可以造假的。后面知道这个途径后就“一发不可收拾”了，违法犯罪的警示也抛之脑后。

王某从别人处回收旧的娃哈哈、农夫山泉桶，这些桶都是正规桶，桶上面都有娃哈哈、农夫山泉贴纸，是上述公司生产的桶。

王某又从上家处购买娃哈哈和农夫山泉的包材，成本是 0.75 元 / 个，操作办法也比较简单，就是将山泉水倒进农夫山泉或者娃哈哈矿泉水桶里，再用买来的包材塑封好，就可以对外销售了。

娃哈哈桶装水对外的销售价格是 12 元 / 桶，农夫山泉桶装水对外的销售价格是 15 元 / 桶。

王某不断开拓“市场”，“财源”滚滚而来。据统计，一年多以来，王某对外销售的桶装水金额约 15 万元。

王某的主要下家是何某，何某从王某处进货，也进山泉水，大部分进的是已经制作完成好的假冒的桶装水。在此过程中，何某也“考察”过王某的作坊，知道王某整个造假过程，何某利用自己开拓的销售渠道迅速打开了市场，据统计，何某对外销售的桶装水金额约 9 万元。直到市场监管局和公安机关联合执法才被查获。

**争议焦点：**

本案还处于移送审查起诉中，《刑法修正案（十一）》于 2021 年 3 月 1 日已经正式实施，那么对正在办理的销售假冒注册商标的商品罪是否有影响，以及受影响的程度？

**警官评析之以案释法：**

**一、构成销售假冒注册商标的商品罪**

根据《刑法》第二百一十四条之规定，销售明知是假冒注册商标的商品，销售金额数额较大的，处三年以下有期徒刑或者拘役，并处或者单处罚金；销售金额数额巨大的，处三年以上七年以下有期徒刑，并处罚金。

根据法条的含义，即文义解释认为销售明知是假冒注册商标的商品，销售金额数额较大的行为，即可构成本罪。

本罪侵犯的客体是国家的商标管理制度和注册商标专有权人的专有权。行为人虽然没有直接实施假冒商标的行为，因为行为没有直接的制造、生产行为，但是销售行为也间接侵犯了他人的商标专用权。市场经济环境下，人们认准的是品牌的价值，购买一件商品或者接受一项服务，主要看它的品牌知名度和美誉度，行为人之所以要以假充真销售出去，就是看中了品牌的价值。假冒的商品一是质量不好，二是价格便宜。如果让假货大行其道，损害的不仅是消费者的权益，而且还给真实企业造成名誉上的损害，甚至会发生“劣币驱逐良币”的不良效果。

王某构成假冒注册商标罪毋庸置疑，在前一篇《假冒注册商标案的罪数认定问题》中有阐述，何某构成销售假冒注册商标的商品罪，何某是单纯的销售行为且已明知。

**二、《刑法修正案（十一）》对本罪的修改**

2021年3月1日实行的《刑法修正案（十一）》将《刑法》第二百一十四条修改为：销售明知是假冒注册商标的商品，违法所得数额较大或者有其他严重情节的，处三年以下有期徒刑，并处或者单处罚金；违法所得数额巨大或者有其他特别严重情节的，处三年以上十年以下有期徒刑，并处罚金。

法律条文主要有以下变化：

1. 将“销售金额”改为“违法所得”。以前办理此类案件，只要计算出“销售金额”超过5万元，就可以认为是数额较大，构成犯罪。现在要计算“违法所得”，尽管目前还没有相关的司法解释出台，但笔者认为应当要包括直接所得和间接所得。“销售金额”改为“违法所得”后，势必大量案件犯罪金额将有所下降，给办理案件带来一定的困难。

2. 提高量刑幅度。原条文本罪的最高刑是七年，调整之后本罪的最高刑是十年，另外原一档刑罚中删除了“拘役”，所以第一档的起刑点就是有期徒刑，这是提高量刑幅度的表现。

3. 降低入罪门槛。新条文在一档刑罚中增加了“有其他严重情节”，在二档刑罚中增加了“有其他特别严重情节”。根据体系解释，虽然目前司法解释对“有其他严重情节”没有做出定义，但根据《刑法》第二百一十三条假冒注册商标罪有“情节严重”的表述，再根据《关于办理侵犯知识产权刑事案件具体应用法律若干问题的解释》规定，非法经营数额在五万元以上或者违法所得数额在三万元以上的，属于“情节严重”，非法经营数额在二十五万元以上或者违法所得数额在十五万元以上的，属于“情节特别严重”。“非法经营数额”实际上就是指销售金额。而“非法经营数额”只是“情节严重”之一，还会有其他的“情节严重”的标准，所以说修改后的本罪降低了入罪门槛。

**三、《刑法修正案（十一）》对本罪定罪量刑的影响**

对本罪的定罪量刑必然涉及刑法溯及力的问题。司法机关应当按照《刑法》第十二条的规定，遵循从旧兼从轻的基本原则处理本案。从以下三个角度分析：

1. 按照“违法所得”衡量。如果相关司法解释“违法所得”的金额三万元构成数额较大，那么重新计算本案的违法所得，如果低于三万元，又未达到非法经营数额五万元，则按照从旧兼从轻的原则，嫌疑人张某无罪。

2. 按照“其他严重情节”，虽然目前还没有解释，但是根据体系解释的原则，非法经营数额在五万元以上为入罪门槛，那新旧刑法之间关于构罪标准没有改变，所以《刑法修正案（十一）》施行后，对本案的处理不会产生影响。

3. 假设“违法所得”没有到三万元，非法经营数额超过了五万元，则是否影响定罪量刑？笔者认为只要符合其中一个标准，就符合了犯罪的构成要件，是要追究刑事责任的。

## 7 从腋下抱住对方身体导致其肋骨骨折达轻伤二级，是否构成故意伤害罪？

导语：犯罪故意和过失，理论上很好区分，实践中比较难认定，争议也比较大。最近有个案例，男子从腋下抱住对方身体导致被抱者肋骨骨折，刑法上的因果关系是具备的，主观心态上究竟是故意还是过失呢？通常认为是过失，过失犯罪的，法律有规定的才负刑事责任，因此过失导致的轻伤案件不构成犯罪。

**基本案情：**

王某（男）和张某（女）是夫妻，育有一女，不到一岁。因为感情不和加上生活上琐碎的事情闹到了离婚的局面，目前正处于离婚诉讼阶段。由于小孩一直归张某抚养，根据王某的说法，对方一直不愿意让男方看小孩，王某觉得侵犯了他的探望权。所以合计着想抱小孩回家由其自己抚养。

10月某日，王某及父亲、母亲等一行4人到张某所住小区准备抱小孩，到了小区之后，发现张某的母亲袁某带着外孙女在楼下游玩区，王某二话不说就从袁某身上把小孩抱了过来，袁某本能地想把小孩抱回来，这个时候王某的父亲从袁某背后用双方伸到其腋下抱住袁某，袁某挣扎之下无法挣脱，在王某及其父亲两个人的配合之下，王某非常顺利地抱走了小孩。

事发突然，前后不到1分钟，王某一行人就急急匆匆地离去。王某父亲松开袁某后，袁某感到左侧胸部位置比较疼，当时以为没有什么事情，过了2天感觉越来越痛，就去医院做了检查，才知道是肋骨骨折了。

报警之后，民警固定了言辞证据和其他书证材料，并带袁某进行人体损伤程度法医鉴定，最终司法鉴定中心认定袁某左侧第3、4根肋骨骨折，损伤程度评定为轻伤二级。

**争议焦点：**

因婚姻家庭等原因引起的纠纷，从腋下抱住对方身体导致被抱者肋骨骨折是故意还是过失行为？是否应当承担刑事责任？

**警官评析之以案释法：**

**观点一：构成故意伤害罪。**

故意伤害罪，是指非法损害他人身体健康的行为。故意包括直接故意和间接故意。本案中王某父亲的主观上有放任的故意，即明知自己的行为会发生危害社会的结果，并且放任这种结果的发生，因而构成犯罪的，是故意犯罪。面对一个60多岁，身体非常瘦弱的女性，使用暴力手段从腋下强行抱住对方，用力过猛导致对方骨折，任凭对方如何挣扎，都没有松开的意思，无论对方拼命喊叫，都没有同情之心。从生理特征上看，男性的力度肯定大于女性，无论是身高、体重还是其他方面，王某父亲显然优势于袁某，最终放任这种危害结果的发生。目前有司法鉴定中心鉴定出来的轻伤二级的科学依据和重要证据，符合故意伤害罪的构成要件。

**观点二：过失行为，无罪。**

是否为构成故意伤害罪还是过失犯罪行为，一是看当事人的主观心态；二是看客观行为的表现。从本案的起因经过来看，王某父亲没有伤害袁某的主观故意，他的罪过形式是过失，即应当预见自己的行为可能会发生危害社会的结果，因为疏忽大意而没有预见，以致发生这种结果的，是过失犯罪。他主观上是想配合儿子顺利抱走孙女，没有想伤害对方的意思。从客观行为的表现来看，王某父亲并没有实施主动的殴打行为，而是从身体腋下抱住对方整个身体，按照社会常理来说不太可能预见到自己的行为会导致对方的肋骨骨折，而且他也不清楚对方的身体体质，本身没有故意伤害的想法，也没有犯罪的动机。过失犯罪的，法律有规定的才负刑事责任，因此必须导致对方重伤以上的结果，才会构成过失致人重伤罪。本案被害人的伤势结果是轻伤，所以不构成犯罪，没有犯罪事实无须负刑事责任。但是，虽然不构成犯罪，还是需要承担相应的民事赔偿责任。

笔者同意观点二。本案是没有犯罪事实的。

从此案例可以看出人身损害赔偿的救济路径。

公安机关最终做出了不予立案的决定，送达了对方当事人，当事人对此不满，又向公安机关申请刑事复议，法制办案部门经审查以后认为无犯罪事实，依法维持了不予立案决定。那么当事人是否还有其他途径维护其合法权益呢？

根据《刑事诉讼法解释》第一条第三项之规定，被害人有证据证明对被告人侵犯自己人身、财产权利的行为应当依法追究刑事责任，且有证据证明曾经提出控告，而公安机关或者人民检察院不予追究被告人刑事责任的案件，人民法院可以直接受理自诉案件。因此被害人袁某可以依法向行为地所在的人民法院提起民事侵权损害赔偿。

根据《民法典》第一千一百七十九条规定，“营养费”“住院伙食补助费”明确列为人身损害赔偿项目。人身损害赔偿的范围有医疗费、护理费、交通费、营养费、住院伙食补助费等为治疗和康复支出的合理费用，以及因误工减少的收入。另外如果造成残疾的，还应当赔偿辅助器具费和残疾赔偿金。

所以即使刑事责任追究不了，民事责任还是逃脱不了的。

# 8　一起强奸案转为故意伤害案的启示

导语：当犯罪嫌疑人因为涉嫌强奸罪被刑事拘留的时候，其实办案机关的工作还远远没有结束，还需要根据客观事实收集更多的证据。强奸罪伴随而至的行为是暴力、胁迫或其他手段，如果发生性关系是自愿的，是不是还可以从嫌疑人的行为上进行分析，比如在实施加害行为时掐住被害人的脖子或者蒙住头部等，万一用力过猛，会不会造成被害人的死亡或者重伤、轻伤等伤害后果？而一旦出现其中之一的后果，那么故意杀人罪、故意伤害罪等罪名也是可以适用的。

通过以下这篇案例能够为大家带来一些提示或者另外一种路径的作用。

**基本案情：**

王某，男，34岁，自幼读书至初中二年级辍学，后在广州、深圳、福州等地打工，后又到了杭州打工，在市内某个工地管理土方工作。上有60多岁的双亲，下有10岁左右的女儿，还有与他相伴的妻子。按理说，日子过得虽然平淡但也无波澜，然而平静的生活一次去KTV的唱歌活动被打破，他认识了一位陪侍小姐，之后就“一发不可收拾”。

某年3月，王某应朋友之邀到杭州某KTV唱歌，当时王某叫了一位小姐陪自己，这位艺名叫露露的小姐就是日后与他纠缠不清的龙某。唱歌结束之后，王某感到“意犹未尽”，时不时与她约会，不到一个月两人就发展为情人关系。王某甚至还为龙某找了临时租住的房子，每月由王某支付房租费1500元。其间发生多次性关系，最近一次是8月13日凌晨发生的。

8月13日晚上，龙某对王某说有个客户“老何”要订包厢，自己晚上要过去陪坐一会。王某嘱咐她在包厢内不要喝酒。一直到凌晨1时许，王某给她发信息说：“我工地上夜班结束了。”龙某回复：“我这边最后一首歌唱好也结束了。”王某问：“我回家等你还是到夜宵店等你。”龙某没有回复。原来，龙某陪老何吃夜宵去了。闷闷不乐的王某回到了住处等她回家，凌晨3时许，龙某回到租住的房子后，王某查看了龙某与老何暧昧的微信聊天记录，王某醋意大发，又回想起经常有别的男子给龙某发微信，于是质问龙某为何与别的男人走得那么近？龙某也很生气未经同意被查看了手机。

两人发生了争吵，龙某不甘示弱打了王某一个巴掌，还抓住了王某的项链，王某见状也动手了，用双手掐对方的脖子，掐了十几秒，王某事后回忆“反正她拉我项链的手放了，我掐她脖子的手也放了”。而根据龙某指控，在吵架的过程中王某还强行与她发生了性关系。

过了一会双方平静下来了，王某发现躺在床上的龙某脸上发紫、眼睛出现血丝，与平常不太一样，想想是不是自己用力过猛造成的，慌乱中王某背着龙某去附近的医院看病。到了医院后，龙某有意识后直接用手机拨打了110报警称自己被王某强奸，于是案发。

后经民警同志电话通知，王某来到公安局投案说明情况。

经查，王某2016年因故意伤害罪被杭州经济技术开发区法院判处有期徒刑3年。

**争议焦点：**

办理强奸案件过程中，经侦查发现不构成强奸罪，有人认为在检察机关存疑不捕情况之下案件就到此为止，有人认为应当继续办理，改变侦查方向，可能会构成故意伤害罪。孰对孰错？

**警官评析之以案释法：**

**一、强奸罪的客体及客观要件**

强奸罪侵犯的客体是妇女性的不可侵犯权利，客观方面表现为以暴力、胁迫或者其他手段，包括不能抗拒、不敢抗拒、不知抗拒的手段，违背妇女的意志，强行与妇女发生性交的行为。司法实践中，要把强奸与通奸区分开来。通奸，是指有配偶的男女双方之间或有配偶的一方与他人之间，自愿发生不正当两性关系的行为。通奸这样的行为是不符合道德规范的，是违反公序良俗的，但不构成犯罪，因为本身是双方自愿并没有违背妇女的意志。针对本案来说，王某是有妻室的，仍然与他人发生不正当关系，其间还发生过多次，这跟强奸罪是有本质区别的。但是假设女方想断绝两人的不正当关系，而男方却以败坏名誉或者其他威胁手段，强行发生两性关系，这种情况下是构成强奸罪的。所以具体案情具体分析。

**二、如果排除强奸，还可以适用故意伤害罪定罪处罚**

根据前面第一条的分析，王某与龙某以情人身份相称，在此期间发生过多次不正当关系，违背妇女意志显然认定不了，因而强奸罪是无法构成的，王某也多次强调辩解，他没有强奸龙某，龙某是他的情人，他们之间交往有半年左右了。但是两人在发生争吵的过程中，强奸的时候手掐脖子，导致面部红肿，嘴唇发紫，眼睛血丝的伤情，根据《人体损伤程度鉴定标准》可能会构成轻伤。于是侦查人员锲而不舍，在王某因涉嫌强奸罪存疑不捕取保候审之后，侦查人员继续工作，调取龙某在医院的就医记录，陪其本人到司法鉴定中心鉴定伤势程度。功夫不负有心人，经司法鉴定，龙某颈左侧、颈右侧均见类弧形皮内出血，双眼结膜下片状出血斑，颜面部、颈部见针尖样出血点，其损伤符合遭掐颈出现窒息征象，构成轻伤二级的标准。

**三、关于定罪量罚**

犯罪嫌疑人王某触犯故意伤害罪的事实清楚，证据确实、充分，另经查明王某因前罪被判处有期徒刑，刑法执行完毕以后五年内再犯应当判处有期徒刑以上刑法之罪，属于《刑法》第六十五条规定的一般累犯，应从重处罚。另外王某自动投案，归案后如实供述自己的罪行，系自首，符合最高人民法院《关于处理自首和立功具体应用法律若干问题的解释》第一条、第三条的规定。再者，王某自愿认罪认罚，并对被害人进行赔偿也取得了对方的谅解，符合《刑事诉讼法》第十五条等相关规定。综上所述，王某犯故意伤害罪被区人民法院判处有期徒刑七个月。

## 9 零口供强奸案如何办理？

导语：在外来人口多的城市，公安局经常会接到强奸案件，而现在普遍的反映是强奸案件比较难办，在嫌疑人未供述的情况下，很多时候案件可能会走不下去。那么只有被害人一方的指控，而没有其他证人证明的情况下，如何办好强奸案呢？这就要根据被害人的陈述是否合乎逻辑、被害人事后表现、被告人的辩解是否合理、是否足以压制被害人的反抗、是否形成完整的证明体系等方面着重收集证据，排除合理怀疑。

**基本案情：**

王某（女，17岁）于10月通过某招聘网站应聘了某KTV服务的工作，平常主要的工作就是陪男客人喝酒、聊天。一个月之前，王某在某理发店认识了理发师陈某，双方互有好感彼此加了微信。之后又一起在酒吧聚过。

12月14日晚上，陈某打微信语音电话给王某表示要去唱歌需要订个包厢，王某说没有问题，之后发送了301的包厢号给陈某。陈某带了几个朋友进去唱歌，凌晨1时左右，王某忙完了上一场的工作后，到了包厢陪陈某等人玩骰子、唱歌、喝酒，一直喝到凌晨3时许，陈某准备回家了，王某将其送到一楼后准备返回，但是陈某一直拉着她走到了停车场私家车边，半推半就地把王某推上了车座后排。

随后，陈某将王某的上衣脱去。王某虽然喝了酒，但意识是清醒的，王某陈述道："当陈某对我动手动脚的时候，我说别这样，我有男朋友的，并用手推开陈某，然而并没有起到作用，再后来就被按倒在后座上，下身的裤子也被脱了，我用手捶他、打他，但是力气没有对方大。"按照王某的陈述自己被动与对方发生了性关系，且阴道和肛门两个部位都有被侵犯过的痕迹。王某当时也没有呼救，因为车子在角落里，没有人会听得到。

而陈某对于认识王某的过程以及案发过程中的一些喝酒、聊天的过程没有异议，但是对于关键性问题采取回避的态度甚至是不如实承认：王某是自愿送他到车上的，在亲对方嘴的时候对方也回亲他，在发生性关系的时候，还错把阴茎插进了肛门，且对方全程自愿，无反抗无呼救。另外也没有使用暴力或者强制手段。

**争议焦点：**

只有被害人一方指控，在场无其他证人，且嫌疑人不承认发生强奸事实，这类案件如何在证据认定上加以审查？是否能够认定强奸罪成立？

**警官评析之以案释法：**

**一、被害人王某醉酒状态及陈述稳定不存在诬告**

事发当日，被害人王某和嫌疑人陈某都喝了酒，据在场的人反映，在KTV里大家都很嗨，喝了很多瓶啤酒，且案发后过了5个小时，酒精测试值王某为67mg/100ml，陈某为58mg/100ml，同时监控上显示从KTV到停车场行走的整个过程，王某走路都飘了，而陈某走路很稳。

在王某报警后，警方反复给其制作笔录，证明自己在不情愿的前提下被陈某强行发生性关系，在提请逮捕阶段，王某接受检察机关询问的时候表现自然，多次强调自身是被对方压制反抗之下被动发生的，整个过程是违背其意愿的。况且王某也不存在诬告，因为没有陷害的动机。

**二、嫌疑人陈某的辩解不合理**

陈某被抓获后关在看守所里，面对民警的讯问其做了很多的辩解，但这些辩解与事实并不符合。

1. 女方是否要赔偿钱的问题

嫌疑人辩解称对方报警的目的是要赔偿、要钱，但是在案证据证明，女方除了要回她本应所得的陪侍小费500元外，均无其他索要钱财行为。案发后的第二天，嫌疑人的同事通过微信找王某寻求私了此事，在聊天记录中，王某态度坚决拒绝了陈某同事的请求，明确表示自己不是为了钱……这就表明了王某的心理态度，说明王某报警的原因和动机就是为了保护自己的人身权利以及性的不可侵犯性，而不是为了期待能够拿到更多的补偿。

2. 给钱的时间顺序问题

陈某在接受讯问的时候一直强调双方是卖淫嫖娼行为，是你情我愿自然发生的，并无强奸事实。陈某说给予对方的500元是发生性关系之后转账的。而女方陈述，是在上车之后向对方讨要的小费，在第一次下车后就支付了。该组证据有视频监控的佐证。

3. 谁先提出开房的问题

陈某在检察机关提审阶段辩解：第一次上车之后，我们两人卿卿我我，在车内暧昧聊天，女方说想开房，然后我就下车了，下车后我又停顿了一下，女方还想拉我去开房，后来她说不要开房了就在车上解决吧，于是就在车上发生了。而根据王某的陈述：被推上车后陈某说喜欢我，想带我回家，想做我男朋友，让我不要上班了，他可以养我，我不可能主动提出开房的问题。

**三、证人证言**

1. 王某被发生性关系后与其男友通话，向其详细描述了案发经过。男友表示王某的语气是哭泣的、气愤的，男友有对其安慰并劝其报警。从王某的事后表现来看明显不是自愿的。虽然是间接证据，但也反映出王某当时身心状态。

2. 另外根据居住在隔壁房间的小姐妹描述，王某说自已被强奸了，且被强奸后的心态是烦躁的、愤怒的、低落的。当时看到其的眼睛是那种哭过发红的样子，且王某告诉她自己哭过好几个小时了。小姐妹也劝其报警。

**四、监控视频证据**

案发之后，民警于当天调取了 KTV 及停车场等多部位多角度监控，还原案件真相。监控分两段看，前段监控显示事发当日凌晨 3 时 5 分许，当被害人王某被犯罪嫌疑人陈某手搭着肩膀走到私家车边上时，两人进入了车内，在车的后座上陈某向其表白，王某表示自己有男朋友直接拒绝了陈某的示爱，然后王某下车问对方要 500 元小费。因为陈某在 KTV 包厢内一直拖着没有给钱，所以当王某再次要求其支付小费时，陈某就通过支付宝转了钱。后段监控显示凌晨 3 时 20 分许，嫌疑人陈某主动将王某推进车内后排座位，王某在不情愿的情况下进入车内，后面就发生了性关系。

**五、鉴定意见**

案发后，民警迅速固定了证据，采集了被害人和嫌疑人相关部位的 DNA 拭子，根据最终的鉴定报告，王某的阴道内外都没有陈某的 DNA，但在王某的肛门及肛周都采集到了嫌疑人的 DNA，这份鉴定意见与王某陈述的肛门被袭是可以印证的。

根据《刑事诉讼法》第五十五条第二款规定，证据确实、充分，应当符合以下条件：（一）定罪量刑的事实都有证据证明；（二）据以定案的证据均经法定程序查证属实；（三）综合全案证据，对所认定事实已排除合理怀疑。

根据《刑事诉讼法解释》第一百零五条规定，没有直接证据，但间接证据同时符合下列条件的，可以认定被告人有罪：（一）证据已经查证属实；（二）证据之间相互印证，不存在无法排除的矛盾和无法解释的疑问；（三）全案证据已经形成完整的证明体系；（四）根据证据认定案件事实足以排除合理怀疑，结论具有唯一性；（五）运用证据进行的推理符合逻辑和经验。

综合全案，上述证据已经形成锁链，证据之间能够相互印证，陈某于 12 月 15 日被江干警方刑事拘留，12 月 29 日被检察机关批准逮捕，等待他的是法律的严惩。

另外，就是未成年相关案件在零口供的情况下的办理原则。在 2019 年最高人民检察院指导案例第 42 号的齐某强奸、猥亵儿童案中。裁判要旨里明确指出：对性侵未成年人犯罪案件证据的审查，要根据未成年人的身心特点，按照有别于成年人的标准予以判断。审查言词证据，要结合全案情况予以分析。根据经验和常识，未成年人的陈述合乎情理、逻辑，对细节的描述符合其认知和表达能力，且有其他证据予以印证，能够形成完整的证明体系，被告人的辩解没有证据支持，结合双方关系不存在诬告可能的，应当采纳未成年人的陈述。

## 10 “爬灰”是否构成强奸罪？

众所周知，强奸罪是性质恶劣的刑事犯罪，严重侵犯公民人身权利，刑法上是予以严惩的。另外14周岁至16周岁的人犯了此罪，也要追究刑事责任，连刑事责任年龄都降低了2岁，可见强奸罪是刑法重点罪名之一。然而林子大了，什么鸟儿都有，奇葩案件、奇葩人总是不断上演，下面一起案例是公公强奸儿媳的案件。

**基本案情：**

犯罪嫌疑人何某在某公司从事机房管理工作，家住杭州某村农民自建房，有贤惠的妻子，育有一子小何27岁。看上去家庭幸福、事业有成的何某其实内心有个烦心事。因为明年8月，他家的房子面临拆迁要分房子，虽然儿子小何和儿媳刘某结婚1年多，但是一直没有生孩子，这就严重影响分房既得利益，如果生了个小孩，则按照人头可以多分55平方米，按照杭州当时的房价多一个孩子可以多分200多万元。这种事情无论发生在谁身上都非常着急，但是何某的做法实在有点令人难以启齿。

自从9月儿子小何和儿媳刘某结婚以来，何某不断说服小何赶紧生小孩，在催促无效之后，他将眼光投向了儿媳，极力劝说刘某赶快生小孩。结果也是徒劳。何某一边劝说双方去医院看看或者做试管婴儿，一边给儿媳发送淫秽网址，在家庭聚餐等休闲时间也不忘记催促，搞得夫妻俩难以应付。

然而无论何某做多少努力，最终都失败了，眼看分房日期将近，“不争气”的儿子也不听他的，情急之下，他选择了“单干”。11月15日上午，何某进入刘某房间，说：“现在钱不好赚，能够赚为什么不赚，你同意的话我们就做爱生孩子。”还没等刘某反应过来，就直接强行与刘某发生了第一次性关系。有了第一次后，还有第二次，同年11月18日上午何某又来到刘某房间，以时间紧、任务重为由再次强行压在刘某身上，刘某当时身体虚弱毫无反抗之力。

第二次被强奸后，刘某感到羞耻、难以忍受，在情感上无法接受，于是将相关事由告知了母亲，刘某母亲建议马上报警，于是案发。随后民警向何某问询案情。

民警问："生孩子是你儿子和你儿媳妇刘某的事情，你为什么不催你儿子，而是自己去尝试？"

何某答："我已经催了两年了，不是逼急了我不会做这种傻事的。"

民警又问："什么傻事？"

何某答："就是我和儿媳刘某发生性关系，我觉得在伦理道德上是说不过去的。"

何某于 11 月 26 日被刑拘，12 月 6 日被区检察院批准逮捕。

**争议焦点：**

公公强奸儿媳，违背了人伦道德，那是否就构成强奸罪了呢？本案中的强奸，嫌疑人是否属于利用职权、教养关系相胁迫而使得被害人不敢反抗？

**警官评析之以案释法：**

**一、强奸罪的概念**

强奸罪，是指违背妇女意志，使用暴力、胁迫或者其他手段，强行与妇女发生性交，或者同不满 14 周岁的幼女发生性关系的行为。2015 年 11 月 1 日实施的《刑法修正案（九）》取消了《刑法》第三百六十条第二款规定的嫖宿幼女罪。自此，适格主体与幼女发生性关系的行为均构成强奸罪。当然本案都是成年人，根据《刑法》第二百三十六条之规定，以暴力、胁迫或者其他手段强奸妇女的，处三年以上十年以下有期徒刑。

**二、客观行为上的表现是违背妇女的真实意愿**

强奸罪必须是违背了妇女的真实意愿，如何判断是否违背，主要结合性关系发生的周围环境、时间，妇女的性格、体质、身体状况等各种因素综合分析，不能将妇女抗拒作为违背意愿的唯一要件。本案，刘某第二次被强奸后及时告知其母亲并向公安机关报警，另外何某身高1.73米，体重180斤，而刘某身高1.68米，体重150斤，无论是身高还是体重，何况刘某身体虚弱，在这些方面，何某更占优势，刘某被压的根本无法动弹。

**三、行为必须以暴力、胁迫或者其他手段强行与妇女发生性关系**

暴力不需要解释，本案也没有殴打行为。利用职权、教养关系、从属关系及妇女孤立无援的环境相胁迫的，也是属于胁迫。何某作为公公，利用自己的公媳关系的家长优势地位，以及被害人刘某个性内向、害怕被报复进行胁迫使刘某不敢反抗。为了唾手可得的200多万元，违背女方的意愿，胁迫儿媳发生了二次性关系，不但违背了公序良俗，而且也触犯了法律。

## 11　法律上怎么判定强制猥亵罪和一般猥亵行为？

导语：强制猥亵罪是《刑法》第二百三十七条规定的罪名，《刑法》和《治安管理处罚法》均对猥亵行为作出了相应的规定，但是两者后果有着显著的不同，那么猥亵他人什么时候构成犯罪？什么时候又仅仅是违反治安管理行为？在司法实践中存在一些争议，有时会出现情节相似而处理结果迥异的情形，下面通过一个案件来说明问题。

**基本案情：**

8月29日，我局派出所接张某（女）报案称，于8月27日20时许其在某服装市场西侧停车位上的一辆白色汽车上被人猥亵。

根据被害人提供的线索，经公安机关初步侦查，发现王某有作案嫌疑，民警表明身份后将嫌疑人传唤调查。

经查，8月27日上午，王某通过陌陌结识了被害人张某，后又加了微信，两人聊得很开心，19时许，王某约张某吃饭又热情地买了单，后又主动买水果，接着又提出开房聊天，张某见对方有所意图就断然拒绝并表示要回家，王某说可以送其回家，两人一起进入了王某的车上。王某再三提出要求还是被张某否决，张某当时就非常生气，而之后王某开始动手动脚，随后又抱了对方并亲吻，张某很不情愿并将王某推开，王某用右手掐住对方脖子，左手摸对方的胸部，张某极不愿意一直挣扎，王某继续霸王硬上弓，解开对方的裤子并隔着内裤摸了阴部几下，张某极力打开车门试图逃脱，又被王某拉了回来，这时正好有人路过停车场，张某才得以顺利逃离。

到了29日晚上的时候，王某用另外一个手机骚扰张某，张某通过短信询问对方是谁，得到的回复是之前约过的，张某一下子明白了对方其实就是王某，因为害怕王某再次骚扰，遂报警求助，于是案发。

经检查，张某身上，脖子、背部、手臂等处有轻微的表皮擦伤。

**争议焦点：**

嫌疑人在车内封闭空间对被害女性实施猥亵行为，是构成一般的违反治安管理的猥亵行为还是构成刑法上的强制猥亵罪？

**警官评析之以案释法：**

**一、猥亵与强制猥亵的区别**

本案在报案的时候，被害人报的是猥亵，但是办案机关并没有简单地按照猥亵来办，而是根据案件的事实、情节、后果等综合判断这是一起强制猥亵犯罪案件，于是按照《刑事诉讼法》第一百一十二条的规定决定对该案立案侦查。

猥亵规定在《治安管理处罚法》第四十四条中，猥亵他人的，处五日以上十日以下拘留；而强制猥亵罪规定在《刑法》第二百三十七条中，是指以暴力、胁迫或者其他方法强制猥亵他人的行为。两者之间的区别在于，一是行为方式不同，猥亵行为可以是非强制性的，可以是公然、趁机实施，而强制猥亵罪的猥亵行为必须采用暴力、胁迫或者其他的强制性方法，强制性是本质的核心要素。二是后果不同，猥亵行为一般情节较轻，后果也不严重，尚未达到刑事处罚条件，而强制猥亵罪手段恶劣，后果严重，处五年以下有期徒刑或者拘役，如果聚众或者在公共场所当众强制猥亵他人，处五年以上有期徒刑。

**二、《刑法修正案（九）》对犯罪对象予以修改**

1997 年《刑法》第二百三十七条规定，以暴力、胁迫或者其他方法强制猥亵妇女或者侮辱妇女的，处五年以下有期徒刑或者拘役。将强制猥亵、侮辱妇女罪的犯罪对象限定为妇女，导致司法实践中男性被同性性侵的行为无法被定罪。有些法院将这类案件以故意伤害罪定罪处罚，但是带来了一些尴尬或者缺憾，一方面行为人主观上没有伤害的故意，而只有猥亵的故意；另一方面如果未造成轻伤以上后果的，则无法以故意伤害罪定罪处罚。

2015 年 11 月 1 日，《刑法修正案（九）》将罪状内容改为：以暴力、胁迫或者其他方法强制猥亵他人或者侮辱妇女的，处五年以下有期徒刑或者拘役。将强制猥亵罪的对象扩大至 14 周岁以上的男性。至此，强制猥亵的对象包括已满14周岁的男性和女性。

### 三、构成强制猥亵罪

本罪侵犯的法益是他人的性自主权，表现为性羞耻心。强制猥亵罪的对象是他人（包括男性、女性），强制侮辱罪的对象是妇女，即年满14周岁以上的女性。强制猥亵罪中的暴力是指对被害人殴打、伤害等方式强迫其同意；胁迫，是指对被害人进行威胁、恐吓等心理上的强制，或者“利用职权、从属关系、教养关系相胁迫等手段，使被害人不敢反抗”[1]，其他方法指的是与暴力、胁迫行为相当的手段，如趁他人醉酒之际、熟睡之际或者麻醉后实施猥亵行为。

本案属于暴力方式，使用掐脖子等强制性手段，违背他人的意愿，以抠摸、强搂、摸胸等淫秽下流的手段强制猥亵他人，经被害人张某强烈反抗才收手。嫌疑人王某以暴力方法强制猥亵他人，其行为已构成强制猥亵罪。

### 四、本案最终的结果

8月30日王某被刑事拘留，9月11日嫌疑人家属对被害人进行了赔偿并取得了对方的谅解，检察机关对其作出构罪不捕的决定，同年12月23日，公安分局向检察机关移送审查起诉，检察机关于次年1月6日向区法院提请公诉，本案涉及他人隐私，区法院不公开开庭审理了本案，4月14日区法院以王某犯强制猥亵罪，根据《刑法》第二百三十七条第一款、第六十七条第三款之规定，结合宽严相济的刑事政策，判处王某有期徒刑十个月。

---

1 张述元．刑法条文理解适用与司法实务全书［M］．北京：中国法制出版社，2018.

## 12 《刑法修正案（十一）》猥亵儿童罪的修改对保护未成年人的意义

导语：猥亵儿童罪在司法实践中发案率较高，对儿童造成的伤害和影响无可挽回，另外上海上市公司实控人猥亵儿童案更是推动了该罪的刑罚结构的调整，《刑法修正案（十一）》积极回应社会关切，增加了猥亵儿童罪三个法定升格刑的情形，加强了对未成年人的保护。

**基本案情：**

王某，1962 年生，在杭州从事物流收货员的工作。4 月 26 日晚上 8 时许，吃完晚饭后到外面闲逛，走到一个城郊接合部的小路边，看到一个小女孩独自在路上走，王某心里就产生了邪恶的想法，想上去占她的便宜，满足一下自己的好奇心。他就上去问女孩："今年几岁了？上几年级？"小女孩答："8 岁了，上小学三年级。"王某说要抱一下，女孩说不行。王某没有理会，从后面用左手抱住小女孩的腰部，并用右手伸到前面摸女孩两腿之间的隐私部位。女孩挣扎着对王某说想要回家，王某这才将其放下。

女孩回到家后告诉了爸爸妈妈事情的经过，女孩妈妈立刻报警，于是案发，公安机关在王某租住的农民房里将其抓获。

**争议焦点：**

猥亵儿童案中对儿童实施猥亵，是否需要使用强制手段？如未使用强制手段是否构成猥亵儿童罪？

**警官评析之以案释法：**

**一、《刑法修正案（十一）》前猥亵儿童罪量罚情节较少**

在《刑法修正案（十一）》出台前，根据《刑法》第二百三十七条规定，以暴力、胁迫或者其他方法强制猥亵他人或者侮辱妇女的，处五年以下有期徒刑或者拘役。

聚众或者在公共场所当众犯前款罪的，或者有其他恶劣情节的，处五年以上有期徒刑。

猥亵儿童的，依照前两款的规定从重处罚。

可见猥亵儿童罪的量罚有两个档次，一是五年以下有期徒刑或者拘役，二是五年以上有期徒刑。第二档量罚的情节只有在聚众或者在公共场所的时候才适用，而相关司法解释里没有列举“其他恶劣情节”，因此导致现实案例中很多犯罪嫌疑人量罚畸轻，无法做到罪刑相适应。如王某华猥亵儿童案中造成了儿童阴道撕裂的轻伤二级严重后果，最后也只判了五年，引起舆论普遍不满。

**二、猥亵儿童罪新旧法律条文对比变化**

原《刑法》第二百三十七条规定，以暴力、胁迫或者其他方法强制猥亵他人或者侮辱妇女的，处五年以下有期徒刑或者拘役。

聚众或者在公共场所当众犯前款罪的，或者有其他恶劣情节的，处五年以上有期徒刑。

猥亵儿童的，依照前两款的规定从重处罚。

现行《刑法》第二百三十七条规定，猥亵儿童的，处五年以下有期徒刑；有下列情形之一的，处五年以上有期徒刑：

（一）猥亵儿童多人或者多次的；

（二）聚众猥亵儿童的，或者在公共场所当众猥亵儿童，情节恶劣的；

（三）造成儿童伤害或者其他严重后果的；

（四）猥亵手段恶劣或者有其他恶劣情节的。

《刑法修正案（十一）》的一大亮点就是在猥亵儿童罪名上新增了三个五年以上有期徒刑的情节，这对于严密刑事法网、强化刑事追责、保护未成年人合法权益具有重大意义，在很大程度上严厉惩罚针对性侵未成年人的犯罪。同时也要注意到还有一些兜底性条款，如“其他严重后果”是什么后果？“手段恶劣”“其他恶劣情节”怎么解释？是否包括使用器具猥亵等，这些需要最高人民法院出台相关司法解释或者刑事审判参考案例予以细化，统一司法裁量尺度。

**三、猥亵儿童是否需要强制手段**

猥亵儿童罪客观方面表现为以淫秽下流的方式对儿童敏感部位实施猥亵，从司法实践中公布出来的案例来看，主要有抠摸、搂抱、裸露生殖器给儿童看、让儿童为其手淫、口淫等。由于不满 14 周岁的儿童生理和心理发育不成熟，对于性的认识和辨别能力差，刑法并没有要求行为人实施暴力、胁迫或者其他方法，无论儿童是否同意或者反抗，只要对儿童实施了猥亵行为，就构成了猥亵儿童罪。

与强制猥亵罪的区别就在于是否具有强制性，猥亵儿童罪不要求强制性，强制猥亵罪要求必须采用暴力、胁迫或者其他方法等手段。猥亵儿童罪针对的是不满 14 周岁的幼童，因此法律规定了更为严格的刑事责任，不需要强制性。

最终，王某于 4 月 29 日被刑事拘留，5 月 10 日被依法执行逮捕，7 月 17 日被提请公诉，9 月 11 日被区人民法院以猥亵儿童罪判处有期徒刑一年三个月。

《刑法修正案（十一）》的出台和《未成年人保护法》的新修订，表明我国法律对于未成年人保护的重视，有效震慑了犯罪分子，有利于儿童身心健康发展。

## 13 为了挽回感情而限制他人人身自由的，如何定罪？

导语：司法实践中，非法拘禁罪是较为常见的罪名，尤其是扫黑除恶专项行动以来，暴力催债行为引发的非法拘禁罪较为普遍，在《关于办理实施“软暴力”的刑事案件若干问题的意见》第六条里有详细的规定。另外最高人民法院在2000年司法解释里规定了关于索取法律不予保护的债务非法拘禁他人行为按照非法拘禁罪定罪处罚。那么对于挽回感情而限制他人人身自由的应当如何处理？

**基本案情：**

王某，男，33岁。和女朋友张某谈了三年的恋爱，因为张某感觉两人不合适，就主动提出分手，但是王某念念不忘、依依不舍，不想中断他付出那么多年的感情，在得知张某的母亲贺某坚决反对后，王某准备向贺某“讨要说法”。

1月9日下午王某来到了江干区某公寓楼，经多次查看发现贺某家里人比较多，王某感觉在那么多人面前谈复合的事情丢面子，于是一直在寻找机会，直到晚上10点多机会终于来了，当只剩下贺某一个人并下楼倒垃圾时，王某抓住机会尾随上楼，在贺某快要进房间关门的时候，王某拿出事先准备好的水果刀，用刀顶在对方的脖子上，将其拖进了室内，贺某被吓得腿都软了，在用手挡刀的过程中，贺某的左手拇指、食指、中指、右手的拇指都被划开了口子。

王某持刀威胁贺某并进入房间内，收了对方的手机以阻止其报警，还用事先准备好的绳子将贺某的双手正面捆绑，限制对方人身自由长达3个多小时，其间聊了很长时间，后来在贺某的一直坚持下，王某才同意贺某去医院治疗手伤，在医院贺某选择报警，后案发。

**争议焦点：**

为了与女朋友复合，持刀威胁女朋友的母亲讨要说法希望其帮助挽回这份感情，并限制人身自由是否构成非法拘禁罪？

**警官评析之以案释法：**

**一、什么是非法拘禁罪？**

根据《刑法》第二百三十八条规定，非法拘禁他人或者以其他方法非法剥夺他人人身自由的，处三年以下有期徒刑、拘役、管制或者剥夺政治权利。具有殴打、侮辱情节的，从重处罚。非法拘禁罪侵犯的客体是他人的人身自由权，是一种犯罪行为。

我国《宪法》第三十七条规定，中华人民共和国公民的人身自由不受侵犯。任何公民，非经人民检察院批准或者决定或者人民法院决定，并由公安机关执行，不受逮捕。禁止非法拘禁和以其他方法非法剥夺或者限制公民的人身自由。

因此，人身自由是宪法和刑法所保护的重大人身权利，而非法拘禁是一种严重剥夺公民身体自由的行为。

非法拘禁罪的犯罪主体有两类，一类是普通公民，另一类是国家工作人员。《刑法》及相关配套司法解释中并没有规定非法拘禁罪的立案标准，但对国家机关工作人员利用职权实施非法拘禁行为明确了立案标准，规定在2006年最高人民检察院发布的《关于渎职侵权犯罪案件立案标准的规定》中，国家机关工作人员利用职权非法拘禁，涉嫌下列情形之一的，应予立案：（1）非法拘禁他人人身自由24小时的；（2）非法剥夺他人人身自由，并使用械具或者捆绑等恶劣手段，或者实施殴打、侮辱、虐待行为的；（3）非法拘禁，造成被拘禁人轻伤、重伤、死亡的；（4）非法拘禁，情节严重，导致被拘禁人自杀、自残造成重伤、死亡，或者精神失常的；（5）3次以上非法拘禁他人，或者一次非法拘禁3人以上的；

（6）司法工作人员对明知是没有违法犯罪事实的人而非法拘禁的；（7）为索取债务非法扣押、拘禁他人，具有上述情形之一的。

司法实践中以上述的7点作为立案追诉标准。

**二、如果是为了挽回感情而非法拘禁他人的，如何定罪？**

其实在法条里没有规定为了挽回感情而非法拘禁他人如何处理，因为法条里不可能详细规定因某个特定事由而拘禁他人从而构成什么犯罪，法条只能做类型化的规定。

当然针对司法实践中常见的索取法律不予保护的债务非法拘禁他人如何处理的问题，最高人民法院专门制发了法释［2000］19号文件，即《关于对为索取法律不予保护的债务非法拘禁他人行为如何定罪问题的解释》，行为人为索取高利贷、赌债等法律不予保护的债务，非法扣押、拘禁他人的，依照刑法第二百三十八条的规定定罪处罚。

本案中，王某的行为构成什么犯罪？笔者认为是构成非法拘禁罪。王某为了挽回流逝的感情，失去正常人的理智，没有和对方好好沟通，而是事先准备好水果刀、绳子，经过预谋和踩点等候，以持刀方式对贺某进行威胁，对贺某的四根手指造成伤害，威逼进房间后，再用绳子将被害人的两只手绑住，属于非法拘禁立案标准中的第2项行为，非法剥夺他人人身自由，并使用械具或者捆绑等恶劣手段。在房间里面，限制被害人的人身自由长达3个小时，客观上已经侵害了贺某的人身自由。应当按照非法拘禁罪定罪处罚。

最终，检察机关以非法拘禁罪对王某批准逮捕。

**三、在非法拘禁过程中造成被害人重伤、死亡的如何处理？**

非法拘禁过程中往往伴随着暴力，对被害人进行加害行为，容易造成重伤或者死亡的结果。根据《刑法》第二百三十八条第二款的规定，犯前款罪，致人重伤的，处三年以上十年以下有期徒刑；致人死亡的，处十年以上有期徒刑。使用暴力致人伤残、死亡的，依照本法第二百三十四条、第二百三十二条的规定定罪处罚。

第二百三十二条 【故意杀人罪】故意杀人的，处死刑、无期徒刑或者十年以上有期徒刑；情节较轻的，处三年以上十年以下有期徒刑。

第二百三十四条 【故意伤害罪】故意伤害他人身体的，处三年以下有期徒刑、拘役或者管制。

犯前款罪，致人重伤的，处三年以上十年以下有期徒刑；致人死亡或者以特别残忍手段致人重伤造成严重残疾的，处十年以上有期徒刑、无期徒刑或者死刑。本法另有规定的，依照规定。

第二百三十八条第二款的前半部分规定，非法拘禁造成被害人重伤或者死亡的，分别处三年以上十年以下有期徒刑或者十年以上有期徒刑，以伤害结果来定相应的刑罚责任。

第二百三十八条第二款的后半部分规定，如果说使用了暴力，就直接转化为第二百三十四条的故意伤害罪或者第二百三十二条的故意杀人罪。

**附：刘某林等非法拘禁一案**

案号：（2020）京0105刑初713号

**基本案情：**

2019年12月6日凌晨1时至4时许，被告人刘某林因纠纷纠集刘某、刘某洲在北京市某酒吧门口将被害人李某（男，33岁，北京市人）用车辆先后带至北京市大兴区、丰台区等地，限制其人身自由。其间被告人刘某向被害人李某喷射辣椒水，并持刀将其砍伤，致其“右肩背部条状划伤痕1处，长为1.8厘米；右前臂内侧取皮后创口1处，长为4.2厘米；右手拇指指腹皮肤缺损1处，大小为2.2厘米×1.0厘米”，经鉴定被害人李某身体所受损伤程度属轻微伤。被告人刘某林、刘某、刘某洲于当日投案，三名被告人手机现扣押在案。

**法院观点：**

本院认为，被告人刘某林、刘某、刘某洲非法拘禁他人，三名被告人的行为触犯了刑律，均已构成非法拘禁罪，应予惩处。北京市朝阳区人民检察院指控被告人刘某林、刘某、刘某洲犯非法拘禁罪的罪名成立。被告人刘某洲系累犯，依法从重处罚，鉴于三名被告人有自首情节，当庭认罪认罚，家属代三名被告人赔偿了被害人的经济损失并取得被害人谅解，本院对三名被告人依法从轻处罚。三名被告人在共同犯罪中的具体行为及作用，本院在量刑时予以综合考虑。辩护人的相关辩护意见本院酌予采纳。在案物品一并予以处理。综上所述，根据被告人犯罪的事实、性质、情节以及各自的具体作用，本院依照《中华人民共和国刑法》第二百三十八条第一款、第三款，第二十五条第一款，第六十五条第一款，第六十七条第一款，第六十一条，第六十四条及《中华人民共和国刑事诉讼法》第十五条之规定，判决如下：

裁判结果：

第一，被告人刘某林犯非法拘禁罪，判处有期徒刑八个月。

第二，被告人刘某犯非法拘禁罪，判处有期徒刑八个月。

第三，被告人刘某洲犯非法拘禁罪，判处有期徒刑八个月。

第四，扣押在案之三部手机分别发还三名被告人。

## 14 罪与非罪的界限——以“非法侵入住宅”为例

导语：王某（男）和张某（女）曾经是一对恩爱的夫妻，后来由于感情不和导致双方协议离婚，张某一直对此事耿耿于怀，认为是第三者江某介入才导致的离婚，于是就把他们交往情况发给江某所在的公司领导。王某知道后气不过，从省外赶到杭州前妻住地，进行“严厉声讨”，于是就发生了下面一则案例。

**基本案情：**

9月30日22时许，王某从外地开车到了前妻张某的居住地，王某要求和张某好好坐下来聊一聊，张某说大半夜害怕不敢开门，于是两人隔着房门聊天，张某也不想多聊，也不愿意影响熟睡中的女儿，于是劝前夫离开，在劝说无效后报警，民警到达现场后对双方进行调解，张某也答应不会对外发文章了，王某一时“醒悟”觉得再待下去也没有多大意义，于是在民警的劝说下离开了。

王某回到车上继续抽烟，“思绪万千”，想得比较多，根据他对前妻的了解认为她可能还会发文章。凌晨1时许，没忍住的他继续回到张某住的地方，找了一个木头椅子，爬上了二楼窗台，窗户是锁着的打不开，但是窗台上有一个花盆，王某就直接用花盆把窗户玻璃打碎，手伸进去打开窗户开关，顺利进入客厅，砸碎玻璃的声音惊醒了在卧室的张某，

图　现场照片

两人又是一顿争吵，王某在气头上，将张某的手机摔在地上后又扔进了抽水马桶，再把卧室里的计算机主机扔到了卫生间用淋浴头冲水，王某的这些疯狂举动又让民警同志赶到现场处置。

民警同志将现场的破坏证据固定好之后，将双方带回派出所处理。

后经价格鉴定中心评估，两件被损坏的物品价值达2600元。

**争议焦点：**

前夫采用砸碎玻璃方式强行进入前妻家中，究竟是构成违反治安管理行为的非法侵入住宅，还是构成刑法上的非法侵入住宅罪？

**警官评析之以案释法：**

**一、该行为构成非法侵入住宅罪**

非法侵入住宅罪，是指未经法定机关批准或者未经住宅主人同意，非法强行侵入他人住宅的行为。根据《中华人民共和国刑法》第二百四十五条规定，非法搜查他人身体、住宅，或者非法侵入他人住宅的，处三年以下有期徒刑或者拘役。本罪侵犯的客体是他人的住宅不受侵犯的权利，生活安宁和居住安全必须要得到保障。对此《宪法》第三十九条有明文规定，公民的住宅不受侵犯，禁止非法侵入公民的住宅。

根据《刑事诉讼法》的规定，公权力机关（国家安全机关、公安机关、人民检察院、人民法院等）工作人员为了执行拘留、逮捕、搜查等任务，依照法律规定的程序而进入公民住宅的行为是合法的。

本罪的客观方面表现为未经批准或者未经住宅主人授权同意，非法侵入他人住宅，或者经要求退出而拒不退出的行为。本案中，王某通过爬阳台，砸碎前妻家的窗台玻璃强行进入的方式，属于未经住宅主人授权同意的行为，严重侵犯了他人的人身权利。

**二、罪与非罪的认定**

《治安管理处罚法》第四十条第三项和《刑法》第二百四十五条均规定了非法侵入住宅，只不过一个是非法侵入住宅违法行为，另一个是构成非法侵入住宅罪。这二者之间有什么区别，界限在哪里？这是公安执法实践中经常遇到的问题，先准确定性后才能更好地量罚，而刑法分则的确没有相应的细化规定，实践中往往比较难区分违法与犯罪的不同。

回归到本案，区分罪与非罪，关键看情节是否严重。《刑法》第十三条规定，“但是情节显著轻微危害不大的，不认为是犯罪。”这个“但是”的规定，适用于各种违法犯罪罪名。就非法侵入住宅而言，只有严重侵害了他人生活安宁和居住安全的非法侵入他人住宅行为，才构成非法侵入住宅罪。

对于一般的非法侵入住宅的行为，属于《治安管理处罚法》第三章第三节中的侵犯人身权利的行为，“非法限制他人人身自由、非法侵入他人住宅或者非法搜查他人身体的，处十日以上十五日以下拘留，并处五百元以上一千元以下罚款；情节较轻的，处五日以上十日以下拘留，并处二百元以上五百元以下罚款”。

本案中，侵犯住宅是确定的，这个居室是与外界相对隔离的住所。王某手段是非法的，是采取了破坏性进入的，且在凌晨时间段非法侵入，再者侵入后还故意损毁他人苹果手机和计算机机箱，应当属于情节严重，损毁等其他行为可以作为量刑情节予以考虑。

三、一罪与数罪的界限

在入户盗窃或者入室盗窃过程中，也伴随着非法侵入住宅的问题，这个情况下如何定罪，非法侵入住宅是否需要评价，还有如入户杀人、抢劫等行为也涉及这个情况。笔者认为应当按照吸收原则，目的行为吸收手段行为，从一重罪处罚，按照盗窃罪、故意杀人罪、抢劫罪定罪处罚。当然本案中还涉及故意损毁公私财物行为（损毁的价值不到5000元，不涉及刑事），这种因民间纠纷引起的损毁财物行为可以调解处理。

## 15 抢劫出租车能否认定在公共交通工具上抢劫?

导语：抢劫犯罪一直被认定为恶性刑事犯罪，刑罚非常重，起步就是三年以上，另外还有八种加重情节，起刑点是十年以上，如果手段十分恶劣，犯罪后果十分严重的话还有可能被判处死刑。因为在量刑上有普通情节和加重情节，所以在司法实践认定中还是比较谨慎的，比如在小型出租车上实施抢劫，能否认定“在公共交通工具上抢劫”？是否属于加重情节呢?

**基本案情：**

柳某，男，18岁，在外地某职高读三年级。9月23日20时许从外地到达了杭州东站，带的钱所剩无几，此时肚子非常饿，就想着抢一点钱用用，于是在马路的匝道边捡了几根铁丝为抢劫准备工具、制造条件，作案对象就选择出租车司机。

他在马路边拦车，开始有两辆出租车停下来，柳某看司机凶巴巴的样子就没敢拦，到了拦第三辆时，柳某看出租车司机没有太大的戒心，就上了这辆北京现代牌出租车，上车后坐在后排、司机的后面，柳某让司机送其到一家每晚价格在四五十元左右的宾馆，司机告诉他这周边都没有。

在途中，柳某向司机提出借点钱用用，司机不肯，后柳某用准备好的铁丝顶住对方的脖子威逼司机交出钱，司机情绪激动，大喊救命并反抗，后车辆失控撞到路边隔离绿化带，柳某从后座的窗户上爬出去逃掉了，在实施暴力的过程中将司机的手机抢走。后司机在路人的帮助下报警求助，民警迅速出警，经搜索，在现场附近的草丛边抓获了犯罪嫌疑人柳某。

经价格认证中心鉴定，被抢的手机价值为900元。

**争议焦点：**

柳某抢劫出租车司机能否认定为《刑法》第二百六十三条第二项的“在公共交通工具上抢劫”？是否属于加重情节？

**警官评析之以案释法：**

**一、构成抢劫罪**

《刑法》第二百六十三条规定，以暴力、胁迫或者其他方法抢劫公私财物的，处三年以上十年以下有期徒刑，并处罚金；有下列情形之一的，处十年以上有期徒刑、无期徒刑或者死刑，并处罚金或者没收财产：（一）入户抢劫的；（二）在公共交通工具上抢劫的；（三）抢劫银行或者其他金融机构的。

抢劫罪，是指以非法占有为目的，当场使用暴力、胁迫或者其他方法，强行夺取公私财物的行为。犯罪主体为一般主体，根据《刑法》第十七条第二款规定，已满14周岁并具有刑事责任能力的自然人，均可构成抢劫罪的犯罪主体。

抢劫罪侵犯的是复杂客体，不仅侵犯了财物的所有权，而且侵犯了被害人的人身权利。本案中，柳某实施抢劫的时候，用铁丝顶住被害人的脖子，造成脖子上的伤害，同时在暴力的威逼下抢走了手机。在抢劫的时候往往伴随着被害人的人身伤害，因此抢劫被认为是比较严重的暴力犯罪，位列刑法第五章侵犯财产罪中的第一个罪名。

暴力的手段有很多，比如殴打、捆绑、使用其他凶器等，危及被害人的身体或者生命安全，达到压制被害人的反抗，主要的目的在于更好地实施抢劫。柳某用铁丝顶住被害人的脖子，还试图用铁丝套住被害人的脖子，危及被害人的身体健康，这可以被评价为使用暴力。

**二、能否认定在公共交通工具上抢劫?**

一般认为公共交通工具是指为不特定多数人提供运送服务的公交车、火车、船只、飞机、出租车等各种机动性交通工具。像上述案例中如果认定柳某在公共交通工具上抢劫，那起刑点是十年以上，如果不能认定，则在三年以上十年以下量刑。

在司法实践中，关于小型出租车是否属于公共交通工具的问题存在较大的争议。

第一种意见认为，出租车属于公共交通工具的重要组成部分，出租车的服务对象也是不特定的公众，对公共安全有危害性，应适用“在公共交通工具上抢劫”。

第二种意见认为，出租车不属于“在公共交通工具上抢劫”，应按照普通抢劫罪定罪处罚，不适用加重条款。

笔者赞同第二种观点，理由如下：

根据最高人民法院《关于审理抢劫案件具体应用法律若干问题的解释》第二条规定，《刑法》第二百六十三条第二项规定的“在公共交通工具上抢劫”，既包括在从事旅客运输的各种公共汽车，大、中型出租车，火车，船只，飞机等正在运营中的机动公共交通工具上对旅客、司售、乘务人员实施的抢劫，也包括对运行途中的机动公共交通工具加以拦截后，对公共交通工具上的人员实施的抢劫。

这里列举了大、中型出租车，没有对小型出租车作出规定，而最高人民法院《关于审理抢劫、抢夺刑事案件适用法律若干问题的意见》第二条对小型出租车作了认定，关于“在公共交通工具上抢劫”的认定，公共交通工具承载的旅客具有不特定多数人的特点。根据《关于审理抢劫案件具体应用法律若干问题的解释》第二条规定，“在公共交通工具上抢劫”主要是指在从事旅客运输的各种公共汽车，大、中型出租车，火车，船只，飞机等正在运营中的机动公共交通工具上对旅客、司售、乘务人员实施的抢劫。在未运营中的大、中型公共交通工具上针对司售、乘务人员抢劫的，或者在小型出租车上抢劫的，不属于“在公共交通工具上抢劫”。

根据2000年11月28日，最高人民法院的会议纪要明确：实践中发生在小型出租汽车上的抢劫犯罪案件，大多是犯罪分子以租乘为名，骗司机将出租车开到偏僻无人的地方，针对司机施行抢劫，或者同时抢劫司机驾驶的出租汽车。这种抢劫犯罪不是针对众多乘客实施的，因此，不同于威胁众多乘客人身、财产安全的“在公共交通工具上抢劫”犯罪案件，故不能根据《刑法》第二百六十三条第二款规定，认定为“在公共交通工具上抢劫”。

所以，司法解释上已经非常明确，在小型出租车上抢劫不能作为抢劫罪的加重情节认定。根据笔者的理解，主要原因是根据立法者的本意理解，在公共交通工具上抢劫，危害的是不特定多数人（乘客、司乘人员等）的人身安全和财产安全。而小型出租车上，犯罪分子针对的是出租车司机进行抢劫，受害人范围比较窄，犯罪数额一般也不大。并且也要遵循罪责相适应原则，十年以上的有期徒刑刑罚是非常重的，司法机关在认定的时候是比较谨慎的。

**三、其他方法是指什么方法？**

《刑法》第二百六十三条还规定了“其他方法”，那是指什么方法呢？一般来说，是与暴力、胁迫相对等的手段和方法，使被害人丧失反抗能力，比如公安执法实践中常常遇到的行为人使用灌醉的方法夺取财物的行为，使用禁闭他人方法夺取财物的行为，使用安眠药麻醉的方式夺取财物的行为。笔者就碰到过这样一起案例，王某（男）和张某（女）通过某聊天软件认识，之后互有好感，后张某约王某到宾馆聊天，在宾馆房间里，张某将事先准备好的安眠药放入饮料中让王某喝下去，王某毫无防备就喝了下去，等他醒来的时候发现钱包、手机等物品不翼而飞，而犯罪嫌疑人张某趁王某沉睡之际拿走了对方的随身物品逃之夭夭。最后是以抢劫罪定罪处罚。

## 16 盗窃案件零口供办理是怎么做到的？

导语：刑事案件办理过程中，往往依赖于嫌疑人的口供，很多时候忽视了客观证据的固定，刑事诉讼法告诉我们对一切案件都要重证据，不轻信口供，没有被告人供述，证据确实、充分的，可以认定被告人有罪和处以刑罚。且看下面一则案例。

**基本案情：**

12月15日17时，被害人张某将私家车停在了杭州某小区的道路边，到了第二天早上8时许准备去开车的时候发现右后窗玻璃被人砸碎了，再仔细检查车内，放在储物箱内的10000元现金和一只男子浪琴手表及一串佛珠不翼而飞，张某立刻报警。

民警立即赶到报警地，制作了现场勘查笔录，拍照固定证据。后民警通过查看外围监控，发现一名可疑男子，经监控追踪发现该人前往火车站，后又查到嫌疑人已经坐动车往海宁方向逃窜，民警赶往海宁，在当地的某出租房抓获犯罪嫌疑人王某。

经查，王某，26岁，前科累累。2010年因抢劫罪被贵州南明区人民法院判处有期徒刑六年，2017年1月因盗窃被海宁市公安局行政拘留十日，2020年10月因盗窃被海宁市公安局行政拘留十四日。

面对民警的讯问，王某拒不承认犯罪事实，辩称快过年了，家里人喊其回老家，但身上没有钱，就想通过砸汽车窗户的手段偷点东西，离开海宁之前想好到杭州偷的，但是到了以后发现不熟悉，逛了一圈就放弃了偷窃的想法，于是就直接回海宁了。

面对零口供案件，办案民警究竟是如何办理的呢？最终区检察机关也批准了逮捕犯罪嫌疑人王某。

以下为相关证据。

**一、被害人张某的陈述**

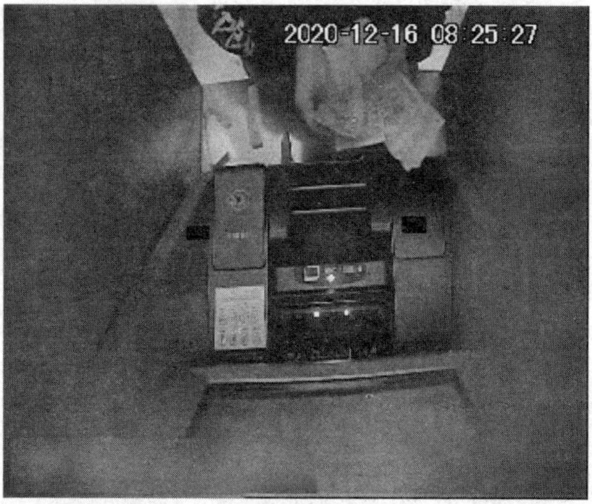

图 现场图

首先要明确被害人的陈述是否真实，在用电子支付的时代，10000元现金放在车上是否合理？浪琴手表和佛珠手串是否有来源？经两次制作被害人的笔录，其明确表示因为他给房东造房子，房东给了他38000元的费用，后自己用掉了28000

元，还剩下10000元就放在了车上。另外还提供了佛珠手串的照片，是在四川旅游时购买的，浪琴手表有发票证明。

**二、证人证言**

1. 证人周某

周某是张某的房东，经询问，周某明确表示其在12月13日的时候从杭州银行某ATM上取出38000元整交给张某，因为张某给他家拆房子，之前已经达成口头协议拆房的费用是这么多。

2. 证人吴某

吴某是海宁某快递点的承包人，其证实有个年轻的男子到其快递点邮寄过佛珠手串。12月17日15时许，该男子到其店内询问其邮寄一个手串到贵州多少钱？其告诉他12元，随后该名男子就扫码下单了。经系统查询，收件的地址正是嫌疑人的老家地址。随后，将该快递予以拦截，最终寄回来的物品与被害人的佛珠手串一致。

**三、监控视频**

1. 快递点的监控视频

民警经回看海宁快递点的监控视频，发现17日当天犯罪嫌疑人王某到快递点邮寄佛珠，整个过程全程录像记录。

2. 银行的监控视频

在中国农业银行海宁某支行的ATM边，王某拿着一叠人民币存入了ATM上，经过查询，王某所使用的卡是本人名下的农业银行储蓄卡。

**四、书证**

首先调取的是房东周某在杭州银行的取款记录及冠字号码，再调取嫌疑人在农业银行存款记录，经反复多次比对，100张被盗窃而走的人民币与杭州银行的一致，经查询，余额还放在该农业银行卡内，民警将王某的银行卡予以冻结。

五、物证

在派出所的办案区内，民警发现王某所背的双肩包内有涉案银行卡、135元现金、一个黑色的破窗器，上有“mini car emergency tools”字样，民警对上述涉案物品予以扣押。

六、鉴定意见

根据区价格鉴定中心对被盗物品的鉴定结果，佛珠手串在基准日的价值为人民币500元；车窗的价值为2000元。

**争议焦点：**

盗窃案件中没有犯罪嫌疑人的供述，但是有客观的物证、书证等证据证实的，能否认定嫌疑人有罪？

**警官评析之以案释法：**

根据《刑事诉讼法》第五十五条规定，对一切案件的判处都要重证据，重调查研究，不轻信口供。只有被告人供述，没有其他证据的，不能认定被告人有罪和处以刑罚；没有被告人供述，证据确实、充分的，可以认定被告人有罪和处以刑罚。证据确实、充分，应当符合以下条件：（一）定罪量刑的事实都有证据证明；（二）据以定案的证据均经法定程序查证属实；（三）综合全案证据，对所认定事实已排除合理怀疑。

以上物证、书证、监控视频、证人证言、被害人陈述、犯罪嫌疑人供述和辩解等这些证据，都是用于证明案件事实的材料。所以说证据是确实、充分的。

根据《刑事诉讼法》第八十一条第三款规定，对有证据证明有犯罪事实，可能判处十年有期徒刑以上刑罚的，或者有证据证明有犯罪事实，可能判处徒刑以上刑罚，曾经故意犯罪或者身份不明的，应当予以逮捕。王某的盗窃事实可能判处有期徒刑以上，又因2010年的抢劫罪故意犯罪前科，所以王某符合逮捕条件，最终，区检察机关批准了逮捕王某。

根据最高人民法院《关于常见犯罪的量刑指导意见》相关规定，在量刑起点的基础上，可以根据盗窃数额、次数、手段等其他影响犯罪构成的犯罪事实增加刑罚量，确定基准刑。王某使用破坏性手段盗窃他人财物，应适当增加刑罚量，以确定基准刑。

## 17 对行为性质的辩解是否就不构成犯罪了？

导语：犯罪嫌疑人被抓获后，出于侥幸心理，有些嫌疑人拒不供述犯罪事实，有些嫌疑人编造故事，有些嫌疑人会提出各种各样的辩解，对于嫌疑人的辩解，要综合全案事实、情节、动机判断，合理的要采纳，不合理的该怎么定性？不能因为嫌疑人对犯罪性质的辩解而不构成犯罪了。

**基本案情：**

陈某于某日21时许将车停在小区门口的路边，车门忘了锁，到了第二天早上去开车的时候发现车门是虚掩着的状态，里面的钱包不见了，钱包内有银行卡和3000元左右的现金。陈某到物业查看监控发现是20日凌晨的时候有一男子故意拉车门，陈某遂报警。

民警很快就找到了嫌疑人王某，王某在第一次接受讯问时很快就承认了犯罪事实，其称20日凌晨下大雨，他当时就想着找一辆车躲雨，后来想上大号需要找厕纸，拉了好几辆车都是锁着的，在拉白色宝马车的时候竟然拉开了，看到驾驶室左侧位置上有一个钱包，于是就见财起意把钱包偷走了。内有29张100元面值的人民币，2张50000面值的印尼币，

1 张 2000 面值的印尼币，另外钱包的价值经鉴定后为 200 元（总价值超过 3000 元）。

过了几天王某接受第二次接受讯问的时候，王某辩解称是捡了钱包，在宝马车上没有找到厕纸的时候就出来了，从车里出来的时候发现车外面的地上有一个钱包，于是就捡了钱包离开了。但对钱包里的金额供述是一致的。

又过了几天，在接受第三次讯问的时候，其称当时急着上大号，就去拉附近的车门找厕纸或者硬币（用硬币可以买厕纸），发现有一辆宝马车未关，就到车里找，找了一分钟左右就出来了，在离开的时候发现车门的地上有一个东西，捡起来之后发现是一个钱包，然后他就把钱包捡走了。他的解释是有可能开车门导致这个钱包从车内掉出来。但是对于里面有多少人民币和外币供述是一致的。

**争议焦点：**

行为人开始承认是盗窃，后来辩解是捡的，嫌疑人对行为性质的辩解是否就不构成犯罪了？

**警官评析之以案释法：**

**一、构成盗窃罪**

根据《刑法》第二百六十四条规定，盗窃公私财物，数额较大的，或者多次盗窃、入户盗窃、携带凶器盗窃、扒窃的，处三年以下有期徒刑、拘役或者管制，并处或者单处罚金。

盗窃罪，是指以非法占有为目的，秘密窃取公私财物，数额较大的行为。客观表现为一是秘密窃取公私财物的行为。秘密窃取，是指行为人采取秘密手段，不会被财物占有者发现的方法，暗中窃取财物的行为。另外，《刑法修正案（八）》对刑法第二百六十四条的罪状作了修改，补充了“入户盗窃、携带凶器盗窃、扒窃”这三种盗窃方式。

二是数额较大。根据浙江省高级人民法院、浙江省检察院《关于确定盗窃罪数额标准的通知》的规定，盗窃公私财物价值人民币三千元以上、八万元以上、四十万元以上的，应当分别认定为刑法第二百六十四条规定的“数额较大”“数额巨大”“数额特别巨大”。本案盗窃价值达到3000元以上即达到了追诉标准。

本案中，王某对其行为的性质辩解为“捡”，其实是对法律的认识错误，不管是这个钱包放在车内驾驶室左侧位置，还是在开车门的时候掉在了地上，都是属于车主占有的物品，将他人占有的物品占为己有就是盗窃。

**二、盗窃罪所侵犯的法益**

盗窃的对象是他们合法或者非法占有的财物。财产犯罪所保护的法益，不仅仅是财产的所有权，还保护占有权。即自己所有的财物，处于他人的合法占有之下，通过非法的方式拿回来，破坏了他们对财物的合法占有权，也构成犯罪。非法占有的财物，是指即便他人对财物的占有本身是非法的，也不能通过非法的方式取走他人非法占有的财物，即不允许“黑吃黑”，比如甲盗窃了乙一辆摩托车，甲对乙的摩托车属于非法占有，丙又从甲处非法盗走了该摩托车，那么丙也成立盗窃罪。丙属于“黑吃黑”。

**三、是否构成认罪认罚**

在接受讯问的时候，民警告知其认罪认罚从宽处理的相关规定，王某签署了认罪认罚从宽处理告知书和认罪认罚承诺书，对占有了钱包和钱包内的物品没有异议，只是对行为性质提出了辩解称不是盗窃，而是捡了钱包。

根据最高人民法院、最高人民检察院、公安部《关于适用认罪认罚从宽制度的指导意见》第六条的规定：“认罪”的把握。认罪认罚从宽制度中的“认罪”，是指犯罪嫌疑人、被告人自愿如实供述自己的罪行，对指控的犯罪事实没有异议。承认指控的主要犯罪事实，仅对个别事实情节提出异议，或者虽然对行为性质提出辩解但表示接受司法机关认定意见的，不影响“认罪”的认定。

本案中王某对行为性质提出了辩解，认为是“捡”，但是司法机关认为是盗窃，最终指控的犯罪事实也是盗窃。

同样根据浙江省法、检、公、司《浙江省刑事案件适用认罪认罚从宽制度实施细则》第九条规定，对行为性质提出辩解且不接受司法机关认定意见的，不适用认罪认罚从宽制度。王某对犯罪行为虽然提出了辩解，但对司法机关认定的意见还是认可的，比如接受缓刑量刑建议，所以符合认罪认罚的规定，可以获得从宽处罚。

## 18　快递员拿走包裹定盗窃罪还是定职务侵占罪?

导语：快递员将黑手伸向了快递，见财起意，如何定罪？有观点认为应定盗窃罪，有观点认为应定职务侵占罪，职务侵占的定罪起点是6万元，盗窃的定罪数额是3000元，相差20倍，法律的天平是侧重于保护嫌疑人的合法权利呢？还是侧重于保护企业的公私财产？不管如何，区分的关键因素是有没有利用职务上的便利，且看下面一则真实发生的案例。

**基本案情：**

12月4日11时，区公安分局派出所接某快递公司负责人报警称在网点内有人偷了快递。民警同志接警后立即赶赴现场，经缜密侦查发现了失窃的快递包裹（内有 iPhone12Pro，256GB）被一个刚入职 1 个月的员工王某盗走。

民警同志立即将王某传唤至派出所接受调查。经查，王某今年 24 岁，自幼读书至高中一年级肄业，后到广东、江苏等地打工，2020 年 10 月到杭州应聘某快速公司网点的送货员，入职以后主要负责某街道某小区的快递收件和送件任务。

可能因为工资低或者工作辛苦，工作没多久的王某产生了厌倦的心态，总想着一劳永逸、不劳而获，逐渐产生了将贵重的快递包裹占为已有的不良心态。机会在 12 月 2 日到来了，他也“豁出去了”。

当日上午，王某在公司网点分拣快递，一开始在外面分拣大件的快递，分拣好大件的快递之后，又进入了仓库分拣小件的快递，同事们都在忙碌地分拣着自己区域的快递，王某看上去也在忙于分拣属于自己投送的快递，大家各自负责各自的区域，忙碌而有序，当王某拿走了自己区域的小件快递时，发现放置物品架子的下面还有一个 iPhone 手机快递包裹，而这个要投送的 iPhone 手机并不属于他投送的区域，王某鬼迷心窍地将这个 iPhone 手机快递包裹顺手拿起放进了编织袋里面。当日白天，将快递送完之后，晚上回到租住处将偷拿的快递拆开，里面确实是一部全新的 iPhone12Pro 白色手机。

王某心里害怕，但是内心还存着侥幸心理，没有选择向公司负责人坦白，直到 2 天后负责人报警后才后悔晚矣。

**争议焦点：**

关于快递员顺手拿走快递包裹的案件，全国各地法院判决有所不同，主要在于职务侵占罪和盗窃罪的区分，有法院认为是职务侵占罪，也有法院认为是盗窃罪。两者的区分标准和界限是什么呢？

**警官评析之以案释法：**

**观点一：认为是职务侵占。**

王某作为快递网点的工作人员，在分拣快递的时候，利用经手本单位财物的职务之便，侵占了属于单位的价值为7000元的iPhone12Pro手机（经鉴定后的物品价值），其行为属于职务侵占。所谓职务上的便利，是指行为人利用职务上所产生的便利条件，即管理、经手、保管单位财物的便利；所谓侵占，就是指行为人以侵吞、骗取、盗窃或者其他手段非法占有单位财物的行为；所谓本单位的财物，即单位管理、占有之下的哪怕属于他人所有的财物，也应视为本单位的财物。王某受网点的指派，负责快递包裹的分拣工作，经手涉案财物，利用职务上的便利，侵占公司财物，属于职务侵占。但因其侵占的财物价值未达到职务侵占数额较大的定罪标准6万元，应不以犯罪论处。

**观点二：认为是盗窃。**

根据刑法规定，盗窃罪是指以非法占有为目的，秘密窃取公私财物，数额较大的行为。本案中王某心存侥幸心理，以为拿走后不会被发现，主观上以非法占有为目的，秘密窃取他人财物，盗窃财物的价值已达7000元，其行为已经构成盗窃罪。

笔者同意观点二，本案中区分盗窃罪与职务侵占罪的关键在于，王某侵吞手机的行为是利用工作还是职务之便，前者是盗窃，后者是职务侵占。分拣的物品放在不同层级的架子上，王某在分拣过程中，假设A区域是他投送的物品，他只要把该区域包裹取走分发掉就可以了，然而他将别的区域的iPhone手机包裹顺手拿走，属于盗窃了别的区域里的物品，其行为符合盗窃罪的特征。至于量刑方面，王某自愿认罪认罚，且是初犯，被盗的iPhone手机已被追回，已经取得谅解，可以对其从轻处罚。

最终检察机关认可观点二，作出了定罪不捕的决定，是基于以下三点理由，一是王某可能被判处有期徒刑以下刑罚；二是赃物已被追回，社会矛盾已化解；三是其系初犯，归案后认罪态度较好。

**附：成都相关案例**

杨某在快递公司中转场上夜班，负责快递包裹的分拣工作，凌晨3时许，杨某发现一个外有“M”标志、内有一部小米手机的快递包裹，就采取用大物件掩藏小物件的方式，让这个快递包裹躲过扫描，后拿走使用。区检察院指控快递员构成盗窃罪，提起了公诉，一审基层法院判决构成盗窃罪，单处罚金3000元。检察机关认为量刑偏轻，后提起了抗诉；成都中院终审判决认定该行为属于职务侵占行为，因没有达到职务侵占罪犯罪数额起点，遂宣告无罪。

## 19　跨越十八周岁的盗窃行为如何适用“多次盗窃”的规定？

导语：犯罪嫌疑人盗窃多次，有些是在十八周岁之前盗窃的，有些是在十八周岁之后盗窃的，有些已经作出了行政拘留的处罚，有些还没有作出行政拘留的处罚，对于跨越十八周岁的盗窃行为，即十八周岁前后的盗窃行为是否每次都是够认定？是否符合“多次盗窃”的定性？

**基本案情：**

王某，男，2002年生人，在杭从事仓库搬运工作，平时有小偷小摸习惯，多次因为涉嫌盗窃违法行为被公安机关行政拘留。

12月17日21时许，王某窜至杭州市江干区某街道某社区某停车场内，发现有一辆车的车门未锁，王某以拉车门的方式进入福克斯牌白色机动车内实施盗窃，翻找了主驾驶和副驾驶中间存放东西的地方，接着在后备厢翻找的时候被赶来开车的车主发现，报警后被公安机关当场抓获，未窃得物品。属于意志以外的盗窃未遂。

经查，王某还有其他三次被行政拘留的前科。

1. 去年12月14日凌晨4时许，王某窜至杭州市江干区某街道某驾校培训店，以溜门的方式进入店内，从店内桌子上窃得电动车钥匙一把，并用该电动车钥匙启动停在店门口的电动车后将车子盗走。后被杭州市公安局江干区分局行政拘留七日。

2. 同年7月1日15时许，王某窜至杭州市江干区某街道某小区地下车库内，以拉车门的方式进入车牌号为沪C***** 的白色机动车内，从放置在左侧车门的储物格内的钱包中盗走490泰铢（折合人民币111.67元）。后被杭州市公安局江干区分局行政拘留十日。

3. 同年9月24日18时许，王某以非法占有为目的，窜至绍兴市某街道某路边，通过打开未锁车门进入车内的方式，盗得林某放在自己黑色奔驰车内的一部黑色iPhone7plus手机及一个银色小米充电宝。经鉴定，黑色iPhone7plus手机的价格为人民币1200元，银色小米充电宝的价格为人民币34元，共计人民币1234元。后被绍兴市公安局柯桥区分局行政拘留九日。

**争议焦点：**

犯罪嫌疑人十八周岁之前作案三次，十八周岁之后作案一起，四次作案前后都是在二年之内，能否认定多次作案？

**警官评析之以案释法：**

**一、能否认定多次作案？**

2015年12月浙江省公、检、法出台的《关于办理盗窃刑事案件的若干意见》（以下简称《若干意见》）第一条规定，“多次盗窃”是指两年内实施三次以上盗窃行为，但数额累计未达到较大以上的情形。关于“次”的认定，一般情况下，对基于同一概况的盗窃故意，在同一时间段内于相对固定的区域连续实施的盗窃行为可以认定为一次盗窃行为。已受行政处罚的盗窃行为可计入“多次盗窃”的次数之内。多次盗窃中存在盗窃未遂的，不影响次数的认定。

根据最高人民检察院法律政策研究室《解读“两高”关于办理盗窃刑事案件司法解释》，二年内盗窃三次以上的，应当认定为“多次盗窃”。

本案中，王某总共实施了四次盗窃行为，前三次是在十八周岁之前，第四次是在十八周岁之后。根据刑法规定，已满十六周岁的人犯罪，应当负刑事责任。法律、司法解释并未规定十八周岁之前的盗窃行政违法不计入“多次盗窃”中，王某在十八周岁前后作案四起，能够认定多次盗窃。

**二、已受行政处罚的盗窃能否计入盗窃次数内？**

前三次王某因涉嫌盗窃的违法行为被公安机关行政拘留，那是否就不能计入多次盗窃的次数内呢？

如果计入了多次盗窃的次数内，那是不是存在“重复评价”问题？笔者认为不存在。前三次的盗窃行为虽然已被行政处罚，但其法律依据为行政法律，并不影响刑事法律的适用。这种法理精神与《若干意见》的规定相一致。

根据《若干意见》第一条的规定，已受行政处罚的盗窃行为可以计入多次盗窃的次数之内；因多次盗窃被判处刑罚的，对行政处罚决定可以不予撤销，但行政拘留和罚款应予折抵。

依据上述规定，已受行政处罚行为是要计入“多次盗窃”中的。前三次都是既遂，而且已经作出了行政处罚，二年内三次盗窃行为并不要求均为“未经处理的”。

王某前后加起来有四次盗窃行为，能够认定多次作案。所以公安机关对犯罪嫌疑人的刑事拘留期限为三十日。

另外关于十八周岁的其他规定还有很多，如累犯，不满十八周岁的人犯罪是不适用累犯的。犯罪的时候不满十八周岁的人不适用死刑。

**三、本案中的多次盗窃是否适用刑拘直诉？**

刑拘直诉，是指根据浙江省公、检、法《关于推行刑拘直诉工作机制的意见》规定，案件事实清楚、证据确凿充分，为缩短诉讼时间，提高诉讼效率，公安机关、人民检察院、人民法院不经审查逮捕环节，在法定的刑事拘留期限内直接移送审查起诉，依法作出是否起诉决定，起诉的依法予以判决。

根据《关于推行刑拘直诉工作机制的意见》第三条规定，对具有《中华人民共和国刑事诉讼法》第二百二十三条规定情形的案件，不适用刑拘直诉机制。

《刑事诉讼法》第二百二十三条规定，有下列情形之一的，不适用速裁程序：（一）被告人是盲、聋、哑人，或者是尚未完全丧失辨认或者控制自己行为能力的精神病人的；（二）被告人是未成年人的；（三）案件有重大社会影响的；（四）共同犯罪案件中部分被告人对指控的犯罪事实、罪名、量刑建议或者适用速裁程序有异议的；（五）被告人与被害人或者其法定代理人没有就附带民事诉讼赔偿等事项达成调解或者和解协议的；（六）其他不宜适用速裁程序审理的。

本案中，王某前三次的盗窃行为都是发生在未满十八周岁的时候，应该说主要犯罪事实都是在未成年阶段，最后一次虽然发生在十八周岁成年后，但也只是未遂，所以从有利于嫌疑人的角度出发，犯罪的时候是未成年人，虽然被抓的时候已经成年了，但还是应当按照未成年来对待，不适用刑拘直诉机制。

## 20 骗取服务是否构成刑法意义上的诈骗罪?

导语：嫌疑人本身出于非法占有、贪小便宜的目的，故意从刷其他二维码的方式逃单，骗取了相关的服务和产品，关于诈骗罪的定性没有疑问。诈骗罪的对象是公私财物，对于骗取的产品可以根据价格鉴定中心出具结论来认定诈骗金额，那么对于骗取的服务的价值如何认定是值得探讨的问题。也就是说骗取服务是否构成刑法意义上的诈骗罪？

**基本案情：**

1月27日下午，王某（女，35岁）从老家来到杭州，在万象城附近闲逛，走着走着就到了对面的一家美容院里。王某到店内后，服务员非常热情地介绍了项目，有几百的，有上千的，都是明码标价的，王某选择了面部补水护理。在做的过程中，王某感到非常惬意，后来又加做了一个眼部护理，享受了两个小时的服务之后，后又办理了9800元的护理卡和10000元的产品消费卡。

办卡需要填写相关信息，办理相关手续，王某故意填写了虚假的“李静”名字和根本不属于自己所有的手机号码。

到了付钱的阶段，王某“略施小计”用其他二维码扫描的方式付款，并对店家说已经支付完成了，店家没有注意以为钱已经到账了就让她离开了。后来发现账户上并没有收到钱。

店长马上发微信给王某，发现微信已经被拉黑，信息发不出去，店长马上打电话接通之后问对方是否叫李静，对方说打错了。店长意识到被骗了，于是就报了警。

民警经过工作，将嫌疑人王某抓获，王某非常坦然地承认，当时处于一种想占小便宜的心理，原本就没有支付费用的意思，至于留下的身份信息就是为了防止公安机关找上门来而采用虚假的名字和假的手机号码。

经核对，王某拿走的补湿套装、洁肤乳、润肤露、护理霜等产品共计价值9230元，面部护理的单价为1080元，眼部护理的单价为850元。

**争议焦点：**

提供的服务价值如何认定，服务（劳务）能否认定为财产性利益？也就是说侵财类案件中所表述的财物是否包括财产性利益？当前有两种观点，一种是肯定说，另一种是否定说。肯定说认为财物包括了财产性利益，即本案的美容服务可以成为诈骗的对象。否定说认为财物就是财物，财物不能涵括财产性利益。

**警官评析之以案释法：**

**一、肯定说：骗取服务成立诈骗罪**

诈骗罪的行为对象包括有体物、无体物。财产性利益也是本罪的对象。比如，以虚假、冒用的身份证件办理入网手续并使用移动电话，造成电信资费损失，数额较大的，以诈骗定罪。

1. 服务成为刑法意义上的财产性利益必须是面向市场的有偿服务

2016年最高人民法院、最高人民检察《关于办理贪污贿赂刑事案件若干问题的解释》第十二条规定：贿赂犯罪中的“财物”，包括货币、物品和财产性利益。财产性利益包括可以折算为货币的物质利益如房屋装修、债务免除等，以及需要支付货币的其他利益如会员服务、旅游等。在贪污贿赂案件里面，财物的解释是扩大的，包括了财产性利益在内的所有的物质性利益，都可以成为贪污受贿的对象，所以说，司法实践中的观点已经把财产性利益归结为财物。因此财产性利益必须货币化、市场化，也就是可以折算成货币的利益，才能够被认定为财物的价值。比如，本案中的眼部和面部服务，店内是明码标价的，美容院提供有偿服务，而顾客必须支付对价才能获得相应的服务，市场经济是有偿经济、有偿服务。该服务可以折算成货币对价。

但是仅仅是提供了普通的个人服务，并未形成市场定价，那这个服务不能定义为财产性利益。比如，张三信仰佛教，某日村里有个“半仙”说他有血光之灾，必须要通过作法才能消灾，作为报酬就是要让张三给半仙家砌一面墙并对家中粉刷装修。此时张三被骗取的是提供的个人服务，没有明确的市场价，不能成立诈骗罪，但是如果半仙骗的对象是一家装修公司，则构成诈骗罪，因为装修公司的劳务服务具有刑法意义上的财产性利益，且装修公司是有服务价格的，是根据市场的行情来定价的，是面向市场的有偿服务。

2. 服务成为财产性利益必须是一方获益，另一方受损

诈骗罪的行为结构是，一是欺骗行为，二是对方产生错误认识，三是对方基于认识错误处分财物，四是行为人取得财物，五是对方遭受财产损失。如果一方没有损失，那就缺少一个环节，诈骗罪也就不能成立。比如，“凿壁偷光”案件，张三家境贫寒无力支付电费，于是在自家墙壁上凿开一洞，让李四家的灯光照进来读书，在这个案件中，灯光是李四支付了电费所产生的，也是财产性利益，但是张三偷了光，李四没有损失，没有损失就不能认定为侵犯财产案件。

3. 服务必须具体、明确

在逃单行为，也就是通常所说的“霸王餐”行为中，行为人点了几个菜、喝了几瓶饮料，这些项目是具体的、明确的，我们允许骗吃骗喝行为定为诈骗罪，难道骗取服务的行为就不能定为诈骗罪吗？难道服务就不给予同等保护吗？提供产品或者提供服务，无非表现形式不一样，但实质上是一样的，都是有财产对价的。骗取服务（如按摩服务、美容服务等）只要是市场化的，在店堂告示中予以明确的，就应当是刑法所保护的对象。

本案中，在做面部、眼部服务的时候，美容院有一定的工作流程标准，

用什么霜、用什么膏、用什么露等，都是有据可循的，也就是所谓的行业标准，在用这些产品给客人做服务的时候，产品都是有定价的。就好比医生给病人做手术的时候一样，用了几个针、几瓶液、几升血都是明确具体的，而且也是经过物价部门核准的，所以价值是可以衡量、确定的。

**二、否定说：骗取服务不能成立诈骗罪**

诈骗罪侵犯的客体是公私财物的所有权，诈骗罪侵犯的对象仅限于公私财物，而不是骗取其他非法利益。

有些犯罪从表现形式看，虽然使用了欺骗手段，甚至也追究某些非法经济利益，但因其侵犯的客体不是公私财产所有权，所以，其犯罪不属于侵犯财产罪中的诈骗罪。

比如，拐卖妇女、儿童，属于刑法第四章中的侵犯人身权利罪；比如伪造、变造国家机关印章、公文、证件，组织、运送他人偷越国（边）境，谋取了地位和利益的，属于刑法第六章规定的妨害社会管理秩序罪。

财产以外的利益，比如骗取了性利益，有可能构成强奸罪，也有可能无罪。比如，诱骗他人为自己劳动（如搬砖、运货、清洗房间等），从而获得非法利益的，也不能构成诈骗罪。

我国《刑法》第二百六十六条明确规定：以非法占有为目的，用虚构事实或者隐瞒真相的方法，骗取数额较大的公私财物的行为。法律明确规定为公私财物，不包括财产性利益。如果其骗取金钱等财物，达到数额较大的程度，是可以构成诈骗罪的。正如本案中的补湿套装、洁肤乳、润肤露、护理霜等产品共计价值 9230 元，这些是财物，可以认定为诈骗金额。所以根据罪刑法定原则，法无明文规定不为罪，法无明文规定不处罚。提供面部服务和眼部服务，诱骗人家给嫌疑人提供某种服务，其实也就一种劳务，劳务等财产性利益不属于诈骗罪的行为对象，不构成诈骗罪。但是可以构成民法典上的不当得利。

笔者赞同第一种观点：肯定说。

## 21 如何防范温柔、甜蜜背后的“杀猪盘”诈骗?

导语:近些年受新型冠状病毒肺炎疫情影响,很多实体行业深受影响,线下店出现了倒闭潮,很多行业都往线上办公发展。同样,传统犯罪诸如入户盗窃、扒窃、抢夺、接触性诈骗发案少了,而网络犯罪越来越多,尤其是电信网络诈骗犯罪越发集中爆发,一些缺少法纪意识、想拿快钱的人就千方百计、不择手段通过网络实施非接触性诈骗,导致受害者遍布全国各地。据不完全统计,平均每起电信诈骗案件被害人损失约18万元,有人被骗金额高达千万元,有人被“恋人”怂恿不惜借钱投资诈骗平台,最后血本无归。这不,下面的案例就是一起典型的“杀猪盘”诈骗。

**基本案情:**

樊某,49岁,大专文化程度,离异。6月,有个自称陈玉龙的男子主动加她微信,刚开始几天发“早安”“晚安”等问候语,不聊投资的事情,随后把自己装扮成事业有成、年收入百万的理财经理,天天在投资某个平台赚大钱。另外樊女士还看到陈玉龙的朋友圈发布的都是“高大上”的内容,时而在高档酒店吃自助餐,时而在风景点旅游,时而在某个商场逛街,时而投资了某个平台进账好多。在陈玉龙的温柔“问候”和“殷勤”下,樊女士禁不住诱惑,就在此时陈玉龙趁机推荐“互联网金融+影视版权+影视文化”的产品,还发了一个“传奇影视收益表”,表上介绍的是投资越多赚取的收益越大。

樊女士禁不住陈玉龙的怂恿,抱着试试看的心理按照陈玉龙给的链接下载了“传奇影视App”,7月4日先期投资了200元,第二天就连本带利返还了233元(首次投资有33元的奖励),且可以直接提现。接着又投资了500元,次日返了508元,后面樊女士就按照收益表上的投资金额投入大钱,又投了6800元,次日又返了100多元的利息,接着又投了 1 万元，次日返还 200 多元，后又投资了 2 万多元，如此复投……后面怪异的现象发生了，7 月 15 日 App 打不开了，每天“问长问短”的陈玉龙也联系不上了。后经樊女士统计，共计投入 52165 元，返利 22073 元，损失 30092 元。

朱女士，女，44 岁，投资“传奇影视 App”损失 100500 元……

张女士，女，46 岁，投资“传奇影视 App”损失 400 多万元……

案件发生后，江干公安分局迅速分析案情，集结警力在外省某小区抓获35名犯罪嫌疑人。经审讯，犯罪嫌疑人刘某等人初步交代了犯罪事实，以刘某为首的诈骗团伙，招募李某、朱某、杨某、赵某、周某、曾某等 30 多人，由刘某负责联系制作“传奇影视 App”投资平台、招募人员以及提供作案工具手机及微信号和资金，李某、朱某负责日常管理及考核，杨某负责财务业务等统计，赵某、周某、曾某等 30 多人具体实施诈骗被害人。诈骗分子向被害人介绍虚假的“传奇影视”投资平台，以高额的短期利润以及无风险为诱饵，引诱被害人在该平台上投资，诈骗全国各地受害人，诈骗金额达 2500 多万元，其中损失最高的一名被害人受损金额达 400 多万元。

**争议焦点：**

“杀猪盘”是诈骗分子利用网络交友方式，诱导被害人投资的一种诈骗犯罪行为。那“杀猪盘”是否属于非接触性的电信网络诈骗呢？如果属于，则起刑点 3000 元是“数额较大”。

**警官评析之以案释法：**

“杀猪盘”：网络流行语，是一种网络诈骗方式，指诈骗分子以交友恋爱为手段获取被害人信任，伺机将其拉入博彩理财等骗局，骗取被害人钱财。

## 一、该案是典型的非接触性的电信网络诈骗

根据《中华人民共和国刑法》第二百六十六条之规定，诈骗公私财物，数额较大的，处三年以下有期徒刑、拘役或者管制，并处或者单处罚金；数额巨大或者有其他严重情节的，处三年以上十年以下有期徒刑，并处罚金；数额特别巨大或者有其他特别严重情节的，处十年以上有期徒刑或者无期徒刑，并处罚金或者没收财产。上述行为人构成诈骗罪。又根据2016年的最高人民法院、最高人民检察院、公安部《关于办理电信网络诈骗等刑事案件适用法律若干问题的意见》的司法解释之规定，利用电信网络技术手段实施诈骗，诈骗公私财物价值三千元以上、三万元以上、五十万元以上的，应当分别认定为刑法第二百六十六条规定的“数额较大”“数额巨大”“数额特别巨大”。普通型诈骗6000元是“数额较大”，而电信网络诈骗的构罪金额是3000元，就达到了“数额较大”的标准。如果造成被害人自杀、死亡或者精神失常等严重后果的，则更要从重处罚。因为电信网络诈骗的危害性更大，严重破坏社会诚信，所以构罪标准更低。本案的金额可以对嫌疑人刘某判处无期徒刑。

## 二、“杀猪盘”产业链上下游分工协同更加密切

“杀猪盘”电信诈骗分工非常细化，呈公司化运作模式，有提供资金的，有提供专门作案手机的，有提供作案微信号的，有直接实施诈骗的业务员。为了进一步提高诈骗的精准性，诈骗分子和买卖个人信息犯罪形成上下游关系，大量个人信息被买卖，首选是婚恋平台上的大龄单身男性或者女性，有大额存款的，家里有车有房的，这样的信息一条可以卖到30～50元，而普通的信息只卖到0.1～1元。这里就涉及《刑法》第二百五十三条之一条的侵犯公民个人信息罪，按照诈骗罪与侵犯公民个人信息罪数罪并罚处理；此外，“杀猪盘”产业链上还延伸出买卖微信号、陌陌号、探探号、抖音号等聊天软件，这些社交软件经过专人的包装后再出售，这样的微信号经常发布“高大上”的朋友圈，欺骗性、迷惑性更强。

出售微信号等行为就涉及《刑法》第二百八十七条之二的帮助信息网络犯罪活动罪。江干区公安分局就曾在2020年3月抓获这 犯罪团伙，是全国首例以帮助信息网络犯罪活动罪定罪的案件！

**三、“杀猪盘”诈骗手段与敲诈勒索犯罪手段相结合**

笔者曾接触到“裸聊”案件，诈骗分子针对男性被害人，建立所谓的“恋爱关系”，之后提出裸聊要求，并录制被害人的不雅视频，而诈骗分子在网络的另外一端播放事先准备好的黄色视频给被害人看，被害人以为对方真的跟他在裸聊从而放松了警惕，后诈骗分子以在网络曝光裸聊视频为要挟，实施敲诈勒索犯罪行为。同样，在“杀猪盘”诈骗案件中，诈骗分子如果遇到的是女性被害人，就装扮成男性，如果遇到的是男性被害人，就伪装成女性，在实施完“诈术”“话术”后，诱骗被害人裸聊并录制完整视频，然后凶相毕露，以此为要挟再敲一笔，很多被害人慑于不雅视频、照片或者私密聊天记录在对方手中而选择破财消灾。这里就涉及另外一个罪名，即《刑法》第二百七十四条的敲诈勒索罪。如若诈骗后再实施，则构成诈骗罪和敲诈勒索罪的数罪并罚。

## 22 利用疫情卖口罩诈骗，获有期徒刑九个月

导语：新冠肺炎疫情暴发后，口罩、防护服、护目镜等物资一时成了紧缺商品，各地各部门都在紧急生产、抓紧调配，但是一时间也满足不了大众的巨大需求。这个时候有些不法分子趁火打劫、昧着良心开始动起了歪脑子，虚构有口罩货源的事实，兜售医用口罩、N95口罩，欺骗大众，收到钱款后不发货。

**基本案情：**

2月6日，我局接群众报警称：有人利用新冠肺炎疫情在网上出售口罩实施诈骗。接到报警后，江干分局立即开展线索核查工作，一方面迅速判断案件性质并收集证据，另一方面落地查控犯罪嫌疑人。即日，江干分局查获犯罪嫌疑人王某某，并于次日批准对其刑事拘留。

图　法院开庭

经侦查查明：1月 9日至31日，王某某通过网络采取虚构有口罩出售的事实、在线收取款项后立即将他人微信拉黑的方式诈骗他人钱财，先后共计骗取罗某某等三名受害人3650元。此外，王某某在同一时间段还虚构有名牌运动鞋出售的事实，采用同类手法骗取丁某某等五名受害人共计13094元。王某某两项诈骗共计获利16744元。

鉴于当前疫情特殊时期，经与检法机关协调一致，该案件以刑拘直诉方式起诉、审判。

**警官评析之以案释法：**

刑拘直诉机制，是对轻微刑事案件在刑事拘留期限内完成侦查、起诉、审判的快办工作机制，对于提升刑事诉讼效率、节约司法资源具有十分重要的意义。该工作机制一直为上级司法机关所倡导，但由于办案实践中存在侦查取证耗时、检法机关协调困难等种种因素，往往局限适用于危险驾驶、简单盗窃两类案件，对受害人较多、取证范围广的案件则很难适用。针对上述问题，区公安分局与区检法机关多次会商、紧密协作，综合运用近年来我省司法实践中积累的创新举措，通过远程取证、远程提审、刑拘直诉、认罪认罚、案卷单轨流转等实行快速办案。最终，该案从被害人报案至法院判决仅用时六日，“快、准、严”办理了涉疫口罩诈骗案。

一是远程取证。针对本案受害人较多、无法一一现场制作笔录的特点，江干分局创新运用微信远程视频方式开展取证工作。特别是，针对部分未成年受害人，严格落实成年人参与诉讼的办案要求，要求其在监护人的陪同下参与取证，确保证据的合法性和客观性。此外，针对网上诈骗案件隐案较多的特点，注重客观性证据与言词证据的相互印证，恢复手机电子数据，确保不遗漏一起案件。二是远程提审。为确保羁押场所的绝对安全和办案人员的个人健康，疫情期间监管场所启动封闭管理战时模式。为此，江干公安、检察机关运用覆盖到看守所的远程视频提审系统，讯问犯罪嫌疑人王某某，向其核实案件事实和证据，并对讯问过程进行全程录音录像。三是认罪认罚。针对嫌疑人企图避重就轻的侥幸心理，侦查人员充分运用“认罪认罚从轻”机制，告知嫌疑人依法享有的诉讼权利，释明认罪认罚可能带来的积极影响，并重点解释了不同阶段认罪认罚对于判决结果的影响。在办案人员的耐心和法律政策的感召下，嫌疑人交代了全部的诈骗行为。四是单轨流转。为最大限度减少人员接触、防止疫情传播，江干公、检、法机关落实省公、检法、

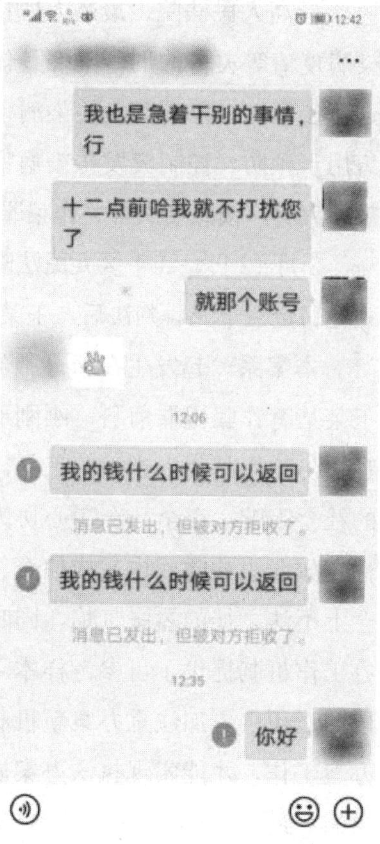


图 微信交流

司《关于在疫情防控期间充分发挥政法一体化单轨制协同办案应用优势的通知》，本案侦查、起诉、审判全流程实行单轨制流转，避免人工实物传递，杜绝疫情交叉感染风险。

根据《中华人民共和国刑法》第二百六十六条之规定，诈骗公私财物，数额较大的，处三年以下有期徒刑、拘役或者管制，并处或者单处罚金。

最高人民法院、最高人民检察院《关于办理妨害预防、控制突发传染病疫情等灾害的刑事案件具体应用法律若干问题的解释》第七条之规定，在预防、控制突发传染病疫情等灾害期间，假借研制、生产或者销售用于预防、控制突发传染病疫情等灾害用品的名义，诈骗公私财物数额较大的，依照刑法有关诈骗罪的规定定罪，依法从重处罚。

2月12日，江干区人民法院作出判决，判处王某某有期徒刑九个月，并处罚金八千元。判决后，王某某表示认罪服判不提起上诉。

本案系一起发生在新冠肺炎疫情背景下涉及受害人较多的诈骗案。王某某有诈骗犯罪前科，刚刚刑满释放，其将“口罩”这一特殊时期的紧俏防护用品作为诈骗的工具，这种趁火打劫的卑劣行为造成极其恶劣的社会影响，在全社会齐心协力抗击疫情的大背景下显得十分刺眼。案件在如此短的时间内完成侦查、起诉、审判全流程，不仅极大震慑了社会上不法之徒的嚣张气焰，同时也为后续更好地运用刑拘直诉等刑事快办工作机制提供了可参考样本。只有在案件办理过程中更加重视科技手段的运用，更加注重办案新机制的探索，同时在法律的框架内开展侦查办案工作，才能实现执法办案质量、效率双赢，达到法律效果和社会效果的一致。

## 23　既有危险驾驶又有妨害公务该如何判罚？

导语：自《刑法修正案（八）》将危险驾驶罪作为新增的罪名，刑罚的规制作用越发显现，醉驾案件明显减少，但还是有一些人以身试法，更有甚者脑子一热，在危险驾驶被发现之后，试图逃避处罚撞击警车离去，这就涉及两行为侵犯两法益和数罪并罚的问题。

**基本案情：**

12月25日22时许，王某（女，22岁）和朋友在某酒吧喝完3瓶啤酒后准备开车回家，完全没有意识到喝酒不能开车的基本常识。当车子开到道路交叉口时，王某看到前面有交警在查酒驾。交警用吹酒精的仪器朝她示意了一下，让其靠边停车接受检查。她当时感到非常害怕，怕被抓，脑子一片空白，就准备掉转头开车逆行，明知有交警在她的驾驶室玻璃边拍车窗，然而王某根本未予理会，一脚油门踩下去直接离开。逃脱之路并不“顺利”，前面有一辆警车在路中间横停着准备拦截她，王某准备继续“闯关”，直接撞上了警车的车头，将警车撞开后逃离现场，所幸警车内民警只是表皮擦伤。

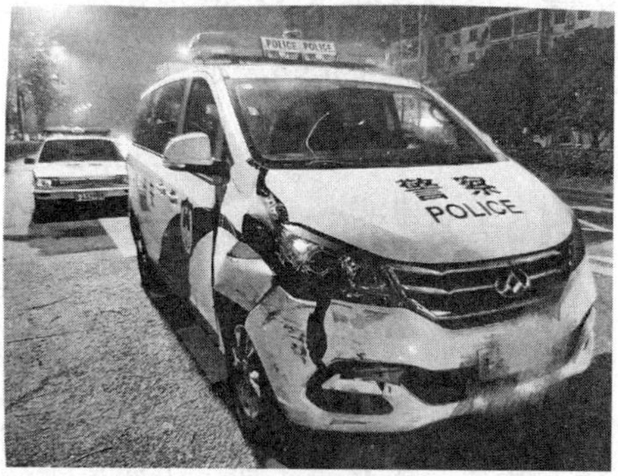

图　被撞警车

王某回到家后惊魂未定，没过几个小时，民警就上门对她进行传唤。经现场呼吸酒精含量测试，王某酒精含量为107mg/ml，后经血液乙醇含量检测，其血液乙醇含量为89mg/ml，属于醉酒驾驶机动车。

后王某被刑事拘留，经检察机关批准被执行逮捕。

**案件焦点：**

王某醉酒状态下驾驶机动车拒不配合交警检查，以暴力方法阻碍交警执法，应从一重罪处罚还是数罪并罚？

**警官评析之以案释法：**

**一、王某既触犯危险驾驶罪，又触犯妨害公务罪**

根据《中华人民共和国刑法》第一百三十三条之一第一款第二项之规定，在道路上驾驶机动车，有下列情形之一的，处拘役，并处罚金：醉酒驾驶机动车的。危险驾驶罪是《刑法修正案（八）》新增设的罪名，是指违反道路交通安全管理法规，在道路上危险驾驶机动车的行为。该罪侵犯的客体是道路交通安全，同时也威胁不特定多数人的生命、财产安全。主观方面表现为故意，即明知在道路上危险驾驶机动车违反道路交通安全法律法规，仍然为之。

根据《中华人民共和国刑法》第二百七十七条[1]之规定，以暴力、威胁方法阻碍国家机关工作人员依法执行职务的，处三年以下有期徒刑、拘役、管制或者罚金。暴力袭击正在依法执行职务的人民警察的，依照第一款的规定从重处罚。本罪侵犯的客体是国家机关、人民代表大会和红十字会的公务活动和职务活动。主观方面表现为故意实施，即必须是明知对方系正在依法执行职务的国家机关工作人员、人大代表或者正在依法履行职责的红十字会工作人员，而故意对其实施暴力或者威胁。

王某明知醉酒驾驶违反道路交通安全法，也明知交警正在依法执行公务活动，为了逃避处罚故意冲撞警车，其行为既触犯危险驾驶罪，又触犯妨害公务罪。

---

1 《刑法修正案（十一）》第三十一条：将刑法第二百七十七条第五款修改为：“暴力袭击正在依法执行职务的人民警察的，处三年以下有期徒刑、拘役或者管制；使用枪支、管制刀具，或者以驾驶机动车撞击等手段，严重危及其人身安全的，处三年以上七年以下有期徒刑。”

## 二、实行数罪并罚

王某醉酒驾驶机动车，这是其中一个行为，王某抗拒检查，驾车逆行，撞击警车强行离开，这又是另外一个行为。王某先后实施了两个行为，侵犯了两个法益。其中危险驾驶罪侵犯的法益是公共道路交通安全，妨害公务罪侵犯的法益是国家机关的公务活动。经检测，王某的血液乙醇含量为89mg/ml，驾驶机动车在公共道路上行驶符合危险驾驶罪的构成要件，同时因为涉嫌危险驾驶被交警拦下来接受检查的时候，未配合交警的正常检查，反而接连“闯关”，直到撞上警车车头，并且造成了交警手上表皮擦伤，这符合妨害公务罪的构成要件。两个行为先后发生，不符合想象竞合择一重罪的情形，而是数罪并罚。

## 三、认定的相关证据

警方收集的书证证据有：归案经过、现场酒精呼吸测试单、血样流转单、血样提取登记表、机动车信息查询结果单、行驶证、驾驶人信息查询结果单、驾驶证、道路交通事故照片、道路交通事故认定书（认定王某为全责）、人民警察证复印件、体表原始伤情记录表及伤势照片、谅解书（执勤民警对王某赔偿机动车损失14000元的谅解）、收条、维修发票、维修结算单等。这些书证证实了案发经过、王某醉酒驾车的事实、人民警察执行公务的行为以及警车被撞后维修的事实等。

还有执法现场视频监控，鉴定意见（司法鉴定中心出具的乙醇检验报告），被告人王某的供述和辩解，被害人的陈述，现场证人证言等证据证实。

根据《刑事诉讼法》第五十条的规定，用于证明案件事实的材料，都是证据，证据必须经过查证属实，才能作为定案的根据。上述证据收集程序合法，内容客观真实，能够证明案发事实。

## 四、最终处理结果

王某违反道路安全法的相关规定，在道路上醉酒驾驶机动车，该行为已经构成危险驾驶罪，另外王某的行为以暴力方法阻碍国家机关工作人员依法执行公务，其行为已经构成了妨害公务罪，应数罪并罚。王某以暴力方法阻碍民警依法执行职务，应当从重处罚。王某自愿认罪认罚，主动赔偿并取得被害人谅解，予以从宽处罚。依照《中华人民共和国刑法》第一百三十三条第一款第二项、第二百七十七条第一款、第五款、第六十九条、第五十二条、第五十三条、第六十七条第三款及最高人民法院《关于适用财产刑若干问题的规定》第二条第一款之规定，被告人王某犯危险驾驶罪，判处拘役一个月二十日，并处罚金人民币三千元；被告人王某犯妨害公务罪，判处有期徒刑七个月，两罪并罚，决定合并执行有期徒刑七个月，并处罚金人民币三千元。

综上所述，王某先后实施两个行为，侵犯了没有交叉重叠的两个保护法益，应当实行数罪并罚。

## 24　全国首例袭警罪案件在杭判决

导语：2021 年 3月 1 日，《刑法修正案（十一）》正式实施，其中第二百七十七条第五款新增了袭警罪，多年的期盼终于写进了《刑法》，袭警罪独立成罪，这对于保护人民警察依法执行职务起到了非常关键的作用。袭警罪正式实施以来，全国各地多人因涉嫌袭警罪被公安机关刑事拘留，其中发生在杭州下城区的袭警案件，成为全国首例以袭警罪定罪处罚的案件。

**基本案情：**

2021 年 3 月 2 日，交警朱某在杭州市下城区闸弄口 127 号附近执勤时拦下一辆违规改装过的电动三轮车，按照正常法律程序要将该电动三轮车带回中队，整个执法过程嫌疑人高某（小学肄业，48 岁）还算配合，但是之后当高某听到要拖车并要处罚的时候，他开始对交警的处理不满，在绍兴路与朝晖路路口人行横道处，追赶并袭击正在依法执行职务的民警朱某，用随身携带的撬棍砸朱某，朱某下意识用左手臂挡了一下，致头部、左上肢及左下肢多处损伤，经法医学人体损伤程度鉴定，交警朱某的损伤程度达轻微伤。后高某当场被公安机关抓捕归案。

**争议焦点：**

行为人高某用撬棍袭击正在执行职务的民警朱某，是否属于第二百七十七条第五款袭警罪的第二档量罚情节？是否处三年以上七年以下有期徒刑？

**警官评析之以案释法：**

**一、《刑法修正案（十一）》新增袭警罪**

《刑法修正案（十一）》于 2021 年 3 月 1 日正式实施，本案发生在 3 月 2 日，因此完全可以适用袭警罪罪名。

原刑法第二百七十七条第五款规定，暴力袭击正在依法执行职务的人民警察的，依照第一款的规定从重处罚。

新条款第二百七十七条第五款规定，暴力袭击正在依法执行职务的人民警察的，处三年以下有期徒刑、拘役或者管制；使用枪支、管制刀具，或者以驾驶机动车撞击等手段，严重危及其人身安全的，处三年以上七年以下有期徒刑。

袭警罪的设立，更加有利于维护人民警察的执法权威，更加有利于维护社会的公平和正义。公安在日常的执勤、执法中经常遭遇阻碍执法、暴力抗法，民警经常流血流泪，甚至牺牲。习总书记曾经说过，和平年代公安队伍是一支牺牲最多、奉献最大的队伍。

在《刑法修正案（十一）》之前，一般按照妨害公务罪定罪处罚，没有区分情节严重程度，只是依照妨害公务罪从重处罚。此次新增罪名，使袭警罪独立成罪，并且区分了两档刑期，分别是三年以下和三年以上七年以下有期徒刑，加大了对袭警行为的惩罚力度。

本案中撬棍不属于枪支、管制刀具，最多只能算是凶器，因此不属于袭警罪的第二档量罚情节。

**二、公诉机关量刑建议**

2021 年 3 月 4 日由下城区检察院提起公诉，认为被告人高某暴力袭击正在依法执行职务的人民警察，其行为触犯了《中华人民共和国刑法》第二百七十七条第五款，犯罪事实清楚、证据确实充分，应当以袭警罪追究刑事责任。高某在侦查阶段和审查起诉阶段均认罪认罚，根据《中华人民共和国刑事诉讼法》第十五条规定，可以从宽处理，建议法院判处高某有期徒刑一年三个月。

**三、法院最终判决**

3 月 9 日，下城区人民法院依法适用速裁程序独任审判该案，下城区人民法院认为，被告人高某犯袭警罪的事实清楚、证据确实充分，公诉机关指控的罪名成立。高某自侦查阶段如实供述犯罪事实并且认罪认罚，公诉机关量刑建议适当，予以采纳。结合本案的事实、情节、社会危害程度，依据《中华人民共和国刑法》第六十七条第三款、第二百七十七条第五款，判处被告人高某有期徒刑一年三个月，根据《中华人民共和国刑法》第六十四条，没收犯罪工具撬棍一根。

## 25　警惕！贩卖对公账户构成犯罪

导语：对于网络诈骗这种非接触性的犯罪，不管是“杀猪盘”，还是冒充领导诈骗，最关键的一步就是让受害人往银行账户里转钱，而银行账户成为电信诈骗的源头，个人的银行账户和公司的银行账户都可以成为犯罪的关键环节。很多“卡农”办出的银行卡就是被用来电信诈骗犯罪，被用于转移赃款的。

把买卖对公账户做成一门生意，然后层层倒卖，从中赚取差价，这着实令人费解。这些犯罪嫌疑人组织一大批没有固定职业的民工，或者在校学生，或者文化程度不高的农民，让他们实名在营业厅办理手机电话卡，到市场监督管理局办理营业执照，再到银行办理开户许可证，然后开办银行卡和U盾等，完成所有流程后再卖掉。殊不知，这样的“生意”不仅害自己进了监狱，而且也为电信网络诈骗做了帮凶。

**基本案情：**

陈某，作为组织者，因为涉嫌买卖国家机关公文证件，被江干警方上网追逃。

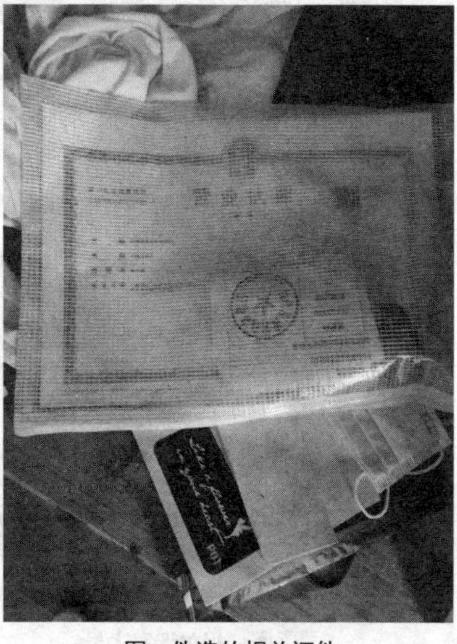
图　伪造的相关证件

3月，陈某在网络上结识了上家，上家告知他现在可以收对公账户，每成功办出一张可以卖3000元，陈某见有利可图，于是用本人及家人的身份信息注册了几张，最终都成功卖掉了，也获得了所谓的利益。后来就一发不可收拾，专门雇用了一个叫盛某的打打下手，组织一批人专门实施注册办卡、收卡的犯罪活动。

肖某，是整个链条中的最低层次的一员，当时因为疫情工作不好找，花销又大，欠了不少钱，待在江西老家也无所事事。这时候，盛某告诉他去杭州有赚钱的活可以做。盛某给他买好了开往杭州的高铁票，到了杭州之后，盛某给他找了一间小旅馆，前面一两天都没有需要跑腿的事情，无非就是在网站上提交注册营业执照的资料，第三天，盛某带着他办理营业执照等流程，办理了 2 张个体工商户营业执照，然后再拿着身份证和袋子里的所有材料去银行开户，在此过程中，盛某面授机宜：“首先要记住个体工商户的名称，其次要记住营业地址，最后要记住开户的目的是在网上开店。”所有的这一切，就是为了逃避银行的追问，以便能够完成最后一步，即拿到开户许可证、银行卡和 U 盾。肖某追问为什么要这么说，盛某告知这是规矩。再问他这事违不违法，盛某告知此事不违法。

图　相关涉案人员

肖某感觉到这事有些不靠谱，但是为了 800 元一张银行卡的蝇头小利，他也没有过多在意和关注。在盛某的一手操作下，在肖某的配合下，成功办出了 2 张对公账户，肖某最终拿到了 1600 元现金。

类似肖某这样的角色总共 15 人，出卖办理的对公账户等所有资料。上述人员都因涉嫌买卖国家机关证件罪被刑事拘留。

经过警方的调查，陈某收

购对公账户之后，通过层层转卖，之后这些账户最终寄到境内外诈骗、赌博、洗钱等犯罪团伙手中，成为违法犯罪分子“生财”的工具。经查，涉案的对公账户仅一个月的流水就达到了5000多万元。

**争议焦点：**

买卖对公账户构成何种犯罪？买卖对公账户为什么会构成买卖国家机关证件罪？营业执照是否属于国家机关证件？

**警官评析之以案释法：**

**一、陈某、盛某等人的行为构成买卖国家机关证件罪**

法网恢恢，疏而不漏。陈某、盛某、肖某等人因涉嫌买卖国家机关证件罪于5月24日被刑事拘留，6月30被区检察院批准逮捕。

三人的行为构成买卖国家机关证件罪，根据《中华人民共和国刑法》第二百八十条之规定，伪造、变造、买卖国家机关公文、证件、印章罪，处三年以下有期徒刑、拘役、管制或者剥夺政治权利，并处罚金；情节严重的，处三年以上十年以下有期徒刑，并处罚金。

“国家机关证件”，是指国家机关制作的用以证明身份、权利义务关系或者有关事实的凭证，包括证件、证书等。公司的营业执照上盖有某市场监督管理局的章，属于“国家机关证件”。

本案中，陈某组织他人办理营业执照，收购肖某等15人办理的营业执照、开户许可证、银行卡、U盾，而肖某属于最底层的售卖方，出售实名办理的银行卡，也是构成犯罪的；而买方陈某、盛某等人也触犯了买卖国家机关证件罪，买和卖都是构成犯罪的。如果买卖超过了10张，就是属于“情节严重”，量刑起步是三年以上。本案中，作为组织者的主犯陈某，在认罪认罚之后检察院给的量刑建议是三年七个月。

二、疫情不是违法犯罪的理由

很多犯罪嫌疑人被抓获后，总是说是因为疫情才去违法犯罪的，意图把责任推卸给外部原因，而不从自身的内因上找问题症结。他没有看到其实疫情是挑战，直击问题、勇于面对、不逃避、不回避，才能最大程度地发挥主观能动性。虽然工作不好找是事实，但不能遇到点困难就放弃。总不能说因为没钱就去抢银行，就去偷人家的钱，这明显违反了法律的禁止性规定。另外，司法解释还规定，在疫情期间诈骗，还会从重处罚。

从这个案件中可以看出，很多人尤其是防范意识不高的人员，认为用自己的身份证注册对公账户没有风险。其实，民警同志要提醒的是，出卖银行卡的行为不仅涉嫌犯罪，而且还严重影响个人征信，承担非常不利的后果。央行会强化信用惩戒，让贪图便宜用个人身份去申领公司营业执照和对公账户转卖牟利的人寸步难行。

另外，工商部门还缺乏监管，仅仅对注册公司的行为做形式审查是不够的，要加强落实行业监管，把好公司注册关。

## 26 购买假身份证被公安机关查获，构成何种犯罪?

导语：有的人嫌补办身份证麻烦，就购买假的身份证；有的服装厂员工为了病假条之类的用途，就请人制作了假章；有的未成年人为了方便进出网吧而在网上购买身份证。无论这些人的最终目的是什么，其买卖身份证件的行为都构成犯罪，买卖身份证件罪是《刑法修正案（九）》新增的罪名。下面通过一个真实的案件来认识一下新罪名。

**基本案情：**

胡某是杭州某KTV的经理，2019年8月，湖南女孩罗某（另案处理）来应聘，但是她没有带身份证和暂住证，一问才得知身份证丢了，暂住证还没有办理。按照公司的规定，是不能录用没有身份证和暂住证的员工的。但是胡某又想早点录用她，胡某脑子转得比车轱辘还快，就建议她先办假的身份证，然后再去办真的身份证。罗某表示同意。

胡某问罗某要来了身份信息（名字、身份证号码、户籍地址等），胡某想到了前几天在路边杆子上看到的一张办证小广告，于是就按照小广告上面的电话拨过去，对方表示可以办身份证，价格是150元。胡某喜出望外，将罗某相关信息通过微信发送给对方，再按照对方的要求拍了罗某的大头照一并发送过去。

过了几天，胡某就收到了假证，看上去和真的身份证一模一样，胡某支付了尾款，后将假证交给罗某，罗某也顺利办理了入职。

后来警方在一次例行检查中发现江干区某农民房有一制作假证的窝点，里面发现了大量未出售的伪造的毕业证、职业资格证、房产证、健康证等国家机关公文、证件。在该窝点还搜查出“杭州市公安局宁围派出所户口专用”印章1枚和“杭州市住房保障和房产管理局”印章1枚。嫌疑人王某供述制作假证的目的就是赚钱盈利。

在案件的侦查过程中，警方发现了胡某和罗某曾经办过假身份证的犯罪事实。

**争议焦点：**

购买假身份证被公安机关查获，构成何种犯罪？公安机关依法打击伪造、买卖居民身份证犯罪行为后，制作假证的各类计算机、印章模具、多功能一体机、印章机、过塑机、印章模具、证件等物品该如何处理？

**警官评析之以案释法：**

**一、构成伪造身份证件罪**

本罪侵犯的客体是国家对居民身份证件的管理制度，为了加强社会管理以及建立诚信文明的社会体系，国家对教育、医疗、铁路、金融、电信、住宿等多个行业实行实名制管理，而伪造的身份证件会使实名制管理制度落空，所以刑法对伪造证件类领域加强了刑罚规制，对于源头的制假者和下游的购买者都要打击，目的就是要纠正伪造类的违法犯罪行为。

根据《刑法》第二百八十条第三款规定，伪造、变造、买卖居民身份证、护照、社会保障卡、驾驶证等依法可以用于证明身份的证件的，处三年以下有期徒刑、拘役、管制或者剥夺政治权利，并处罚金；情节严重的，处三年以上七年以下有期徒刑，并处罚金。

最终法院认定王某犯伪造国家机关印章罪，判处有期徒刑七个月，并处罚金人民币一千元；犯伪造身份证件罪，判处有期徒刑七个月，并处罚金人民币一千元，两罪并罚，决定执行有期徒刑十个月，并处罚金人民币二千元。胡某犯伪造身份证件罪，判处拘役四个月，缓刑六个月，并处罚金人民币一千元。

法院最终判的是胡某构成伪造身份证件罪，但是笔者认为判买卖身份证件罪更加符合实际情况。胡某将他人的身份信息告诉王某，让王某伪造并支付办证费用，胡某构成买卖身份证件罪。因为买卖的对象既包括真实的身份证件，也包括伪造、变造的身份证件，“买”既包括为卖出而买进，也包括为自己使用而买进。

**二、《刑法修正案（九）》的相关修订内容**

2015 年 11 月 1 日施行的《刑法修正案（九）》对《刑法》第二百八十条第三款的规定作了修改。

修改前的第二百八十条第三款为：伪造、变造居民身份证的，处三年以下有期徒刑、拘役、管制或者剥夺政治权利；情节严重的，处三年以上七年以下有期徒刑。

修改后的内容是：伪造、变造、买卖居民身份证、护照、社会保障卡、驾驶证等依法可以用于证明身份的证件的，处三年以下有期徒刑、拘役、管制或者剥夺政治权利，并处罚金；情节严重的，处三年以上七年以下有期徒刑，并处罚金。

对比变化可以发现，首先是《刑法修正案（九）》将伪造证件类犯罪都规定了罚金刑，以进一步惩罚那些贪利类犯罪分子。

其次是将伪造、变造居民身份证罪修改为伪造、变造、买卖身份证件罪，这表明两个问题，一是伪造类犯罪对象不限于居民身份证，已经扩大至包括护照、社会保障卡、驾驶证等依法可以用于证明身份的证件；二是将以前的片面对合犯修改为现在的共同对合犯，即以前没有规定购买身份证构成犯罪，而现在购买和售出身份证件都构成犯罪。

**三、没收作案工具**

王某通过把小广告贴在路边杆子上广而告之可以制作各类证件，在接到业务后，通过放置在假证窝点里的计算机主机、多功能一体机、印章机、过塑机、印章模具、证件等物品合成制作假的身份证或者其他毕业证、健康证等证件，之后通过快递或者闪送方式交到购买者手中。

刑事案件中，犯罪分子实施犯罪行为或者为了方便犯罪之目的而使用一些作案工具，比如扒窃分子所使用的镊子，电信诈骗案件中所使用的手机，对于这些作案工具，根据《刑法》第六十四条规定，犯罪分子违法所得的一切财物，应当予以追缴或者责令退赔；对被害人的合法财产，应当及时返还；违禁品和供犯罪所用的本人财物，应当予以没收。没收的财物和罚金，一律上缴国库，不得挪用和自行处理。

因此，一旦认定是违禁品和供犯罪所用的本人财物那就应当予以没收。区人民法院判决被扣押的手机、计算机主机、多功能一体机、印章机、过塑机、印章模具、证件等物品全部予以没收。

## 27 全国首例“微信解封”案如何定性?

导语：随着移动互联网的快速发展，技术给人们带来便利的同时，也带来了一些灰黑产的“野蛮生长”，他们为网络诈骗、网上赌博、裸聊敲诈等违法犯罪活动提供强有力的“支援”。因此对于网络帮助行为进行定罪量刑势在必行，而《刑法》第二百八十七条之二规定的帮助信息网络犯罪活动罪，就是“帮助行为的正犯化”，以惩治日益严重的互联网犯罪。近日，江干公安分局办理了一起全国首例“微信解封”案。

**基本案情：**

2019年11月至2020年4月，犯罪嫌疑人高某伙同张某等人在明知他人利用信息网络进行诈骗等违法犯罪活动的前提下，仍多次在山西省大同市某小区设立的“super工作室”内，以“预加好友”“人脸解封”的方式解封微信号为诈骗嫌疑人提供帮助，致使多名被害人遭受重大财产损失。

高某雇用安某、徐某、刘某、王某等人共同经营“帮助微信解封”业务，并从中谋取利益，该工作室违法所得超过50万元。

**争议焦点：**

关于定性，一种意见认为犯罪嫌疑人高某、张某等人在明知他人利用该微信号实施诈骗，为了牟利仍然提供解封予以帮助，应当以诈骗罪共同犯罪论处。另外一种意见认为犯罪嫌疑人仅知道对方从事的是网络诈骗行为，但没有与对方事先共谋，其恶意帮助解封微信号的行为符合帮助信息网络犯罪活动罪的构成要件，应当成立帮助信息网络犯罪活动罪，而不应当以诈骗罪共犯论处。

笔者赞同第二种意见。

**警官评析之以案释法：**

**一、不宜认定为诈骗罪共犯**

犯罪嫌疑人高某、张某虽然知道委托者实施的是网络诈骗行为，其仍然接受委托者的委托，但是作为受托人既没有与委托者共分利润、共享成果，也不知道委托者实施何种诈骗、何时诈骗、是否诈骗成功等。所以，他们之间没有共谋，并无意思联络，不符合诈骗罪共犯要件。就本案而言，犯罪嫌疑人对于解封要求来者不拒，提供的是帮助解封行为，更符合帮助信息网络犯罪活动罪。

**二、解封微信号的帮助行为应当理解为《刑法》第二百八十七条之二帮助信息网络犯罪活动罪中的“等帮助”行为**

该条文列举了互联网介入、通讯传输、服务器托管、网络存储、广告推广、支付结算等帮助行为，情节严重的，构成帮助信息网络犯罪活动罪。很显然，微信解封并没有在该条文中明确列举，根据罪刑法定原则，貌似不属于帮助信息网络犯罪活动罪的帮助行为。但是稍加思索可以得出其属于帮助行为。互联网接入、通讯传输、网络存储等属于中立的帮助行为，而微信解封社会危害性更大、主观恶性更严重，犯罪嫌疑人明知道微信被封的原因是违法犯罪，且公司化、职业化的操作模式恶劣程度更高。根据“举轻以明重”的刑法解释，将微信解封纳入“等帮助”行为进行刑法评价，并不违反罪刑法定原则。

**三、帮助信息网络犯罪活动罪是帮助行为的正犯化**

该罪是《刑法修正案（九）》从网络犯罪共犯中分立出来的新罪名，体现了对互联网灰黑产从严打击的立法目的。电信网络新型违法犯罪的特点是实行行为的主犯往往在国外，打击较为困难，而网络犯罪一环扣一环，具备较为完整的产业链，有实施诈骗的，有洗钱的，有提供支付链接的，有提供银行卡的等，鲜有案件完成全链条、全产业打击，所以有必要针对帮助行为予以独立打击，以防范实行犯不到案而放纵对帮助犯的惩治，从而织密从严惩处灰黑产的法网。所以，从立法目的来讲，本案应当构成帮助信息网络犯罪活动罪。

## 28 提供银行卡成了帮助信息网络犯罪的元凶

导语：帮助信息网络犯罪活动罪是《刑法修正案（九）》新增加的犯罪类型，本罪是“帮助行为正犯化”。网络空间已经成为第五“疆域”，而在网络上的违法犯罪现象非常突出，各种灰黑产也给信息网络犯罪提供了无数的“资源”，所以对于类似提供技术支持或者广告推广、支付结算等帮助行为要予以刑法上的规制。

**基本案情：**

王某在台州做塑料打包机，有个表弟叫张某，也在台州，从事餐厅跑菜员工作。一日王某父母来台州看望他，张某听说舅舅和舅妈来了，就主动提出要请他们吃饭。吃饭期间，张某提出要借一张银行卡，王某本想拒绝，但是考虑到大家是亲戚，而且张某也主动看望他父母并邀请他们一起吃饭，并且支付了 500 元的餐费，就不好意思拒绝。王某将 U 盾和中国农业银行卡一起给了张某。因为如果是正常转账则完全没有必要借别人的银行卡，所以王某想着张某借银行卡肯定是做坏事了，比如网络赌博或者是洗钱等。但当时王某思忖着这些事也不是太严重，借就借了。

殊不知，张某是在网上看到一门“生意”，卖一张银行卡可以获得 1000 元，张某卖了自己的银行卡还嫌不够，还看上了表哥的银行卡。

为什么会牵涉到王某和张某呢？原来在江干辖区，吴女士被人以“杀猪盘”方式诈骗了几百万元，其中 30 多万元的资金汇入到王某所开立的中国农业银行卡中。另外在陕西渭滨区蒋女士也被人以“杀猪盘”方式诈骗 15 万元，其中 10 万元转入了王某的农业银行卡中。

后经民警查询，该农业银行卡的流水每天上百万元，原来这些银行卡都被卖给了境外的诈骗集团。

**争议焦点：**

将本人的银行卡或者他人的银行卡卖给他人，以此获得某些收益，那么提供银行卡的行为是否构成犯罪？以及构成什么犯罪？

**警官评析之以案释法：**

**一、构成帮助信息网络犯罪活动罪**

《刑法》第二百八十七条之二规定，明知他人利用信息网络实施犯罪，为其犯罪提供互联网接入、服务器托管、网络存储、通讯传输等技术支持，或者提供广告推广、支付结算等帮助，情节严重的，处三年以下有期徒刑或者拘役，并处或者单处罚金。单位犯前款罪的，对单位判处罚金，并对其直接负责的主管人员和其他直接责任人员，依照第一款的规定处罚。有前两款行为，同时构成其他犯罪的，依照处罚较重的规定定罪处罚。

本罪的主观方面只能是故意，过失不构成本罪，侵犯的客体是国家网络安全管理制度。当今是一个信息网络的社会，随着移动互联网的快速发展，网络灰黑产成为各类信息网络犯罪活动的元凶，如果黑色、灰色得不到有效处理和规范，对互联网正常秩序的发展将带来不利影响。

网络社会中要查获所有接受帮助行为的实行犯并查清案件的来龙去脉，在执法实践中不具有可操作性，也不切实际，所以对网络帮助行为，如提供支付结算、通讯传输、广告推广等行为，要加以严厉规制，因为这类帮助行为相比传统的帮助行为，社会危害性更大。当然，打击面也不能扩大，需要符合情节严重的才构成犯罪。

二、“情节严重”的认定标准

构成帮助信息网络犯罪活动罪必须要达到“情节严重”的标准，关于“情节严重”的标准的规定在《最高人民法院、最高人民检察院关于办理非法利用信息网络、帮助信息网络犯罪活动等刑事案件适用法律若干问题的解释》（以下简称司法解释）第十二条，明知他人利用信息网络实施犯罪，为其犯罪提供帮助，具有下列情形之一的，应当认定为刑法第二百八十七条之二第一款规定的“情节严重”：（一）为三个以上对象提供帮助的；（二）支付结算金额二十万元以上的；（三）以投放广告等方式提供资金五万元以上的；（四）违法所得一万元以上的；（五）二年内曾因非法利用信息网络、帮助信息网络犯罪活动、危害计算机信息系统安全受过行政处罚，又帮助信息网络犯罪活动的；（六）被帮助对象实施的犯罪造成严重后果的；（七）其他情节严重的情形。

结合本案，王某所提供的银行卡被用于诈骗分子转账资金，支付结算金额达四十多万元，符合司法解释第十二条第二项的规定。

三、需要有主观明知

主要表现为行为人主观上明知他人利用信息网络实施犯罪。如何认定明知，要结合行为人的认知情况、收取费用等情况，综合审查判断。

明知的认定包括两个层面，一是犯罪嫌疑人供述自己明知被帮助对象实施的是网络犯罪行为，为了眼前的蝇头小利，不顾法律禁止性规定，放任提供银行卡的结果，仍然提供支付结算等帮助行为；二是客观推定的明知，司法解释列举的交易价格或者方式明显异常的、经监管部门告知后仍然实施有关行为的、其他足以认定行为人明知的情形。

有了主观明知后，行为人还提供了支付结算帮助。由于网络犯罪的特点，在实施诈骗的时候需要借助第三方银行卡进行支付结算，以顺利在网上完成收款、转账等活动。那么行为人就充当了提供支付结算的环节。这种帮助行为必须予以打击，所以立法者将这类犯罪归结为“帮助行为正犯化”，使之帮助行为独立成罪。

所以，不直接参与犯罪活动，只是“顺手”帮个忙，这样的操作也是禁止的。切不可为了蝇头小利或者抹不开的面子而成为不法分子的帮凶，不要占了小便宜吃大亏，甚至蹲监狱、吃牢饭。

**附相关案例：**

**案例1：张某“出售银行卡、手机卡”帮助信息网络犯罪活动案**

2020年4月，被告人张某明知他人欲利用信息网络实施犯罪，仍将自己名下的1张中国银行卡、1张工商银行卡、1张农业银行卡、1张邮政银行卡及其实名手机卡以人民币2000元的价格出售给微信上的陌生男子。2020年4月16日，犯罪分子冒充上海市嘉定区公安派出所工作人员，诈骗被害人周某人民币339150.17元，其中292000元通过被告人张某向他人出售的中国农业银行卡进行了支付结算。

最终，被告人张某被判处有期徒刑七个月，并处罚金人民币五万元。

案号：（2020）辽0112刑初333号

**案例2：卢某某“提供公司对公账户”帮助信息网络犯罪活动案**

2018年12月，被告人卢某某明知他人从事违法犯罪活动仍将自己注册成立的成都某科技有限公司及账户提供给他人使用，卢某某获得人民币500元的好处费，后他人利用该对公账户实施诈骗。

最终，被告人卢某某被判处有期徒刑十一个月，并处罚金人民币二千元。

案号：（2020）浙0702刑初279号

**案例 3：赵甲“帮助他人从支付宝兑换现金”帮助信息网络犯罪活动案**

2019 年 10 月，被告人赵甲到缅甸刘某（另案处理）的奢侈品店工作，在刘某某的介绍帮助下，和刘某某一起将他人支付宝中的钱兑换成现金，从中赚取手续费。2020 年 3 月 22 日至 5 月 4 日，赵乙支付宝账户向被告人赵甲支付宝账户多次转账共计 1098384 元，后赵甲向赵乙支付现金，并收取 2% ～ 3% 的手续费，非法获利约 21968 元。

最终，被告人赵甲被判处有期徒刑七个月，并处罚金人民币二万元。

案号：（2020）冀 0503 刑初 277 号

## 29 买卖银行卡构成何种犯罪？该由哪地公安机关管辖？

导语：听说有人用身份证办手机卡出售能轻松赚进 100 元，又听说有人出售银行卡就能白拿 300 元，这是天上掉下的馅饼吗？不，这不是馅饼，而是“陷阱”。但是很多人只看到馅饼，而没有发现另外的一面。

当下，全国电信网络诈骗犯罪形势严峻复杂，其中贩卖电话卡、银行卡的“两卡”违法犯罪呈高发态势。2020 年 10 月 10 日，国务院部际联席会议决定在全国范围内开展“断卡”行动。在各部门的精心组织下，各地抓获上千名“两卡”违法犯罪嫌疑人，缴获上万张银行卡，取得了阶段性的成效，请看下面一则案例。

**基本案情：**

张某，1996 年出生，目前在杭打零工，三天打鱼，两天晒网，无固定收入，平常在网吧里度日。因为饥不择食，选择出售本人的两张银行卡而获罪。

图　涉案银行卡

因为张某经常在网吧里混，就认识了“志同道合”的胖哥，两人常常一起在网吧玩游戏、看电影。2020 年 7 月的一天，张某玩到身无分文，手机也不知道什么时候丢了，整整一天都没有吃饭，下午找胖哥借钱买饭却遭到无情拒绝。后来到晚上的时候，胖哥主动找上门来，说有个生财之道，问张某要不要办银行卡，出卖一张可以获得 300 元。毫无法律意识的张某当即决定出卖 2 张，唯一要求是先给 50 元吃饭钱。到了第二天，张某先到附近营业厅把手机 SIM 卡补出来，但是又没有手机，于是又向朋友借了手机，有了手机和 SIM 卡之后，胖哥把他带到了学林街上的建设银行，把先前丢掉的银行卡补出来，胖哥指示必须有 U 盾才可以卖，张某又申领了电子银行 U 盾。随后又步行至同一条街上的工商银行，以同样的方式补出了银行卡和 U 盾。两张卡办出来之后马上就交给了同行的胖哥。

而远在千里之外的湖北黄石被害人杨某因为被人诈骗投资虚假的区块链平台而被骗 100 多万元，其中 25 万元转入了张某提供的银行账户。

另外经侦查，警方发现这两张银行卡还进出很多的流水，金额达上千万元，银行卡因此被冻结。

10 月 29 日，张某和胖哥被江干警方抓获。

民警问张某：“为什么要卖银行卡？”

张某回答：“实在没有钱了，卖了卡找饭吃。”

民警又问："你是否知道卖掉的银行卡用于哪里？"

张某如实答道："我知道银行卡拿去肯定是做黄赌平台或者诈骗、洗钱去，反正是不好的事情，我平时在网吧里也听到过类似的事情。"

民警继续讯问胖哥，原来胖哥以750元每张的价格卖给了上家，而胖哥每张银行卡只向张某支付300元。

**争议焦点：**

本案中，被害人杨某在湖北黄石被骗，张某的手机SIM卡是在钱塘新区某营业厅补办出来的，其出售的工商银行卡和建设银行卡补卡地在钱塘新区某营业网点，而犯罪嫌疑人张某和胖哥都被江干警方抓获，那么江干警方是否对本案有管辖权？

**警官评析之以案释法：**

**一、实体方面：出售银行卡面临刑事追责**

上述案例，张某和胖哥均被江干公安分局以涉嫌帮助信息网络犯罪活动罪刑事拘留，将要面临检察院的公诉和法院的审判。非法买卖个人银行账户和对公账户，违反《刑法》第二百八十七条之二规定，明知他人利用信息网络实施犯罪，为其犯罪提供互联网接入、服务器托管、网络存储、通讯传输等技术支持，或者提供广告推广、支付结算等帮助，情节严重的，处三年以下有期徒刑或者拘役，并处或者单处罚金。该行为就涉嫌帮助信息网络犯罪活动罪。如果行为人非法持有他人信用卡5张以上的，还涉嫌《刑法》第一百七十七条之一规定的妨害信用卡管理罪；如果明知是犯罪所得及其产生的收益而予以窝藏、转移，还有可能涉嫌《刑法》第三百一十二条规定的掩饰、隐瞒犯罪所得罪。

**二、程序方面：关于管辖的问题**

根据《刑事诉讼法》第二十五条之规定，刑事案件由犯罪地的人民法院管辖。又根据《公安机关办理刑事案件程序规定》第十六条规定，犯罪地包括犯罪行为发生地和犯罪结果发生地。本案的被害人是湖北黄石的，张某的手机 SIM 卡也是在钱塘新区的营业厅补出来的，张某出售的工商银行卡和建设银行卡补卡地在钱塘新区的学林街，补好之后就在银行附近交给胖哥，胖哥不一会儿也在附近交给“上家”，所以犯罪行为发生地是钱塘新区，犯罪结果发生地是湖北黄石，既然发生地和结果地都不在江干区，那么江干对本案是没有管辖权的，应该移交有管辖权的地方。

**三、行为人面临着行政责任**

自 2017 年 1 月 1 日起，《中国人民银行关于加强支付结算管理防范电信网络新型违法犯罪有关事项的通知》有关对买卖银行账户和支付账户、冒名开户的惩戒机制正式实施。一经认定的出租、出借、出售、购买银行账户或者支付账户的单位和个人，5 年内暂停其银行账户非柜面业务、支付账户所有业务，3 年内不得为其新开立账户。也就是说，张某和胖哥 5 年内网上银行、手机银行、电话银行、ATM 等非柜面业务不能使用，支付宝、微信等支付机构在 5 年内暂停其支付账户所有业务，3 年内所有银行机构、支付机构不得为他们俩新开银行账户、支付账户。力度措施之大，就是为了杜绝电信网络诈骗案件发生，一旦出售，处处受限。

信息网络社会中，银行卡、手机卡好比现实生活中的水电，水源被污染了，必须要加大力度整治、拨正，共同营造天朗气清的网络空间。

## 30 高空抛物罪全国首案！判处有期徒刑6个月并处罚金2000元

导语：《刑法修正案（十一）》于2021年3月1日正式实施。自3月1日以来，全国各地以新罪名刑事拘留、审查起诉、判决的案件见诸报端。其中新法实施首日江苏省常州市溧阳市人民法院就审理了全国首例高空抛物案件，被告人徐某某被判处有期徒刑6个月并处罚金2000元。媒体高度评价首案的重大意义：高空抛物、坠物行为严重损害人民群众生命财产安全，极易引发社会矛盾纠纷，溧阳法院依法妥善审理高空抛物案件，体现了刑事司法领域对于高空抛物治理的积极回应，对于有效防范、遏制高空抛物行为的发生、引领正向社会价值、形成良好社会风尚具有重要作用。

**基本案情：**

2020年某日，江苏省溧阳市家住三楼的徐某某与王某某因言语不和发生争执，徐某某一时激愤，从厨房拿出一把菜刀，王某某见状上前夺刀未果，徐某某将菜刀抛掷至楼下公共租赁房附近。楼下居民发现后向楼上质问，徐某某听到质问声后，又去厨房拿第二把菜刀，王某某再次上前夺刀未果，徐某某又将第二把菜刀抛掷至楼下公共租赁房附近，楼下居民见状报警。

**争议焦点：**

本案发生的时间是2020年某日，而高空抛物罪规定在《刑法修正案（十一）》中，于2021年3月1日正式实施，那本案以高空抛物罪定罪处罚是否违背“法不溯及既往”原则？

**警官评析之以案释法：**

**一、高空抛物罪的构成要件**

《刑法修正案（十一）》第三十三条规定，在刑法第二百九十一条之一后增加一条，作为第二百九十一条之二：“从建筑物或者其他高空抛掷物品，情节严重的，处一年以下有期徒刑、拘役或者管制，并处或者单处罚金。有前款行为，同时构成其他犯罪的，依照处罚较重的规定定罪处罚。”

高空抛物罪是抽象危险犯，从建筑物或者其他高空抛掷物品，情节严重就可认定给公共安全造成抽象危险，就要追究行为人的刑事责任。

该罪名规定在《刑法》第六章妨害社会管理秩序罪中，而没有规定在《刑法》第二章危害公共安全罪中，但并不意味着该罪对公共安全就没有危险了，如果实施本罪行为，同时给公共安全带来紧迫、具体的危险或者造成不特定多数人重伤、死亡，则同时成立以危险方法危害公共安全罪，依照处罚较重的规定定罪处罚。

**二、是否违背“法不溯及既往”原则？**

关于溯及力规定在《刑法》第十二条，如果当时的法律不认为是犯罪的，适用当时的法律；如果当时的法律认为是犯罪的，依照本法总则第四章第八节的规定应当追诉的，按照当时的法律追究刑事责任，但是如果本法不认为是犯罪或者处刑较轻的，适用本法。

由于该判决书还未公布在中国裁判文书网上，所以只能根据网上现有的材料，该案发生于2020年某日，是在2021年3月1日《刑法修正案（十一）》生效之前的行为，为什么对3月1日之前的犯罪行为还能适用呢？是否违背“法不溯及既往”原则呢？其实是不违背的。一是该案还未审结，虽然发生时间较早，但截至3月1日还未宣判，如果依照当时的法律已经作出生效判决，是继续有效的，关键在于本案并未审结，所以新法可以适用。二是从旧兼从轻。依照旧法的规定，被告人徐某某可能触犯以危险方法危害公共安全罪，面临的刑责是三年以上十年以下有期徒刑。但是新法的刑责比较轻，最高只有一年的有期徒刑，所以徐某某正好赶上轻罪名的实施，按照刑法溯及力从轻原则的适用，最终徐某某被判处6个月有期徒刑，因此并未违反“法不溯及既往”原则，而是作出了对嫌疑人有利的从轻判决。

无独有偶，仇某某（网名“辣笔小球”）侵害英雄烈士名誉、荣誉罪也体现了“从旧兼从轻”原则。2021年2月19日，公安机关接群众举报，“辣笔小球”在新浪微博发布恶意歪曲事情真相，诋毁贬损5名卫国戍边英雄官兵的违法言论，造成极其恶劣的社会影响。南京市公安局经调查后，于2021年2月20日对仇某某以涉嫌寻衅滋事罪刑事拘留，同年2月25日公安机关以涉嫌寻衅滋事罪提请检察机关批准逮捕，3月1日南京市建邺区人民检察院以涉嫌侵害英雄烈士名誉、荣誉罪对犯罪嫌疑人仇某某批准逮捕。

因为根据3月1日之前的刑法，仇某某构成寻衅滋事罪，但是批准逮捕的时候正好到了3月1日，检察机关以侵害英雄烈士名誉、荣誉罪批捕，前罪较重，后罪较轻，完全符合刑法的规定。

高空抛物被称为“悬在城市上空的痛”，现如今随着高空抛物罪全国首例的判罚，以及广而告之的宣示、警示，刑法一定能够保护头顶上的安全。

**三、法院最终判决结果**

2021年3月1日，江苏省常州市溧阳市人民法院经审理后认为，被告人徐某某高空抛物的行为虽未造成人身伤害或者重大财产损失的严重后果，其从建筑物抛掷物品的行为已经触犯了高空抛物罪。法院依法判决被告人徐某某犯高空抛物罪，判处有期徒刑6个月并处罚金2000元。

## 31 如何认定帮助毁灭、伪造证据罪？

导语：帮助毁灭、伪造证据规定在《刑法》第三百零七条，是指在诉讼活动过程中，唆使、协助当事人隐匿、毁灭、伪造证据，情节严重的行为。它既可以发生在刑事诉讼阶段，也可以发生在民事诉讼、行政诉讼阶段，侵犯的客体是司法机关的正常活动。究竟毁灭或者伪造什么样的证据才会构成本罪？什么样的情节才会构成"情节严重"呢？下面通过一则案例来认识一下。

**基本案情：**

张某（男）和石某（女）曾经是男女朋友关系，虽然分手了，但是张某偶尔还会到石某住处来。石某和闺蜜米某同住，三人彼此都认识。11月3日凌晨3时许，张某来到石某住处，在明知石某当天晚上在上夜班并未回家，只有米某一人在家的情况下，违背妇女意志，强行将被害人米某强奸。

事发之后，米某联系石某告知其前男友张某的龌龊事，之后张某打电话、发微信给石某，表示自己网上查询过了强奸罪，不但要被判刑，而且判得非常重，希望石某能帮助自己。

石某经"深思熟虑"决定帮助前男友一把。"机智"的石某想出两招，一是拖延米某报警时间，让米某先跟张某谈谈赔偿再说；二是指使张某将床上的床单、被套扔进洗衣机洗掉，另外将米某脱下的内裤以及用过的纸巾处理掉。

然而，聪明反被聪明误，张某和米某关于赔偿事宜并没有谈妥，米某报警求助，公安机关将张某抓获，后张某被区人民法院判处有期徒刑，石某也因为涉嫌帮助毁灭、伪造证据罪被公安机关刑事拘留，后被判刑。

**争议焦点：**

构成帮助毁灭、伪造证据罪需要“情节严重”，如何认定“情节严重”？在强奸案件中指使当事人毁灭床单、被套、内裤等物证是否符合“情节严重”？

**警官评析之以案释法：**

**一、本罪的犯罪主体**

根据《刑法》第三百零七条规定，帮助当事人毁灭、伪造证据，情节严重的，处三年以下有期徒刑或者拘役。司法工作人员犯前两款罪的，从重处罚。

本罪的主体是一般主体，只要是年满十六周岁、具有刑事责任能力的自然人即可。但是以下两类人不构成本罪的主体。

1. 当事人毁灭、伪造证据的不构成本罪。原因就在于“缺乏期待可能性”，该理论认为当事人犯罪以后，隐匿有关犯罪的证据是犯罪人的本能，刑法不能期待犯罪人如实交代犯罪事实，接受司法机关的惩处。

2. 在刑事诉讼中不包括辩护人、诉讼代理人。刑事诉讼中辩护人、诉讼代理人帮助当事人毁灭、伪造证据的，应当构成《刑法》第三百零六条规定的辩护人、诉讼代理人毁灭、伪造证据罪。这是刑法上对特殊主体的特别规定。

**二、“情节严重”的判断标准**

帮助毁灭、伪造证据罪规定在妨害司法罪这一类型犯罪中，一般是从行为对法益的侵害程度以及造成的结果等方面评价该行为是否属于“情节严重”。

成立本罪以“情节严重”为前提，对于帮助毁灭、伪造重大案件证据的；帮助毁灭、伪造重要证据的；帮助毁灭、伪造多项证据的；多次帮助毁灭、伪造证据的；帮助多名当事人毁灭、伪造证据的；毁灭、伪造证据造成严重后果的。有上述情节的行为都可以认定为“情节严重”，是司法实践中普遍遵循的标准，在具体判断的时候可以采用。

张某触犯强奸罪，其刑事判决书证明张某因强奸罪已被判刑。石某支招告诉张某将微信、QQ 聊天记录全部删除，将床单、被套、内裤等物证毁灭，并且石某知道这样做是违法的。司法机关在办理强奸案中因为重要物证的消失，就会难以作出公正的裁判，增加办案难度。根据在案证据，石某帮助当事人毁灭证据，情节严重，其行为已经构成帮助毁灭证据罪。

**三、本罪不限于刑事诉讼中，还包括民事诉讼和行政诉讼**

《民事诉讼法》第一百一十一条规定，伪造、毁灭重要证据，妨碍人民法院审理案件的，人民法院可以根据情节轻重予以罚款、拘留；构成犯罪的，依法追究刑事责任。《行政诉讼法》第五十九条规定，伪造、隐藏、毁灭证据或者提供虚假证明材料，妨碍人民法院审理案件的，构成犯罪的，依法追究刑事责任。

所以，只要与当事人共谋或者指使当事人、受当事人的指使，在刑事诉讼、民事诉讼或者行政诉讼活动中毁灭、伪造证据，情节严重的，都符合帮助毁灭、伪造证据罪的构成要件。

最终，次年 10 月 20 日，区人民法院认定被告人石某犯帮助毁灭证据罪，判处有期徒刑一年，缓刑一年六个月。

## 32 虚假诉讼罪构成要件及管辖问题

导语：近年来，通过虚假诉讼骗取人民法院裁判以实现非法目的的现象日益增多，不仅妨害了司法机关正常的司法秩序，而且也侵犯了他人的合法权益。面对这类犯罪行为，《刑法修正案（九）》专门增设了虚假诉讼罪，对虚假诉讼等严重损害司法公正的行为予以严厉打击。虚假诉讼罪是结果犯，而不是行为犯，下面通过一则案例来认识它。

**基本案情：**

王某离婚后在杭州从事服装工作，10岁的儿子由其抚养。后来认识了再婚妻子李某，双方都是二婚，婚后他们共同生育了一女，由于在两个孩子教育投入以及教育理念上的矛盾，再加上其他诸多的生活、感情、财产等问题，王某起诉李某离婚。

在商量协议离婚或诉讼离婚的时候，据王某所述李某提出很多无理的财产分割要求，于是王某就心生怨恨，想出伪造夫妻共同债务这个方法，要李某跟他一起来承担债务，以达到多分财产的非法目的。

于是，王某刻意以各种理由向母亲许某出具了很多借条，第一张向许某借款156万元，从母亲的银行卡中转账156万元到自己的银行卡上，用于杭州某套房的首付款，第二张到第十张合计40万元从许某处借款，用于日常生活开支及生意周转。而许某银行卡则由王某一人支配并保管。

在法院驳回王某的离婚诉讼请求后，王某一气之下指使其母亲许某于10月15日向江干区法院提起民事债务诉讼，起诉王某和李某归还借款196万元。

次年4月17日，区法院一审判决李某对156万本金及其利息承担共同还款义务。

李某不服，上诉到中院。

中院在审理民事借贷纠纷案件中发现王某存在伪造夫妻共同债务从而达到多分财产的目的。随后中院根据《最高人民法院关于在审理经济纠纷案件中涉及经济犯罪嫌疑若干问题的规定》第十一条规定，裁定撤销原判，驳回许某的起诉，将该案以涉嫌刑事犯罪为由移交公安机关办理。

**争议焦点：**在婚姻关系存续期间故意伪造夫妻共同债务方式向法院虚假起诉，是否构成虚假诉讼罪？

**警官评析之以案释法：**

**一、虚假诉讼罪概念**

根据《刑法》第三百零七条之一规定，以捏造的事实提起民事诉讼，妨害司法秩序或者严重侵害他人合法权益的，处三年以下有期徒刑、拘役或者管制，并处或者单处罚金；情节严重的，处三年以上七年以下有期徒刑，并处罚金。

虚假诉讼罪是《刑法修正案（九）》新增的罪名，是指以捏造的事实提起民事诉讼，妨害司法秩序或者严重侵害他人合法权益的行为。

虚假诉讼罪规定在《刑法》第六章妨害社会管理秩序罪章节中，但侵害的法益不仅是司法秩序，而且侵害了他人的合法权益。近年来，司法实践中出现了众多的虚假诉讼，严重浪费司法资源，损害司法公信力，尤其是扫黑除恶专项行动中出现的虚假民间借贷诉讼，另外还有房屋买卖、离婚析产、继承等诉讼，行为人骗取法院裁判文书实现各种不可告人之目的，让紧张的司法资源消耗在虚假的诉讼中，具有严重的社会危害性。

**二、虚假诉讼罪客观方面的表现**

虚假诉讼罪客观方面的表现有二：第一，以捏造的事实提起民事诉讼，如本案中王某和许某以根本不存在的债权债务关系向人民法院提起诉讼，双方的借条是伪造的，双方提起虚假的诉讼也经过了事先的商量，另外银行卡也是由王某单独保管的，其母亲岁数大，不会操作网银系统，所以转账的行为都是由王某一人单独操作完成，因此构成捏造是没有问题的。但有一种情况是行为人对具体数额、期限、履行方式作夸大描述或者隐瞒的行为，则不属于“捏造的事实”。所以“捏造的事实”是凭空编造的不存在的事实。即虚假诉讼罪限于“无中生有型”虚假诉讼行为，“部分篡改型”虚假诉讼行为不应以虚假诉讼罪定罪处罚。

第二，妨害了司法秩序或者严重侵害他人合法权益。“妨害司法秩序”是对司法活动造成了妨害，占用司法资源，导致司法机关作出错误判决；“严重侵害他人合法权益”，是指行为人虚假诉讼行为给被害人的财产造成了严重损害。

最高人民法院、最高人民检察院《关于办理虚假诉讼刑事案件适用法律若干问题的解释》第二条规定，以捏造的事实提起民事诉讼，有下列情形之一的，应当认定为刑法第三百零七条之一第一款规定的“妨害司法秩序或者严重侵害他人合法权益”：（一）致使人民法院基于捏造的事实采取财产保全或者行为保全措施的；（二）致使人民法院开庭审理，干扰正常司法活动的；（三）致使人民法院基于捏造的事实作出裁判文书、制作财产分配方案，或者立案执行基于捏造的事实作出的仲裁裁决、公证债权文书的；（四）多次以捏造的事实提起民事诉讼的；（五）曾因以捏造的事实提起民事诉讼被采取民事诉讼强制措施或者受过刑事追究的；（六）其他妨害司法秩序或者严重侵害他人合法权益的情形。

因此只要符合“妨害司法秩序”或者“严重侵害他人合法权益”就构成了虚假诉讼罪。本案中，导致的严重后果是一审法院因行为人的虚假诉讼行为作出了一审裁判文书。所以虚假诉讼罪是结果犯。

**三、虚假诉讼罪溯及力的问题**

虚假诉讼罪规定在2015年11月1日的《刑法修正案（九）》中，对于新旧刑法的时效效力问题，无疑遵循《刑法》第十二条的规定，即通常所说的“从旧兼从轻”原则。对修正后刑法施行之前发生的犯罪行为，如果修正前刑法不认为是犯罪的，则适用修正前刑法；如果修正前刑法认为是犯罪，并且按照刑法规定应当追诉的，按照修正前刑法追究刑事责任，但是如果修正后的刑法不认为是犯罪或者处罚较轻的，适用修正后的刑法。在修正案后的刑法施行以前，依照当时的法律已经作出的生效判决，继续有效。

**四、管辖如何确定**

根据《公安机关办理刑事案件程序规定》第十五条规定，刑事案件由犯罪地的公安机关管辖。第十六条规定，犯罪地包括犯罪行为发生地和犯罪结果发生地。犯罪结果发生地，包括犯罪对象被侵害地、犯罪所得的实际取得地等。

结合本案，犯罪地，即虚假民间借贷民事诉讼的受理法院所在地，即江干区。显然江干区公安机关对此案有管辖权；另外被侵害方李某所在地也有管辖权。

## 33　盗窃行为人无刑事责任能力，收购赃物的人能否定掩饰、隐瞒犯罪所得罪？

导语：掩饰、隐瞒犯罪所得罪规定在“妨害社会管理秩序罪”中的“妨害司法罪”章节中。司法的妨害主要体现在该行为对司法机关追查犯罪产生干扰、制造障碍，妨害刑事侦查、起诉、审判活动的正常进行。有一种情况是上游犯罪因为客观原因未追究刑事责任，下游的收购赃物是否应当以掩饰、隐瞒犯罪所得罪追究刑事责任？

**基本案情：**

辖区居民张某拉着孙子小张到派出所投案，称小张多次偷拿同学家中的戒指、项链等首饰，后将这些财产变卖，卖给一个开金店的个体户王某，总价值达10.2万多元。要求处理孙子小张和个体户王某。

经查，小张未满16周岁，正在某中学就读初三，平时由爷爷张某照顾。王某收购首饰的价格明显低于市场价，且问过小张首饰的来源，小张表示是从同学家里偷拿的。但是为了眼前的一点点利益，王某依然收购了戒指、项链等首饰。

**争议焦点：**

张某被盗窃一案应如何处理？对于王某收购赃物的行为是否构成掩饰隐瞒犯罪所得罪？

观点一认为，小张因未满16周岁，盗窃同学家中的财物，不构成盗窃罪，既然犯罪主体不适格，不符合犯罪构成要件，在此前提下收购赃物也无从谈起，不能对王某收购赃物的行为定为掩饰、隐瞒犯罪所得。

观点二认为，只要是他人客观上的犯罪所得，不管是因为精神病人或者年幼不具备刑事责任能力，对其所获得的财物均可认定为赃物，应当以掩饰、隐瞒犯罪所得罪追究刑事责任。

**警官评析之以案释法：**

**一、构成掩饰、隐瞒犯罪所得罪**

《刑法》第三百一十二条规定，明知是犯罪所得及其产生的收益而予以窝藏、转移、收购、代为销售或者以其他方法掩饰、隐瞒的，处三年以下有期徒刑、拘役或者管制，并处或者单处罚金；情节严重的，处三年以上七年以下有期徒刑，并处罚金[1]。

单位犯前款罪的，对单位判处罚金，并对其直接负责的主管人员和其他直接责任人员，依照前款规定处罚。

《刑法修正案（六）》将本罪的对象进行了扩大，将原“犯罪所得的赃物”扩大为“犯罪所得及其产生的收益”。另外行为方式也有所扩大，在原“窝藏、转移、收购或者代为销售”的基础上增加了“以其他方法”。

“其他方法”是一个兜底项，范围非常宽泛，除了窝藏、转移、收购、代为销售之外的一切方法，包括接受赠予的方式隐瞒。只要行为人的行为使得司法机关难以找到赃物，给司法机关找到赃物增加障碍的，都是属于掩饰、隐瞒犯罪所得罪。

**二、主观上的认定**

判定是否构成掩饰、隐瞒犯罪所得罪，主观上必须要明知是犯罪所得的赃物，即知道或者应当知道。只要认识到上游犯罪是犯罪就够了，不要求非常清楚具体是哪一种犯罪、犯罪的具体时间和地点、被害人是谁等。

既要考虑行为人自身的认知能力，又要从财物的来源、数量、价值、交易场所等综合判断行为人是否明知。

《最高人民法院关于审理洗钱等刑事案件具体应用法律若干问题的解释》中解释了“明知”，即应当结合被告人的认知能力，接触他人犯罪所得及其收益的情况，犯罪所得及其收益的转换、转移方式以及被告人的供述等主、客观因素进行认定。有下列情况之一的，可以认定被告人系“明知”：（一）知道他人从事犯罪活动，协助转换或者转移财物的；（二）没有正当理由，通过非法途径协助转换或者转移财物的；（三）没有正当理由，以明显低于市场的价格收购财物的；（四）没有正当理

1　根据 2021 年 4 月 15 日施行的《关于审理掩饰、隐瞒犯罪所得、犯罪所得收益刑事案件适用法律若干问题的解释》，“掩饰、隐瞒犯罪所得及其产生的收益价值三千元至一万元以上的”该条不再适用。

由，协助转换或者转移财物，收取明显高于市场的“手续费”的；（五）协助近亲属或者其他关系密切的人转换或者转移与其职业或者财产状况明显不符的财物的；（六）其他可以认定行为人明知的情形。

三、对象的认定

掩饰、隐瞒犯罪所得、犯罪所得收益罪的对象是“他人的犯罪所得、收益”，也就是说上游犯罪是犯罪事实即可，假设上游盗窃犯罪是未满16周岁的犯罪嫌疑人实施，或者是不具备刑事责任能力的精神病人实施，或者因嫌疑人死亡等原因依法不予追究刑事责任的，对其所获得的财物仍然认定为赃物，可以成为本罪的对象。行为人窝藏、转移、收购、代为销售或者以其他方法掩饰、隐瞒赃物的，均可以认定为犯罪。

所以观点二是正确的。

四、小张盗窃一案应如何处理?

在审查小张盗窃一案时，如果知道犯罪行为是小张实施，因其未满16周岁，故不能对盗窃案立案侦查。因为根据《刑法》第十七条规定，已满16周岁的人犯罪，应当负刑事责任。犯罪嫌疑人小张未满16周岁，无刑事责任能力，不需要追究刑事责任，不予立案。如果已经立案了，则应当撤销案件处理。

## 34 养了两只乌龟怎么就变成了非法收购珍贵、濒危野生动物罪?

导语：喜爱动物的朋友往往在家里养一些自己喜欢的动物，如猫、狗、乌龟。乌龟饲养比较方便，因此是一种非常常见的宠物，殊不知有些看似普通的乌龟，实则是国家重点保护野生动物，个人是不能随意买卖和饲养的。近日，我局通过线索研判，查获了一起非法收购珍贵、濒危野生动物案件，为什么买了两只乌龟就变成了违法犯罪了呢？

**基本案情：**

王某，男，30岁，在杭州某饭店从事厨师工作，平时喜好养甲鱼、巴西龟，且有一定的饲养技能，王某还加入了一个叫“龟友群”的微信群，平时交流养龟的看法和经验。有一天，微信群里有一个卖龟的商家主动加其微信推销新产品，一开始王某没有理会对方，后来对方断断续续地联系他，向其推荐了两只品相不是很好但价格便宜的乌龟，对方开价480元，经过讨价还价最终定下来是400元。对方告诉他这两只龟是陆龟，纯素食性的动物。在交易的时候还有一个细节，对方让王某删除微信转账记录和微信好友。凭借多年的经验，王某猜到了这两只陆龟是保护动物。

图 涉案乌龟

邮寄到家里后，王某就将这两只龟养在家里，经网上查询，王某知道了一只是苏卡达陆龟，一只是赫尔曼陆龟，都是国家保护动物。另外王某还在短视频平台上看到过如何饲养陆龟。

3月，民警在专项行动中发现一条非法收购珍贵、濒危野生动物的线索，王某被传唤到派出所接受调查，后被采取了刑事强制措施。涉案陆龟已被交至浙江省野生动物救护繁育管理中心并给予救护。

**争议焦点：**

有人认为非法收购珍贵、濒危野生动物罪不需要主观明知，只要是行为人有收购行为，且收购的动物属于珍贵、濒危野生动物范畴即可。但反对者认为刑法中的非法收购珍贵、濒危野生动物罪是故意犯罪，必须要有明知，否则不构成犯罪。

**警官评析之以案释法：**

**一、王某触犯的是非法收购珍贵、濒危野生动物罪**[1]

《刑法》第三百四十一条第一款规定，非法收购、运输、出售国家重点保护的珍贵、濒危野生动物及其制品的，处五年以下有期徒刑或者拘役，并处罚金；情节严重的，处五年以上十年以下有期徒刑，并处罚金；情节特别严重的，处十年以上有期徒刑，并处罚金或者没收财产。该罪名是1997年刑法增设的，侵犯的客体是国家对野生动物资源的管理制度，犯罪的对象是国家重点保护的珍贵、濒危野生动物及其制品。

“珍贵、濒危野生动物”，是指列入国家重点保护野生动物名录的国家一、二级保护野生动物，列入《濒危野生动植物种国际贸易公约》（CITES，2019版）附录Ⅰ、附录Ⅱ的野生动物以及驯养繁殖的上述物种。比如，东北虎、大熊猫等。动物制品，是指对捕杀的野生动物的皮、毛、骨、角、肉等进行加工，制作的成品或半成品的物品。

收购就是一种购买的行为，不管是以营利为目的，还是以自用为目的，不影响犯罪的构成。

**二、构成要件里需要有主观明知**

经国家林业和草原局森林公安司法鉴定中心鉴定，送检的第一只动物具有背甲盾片隆起，前后缘锯齿状特征的是胫刺陆龟（俗称苏卡达陆龟），第二只动物背甲为黑色和黄色图案，边缘甲片以黄色为主特征的是赫尔曼陆龟。这两只陆龟均为列入《濒危野生动植物种国际贸易公约》

---

1 最高人民法院、最高人民检察院《关于执行〈中华人民共和国刑法〉确定罪名的补充规定（七）》规定：取消“非法猎捕、杀害珍贵、濒危野生动物罪和非法收购、运输、出售珍贵、濒危野生动物、珍贵、濒危野生动物制品罪”罪名，改为“危害珍贵、濒危野生动物罪”。

CITES 附录Ⅱ级保护动物。

我国《刑法》第十四条规定：明知自己的行为会发生危害社会的结果，并且希望或者放任这种结果发生，因而构成犯罪的，是故意犯罪。王某明知所购买的是国家重点保护的珍贵、濒危野生动物，为了自己的兴趣爱好自养家中，违反了国家的规定。犯罪故意是一种心理态度，这是犯罪构成的主观要件。

**三、最终处理结果**

2020 年 6 月，警方将案件移送审查起诉至检察机关后，经检察机关审查后认为，王某实施了《中华人民共和国刑法》第三百四十一条规定的行为，但犯罪情节轻微。一是王某系初犯、偶犯，主观恶性不深，并未有再出售等获利行为，社会危害性较小；二是王某自愿认罪认罚；三是涉案的赫尔曼陆龟和苏卡达陆龟已经得到救护。根据《刑法》第三十七条的规定，不需要判处刑罚。依据《刑事诉讼法》第一百七十七条第二款的规定，对王某作出酌定不起诉决定。

## 35 组织卖淫罪和协助组织卖淫罪的区分及组织卖淫罪主从犯的辨别

导语：随着城市化进程的加快，人员流动性增加，社会管理难度逐渐加大，卖淫嫖娼现象死灰复燃，社会危害性极大，而且呈“O2O”模式方向发展。因此《刑法》规定了组织卖淫罪，而且最低法定刑是五年。当然根据宽严相济的刑事政策，有些行为定的是协助组织卖淫，那如何区分组织卖淫罪和协助组织卖淫罪呢？主从犯如何辨别呢？

**基本案情：**

11月至12月，犯罪嫌疑人毕某、肖某等人在杭州某无名浴场内组织他人卖淫，其中毕某（绰号“老毕”）系浴场老板，管理浴场经营，肖某（绰号“老杨”）系主要管理人员，负责全面管理卖淫嫖娼活动，招募和管理卖淫人员、招揽嫖客、集中卖淫人员供嫖客挑选、发放工资等；陈某（绰号“一帆”）系管理人员，负责招募、管理卖淫人员、招揽嫖客、集中卖淫人员供嫖客挑选等，李某（绰号“可可”）和杨某（绰号“洋洋”），负责招揽嫖客、集中卖淫人员供嫖客挑选等日常管理工作，张某和方某系浴场工作人员，为卖淫嫖娼活动提供打扫卫生、准备避孕套、开门引导等协助工作。

浴场内卖淫收费的标准为1000元到1200元不等，毕某、肖某、陈某、李某、杨某从嫖资中分成。在两个月的时间内，毕某等人组织11名卖淫人员从事卖淫活动。

**争议焦点：**

肖某的辩护人认为肖某没有实施招募、雇佣、强迫、引诱、容留等手段控制多人卖淫，不构成组织卖淫罪，应构成协助组织卖淫罪定罪。那么组织卖淫罪和协助组织卖淫罪的区别在哪里？其中组织卖淫罪的主从犯如何认定？

**警官评析之以案释法：**

**一、组织卖淫罪的认定**

2017年7月25日起施行的《关于办理组织、强迫、引诱、容留、介绍卖淫刑事案件适用法律若干问题的解释》（法释〔2017〕13号，以下简称《解释》）规定，以招募、雇佣、纠集等手段，管理或者控制他人卖淫，卖淫人员在三人以上的，应当认定为刑法第三百五十八条规定的“组织他人卖淫”。另外，组织者是否设置固定的卖淫场所、组织卖淫者人数多少、规模大小，不影响组织卖淫行为的认定。

肖某的辩护人提出关于肖某不构成组织卖淫罪，经审查认为，肖某系浴场的管理人员，负责招募、管理卖淫人员及卖淫活动、招揽嫖客、集中卖淫人员供嫖客挑选、发放卖淫女工资，卖淫女请假等需要征得肖某的同意，且卖淫人员达 11 人，故应当认定组织卖淫罪成立。

## 二、协助组织卖淫罪的认定

《解释》明确了协助组织卖淫罪的适用范围，即明知他人实施组织卖淫犯罪活动而为其招募、运送人员或者充当保镖、打手、管账人等的，依照刑法第三百五十八条第四款的规定，以协助组织卖淫罪定罪处罚，不以组织卖淫罪的从犯论处。

同时明确界定：“在具有营业执照的会所、洗浴中心等经营场所担任保洁员、收银员、保安员等，从事一般服务性、劳务性工作，仅领取正常薪酬，且无前款所列协助组织卖淫行为的，不认定为协助组织卖淫罪。”体现了刑法的谦抑性精神。

本案中张某在浴场内负责包厢、大厅的卫生，另外客人来的时候给客人开门，发放避孕套等，其明知该场所是卖淫的；方某负责洗浴区、走廊的卫生，给客人递毛巾、浴衣，明知该场所系卖淫场所，为了生计仍然实施。两人的工作性质差不多，应当认定协助组织卖淫罪。两人归案后均如实供述犯罪事实，可以获得从轻处罚。

## 三、组织卖淫罪中“情节严重”的认定

根据《解释》的规定，组织卖淫罪“情节严重”有以下六种情形：（1）卖淫人员累计达十人以上；（2）卖淫人员中未成年人、孕妇、智障人员、患有严重性病的人累计达五人以上；（3）组织境外人员在境内卖淫或者组织境内人员出境卖淫；（4）非法获利人民币一百万元以上；（5）造成被组织卖淫的人自残、自杀或者其他严重后果；（6）其他情节严重的

情形。

根据《刑法》第三百五十八条的规定，情节严重的，处十年以上有期徒刑或者无期徒刑，并处罚金或者没收财产。《刑法修正案（九）》取消了组织、强迫卖淫罪的死刑，并取消了关于“情节特别严重”的规定。所以一旦认定了“情节严重”，量刑的幅度就在十年以上。

结合本案，肖某的辩护人认为浴场上只有8个卖淫女，平时每天上班只有七八个人，肖某的辩护人认为卖淫人数不超过10人，在案证据只有9人，李某的辩护人认为本案认定的11人并无证据证实，杨某的辩护人认为没有10人，现场抓获的卖淫女也只有9个人。

如果能认定卖淫女10个以下，那对嫌疑人的量刑有巨大影响，即10年以上和10年以下的区别。

后经查实，12月26日账单显示卖淫女的工号有11个，被公安机关抓获的9名卖淫女的工号能与该账单一一对应，卖淫女的证言中均未提到自己有2个以上工号，犯罪嫌疑人毕某、肖某也陈述卖淫女和工号是一一对应的，且账单显示未被查获的工号为806、880的两名卖淫女上钟时间重叠，不可能是同一名卖淫女，故辩护人的意见与事实不符。

另外需要强调的是，《解释》里并没有把组织卖淫的次数作为“情节严重”，仅作为酌定情节在量刑时予以考虑。有两个因素的考虑，一是司法实践中对于组织卖淫的次数取证比较困难，很难认定；二是人数的危害性比次数的危害性更大，对社会管理秩序的破坏也更大。

**四、组织卖淫罪的主从犯如何认定**

《刑法》第二十七条规定，在共同犯罪中起次要或者辅助作用的，是从犯。对于从犯，应当从轻、减轻或者免除处罚。

组织卖淫有主从犯之分，主犯的作用在于实施招募、雇佣、纠集等手段管理或者控制卖淫人员，从犯则起到帮助或者辅助的行为，不发挥主导性作用。

嫌疑人肖某辩称其不参与管理，其辩护人也认为肖某并无组织卖淫的行为，也无控制他人从事卖淫的行为，不符合组织卖淫罪的构成要件，应当认定为协助组织卖淫罪。另外陈某、李某、杨某本人和辩护人都提出同样的辩解。

但是从证据链上看，毕某是浴场的老板，在组织卖淫中起主要作用，是策划者，系主犯，依法应当以其参与的全部犯罪处罚。而嫌疑人肖某、陈某、李某、杨某在共同犯罪中起到次要和辅助作用，系从犯，归案后能如实供述犯罪事实，认罪态度好，可以予以减轻处罚。

由此可以看出，在浴场内行为人起到组织者和策划者作用，如几个人合伙经营的，那么合伙经营的人全是主犯。对于组织卖淫行为发挥主导和决定作用，其行为应当认定为组织卖淫罪的主犯。

对于其中的管理人员，相当于经理层级的人，其负责的是控制和管理的某一方面，不发挥主导性作用，但是对于组织卖淫来说是不可缺少的一环，仍然成立组织卖淫罪，但属于从犯。

对于张某和方某这样的人不参与组织卖淫行为过程，不能决定费用标准，不具有管理和控制作用的，不决定组织卖淫方向和发展的，应当定性为协助组织卖淫罪。

最终，区法院判处毕某犯组织卖淫罪有期徒刑十年，并处罚金三万元；判处肖某犯组织卖淫罪有期徒刑九年，并处罚金二万元；判处陈某犯组织卖淫罪有期徒刑八年，并处罚金二万元；判处李某犯组织卖淫罪有期徒刑六年，并处罚金一万元；判处杨某犯组织卖淫罪有期徒刑五年，并处罚金五千元；判处张某犯协助组织卖淫罪有期徒刑二年，缓刑三年，并处罚金二千元；判处方某犯协助组织卖淫罪有期徒刑一年，缓刑二年，并处罚金一千元。

## 36 刑法中关于刑事责任年龄的规定

导语：2019年10月发生在大连的13岁男孩杀害10岁女孩案件引发全社会的广泛关注，因犯罪嫌疑人未满14周岁而未被追究刑事责任，社会舆论关于刑事责任年龄下调的呼吁非常高，全国人大立法机构及时回应舆论关切问题，并在2021年3月1日正式实施的《刑法修正案(十一)》作了积极的回应，那么关于刑法中关于刑事责任年龄究竟是怎么规定的呢？

**警官评析之以案释法：**

**一、刑事责任年龄的划分**

根据《刑法》第十七条之规定，已满十六周岁的人犯罪，应当负刑事责任。

已满十四周岁不满十六周岁的人，犯故意杀人、故意伤害致人重伤或者死亡、强奸、抢劫、贩卖毒品、放火、爆炸、投放危险物质罪的，应当负刑事责任。

已满十二周岁不满十四周岁的人，犯故意杀人、故意伤害罪，致人死亡或者以特别残忍手段致人重伤造成严重残疾，情节恶劣，经最高人民检察院核准追诉的，应当负刑事责任。

对依照前三款规定追究刑事责任的不满十八周岁的人，应当从轻或者减轻处罚。

因不满十六周岁不予刑事处罚的，责令其父母或者其他监护人加以管教；在必要的时候，依法进行专门矫治教育。

根据刑法第十七条的规定，刑事责任年龄可以划分为三个阶段：

1. 完全不负刑事责任年龄

根据本条的规定，不满十四周岁不予刑事处罚，不追究刑事责任，但是应当责令家长和监护人严加管教，必要时可以进行矫治教育，对于未满十四周岁的人，由于生理、心理发育还未成熟，不具有辨认和控制自己行为的能力，也没有辨别是非的能力，所以法律规定不负刑事责任。但是随着一些地方低龄儿童恶性案件的发生，为了适应社会的发展变化，所以《刑法修正案十一》加了一条，已满十二周岁不满十四周岁的人，犯故意杀人、故意伤害罪，致人死亡或者以特别残忍手段致人重伤造成严重残疾，情节恶劣，经最高人民检察院核准追诉的，应当负刑事责任。也就是年龄降了两岁，另外还有其他条件的限制，并且要经最高人民检察院核准追诉。

2. 相对负刑事责任年龄

已满十四周岁不满十六周岁的人，犯故意杀人、故意伤害致人重伤或者死亡、强奸、抢劫、贩卖毒品、放火、爆炸、投放危险物质八种罪名的，应当负刑事责任。换言之，这个年龄阶段的未成年人，如果不是犯上述八种罪名的，都不予追究刑事责任。因为处在这个阶段的人虽然具有一定的辨别和控制能力，但是并不十分完善和成熟，所以仅限定性质特别严重的犯罪。

3. 完全负刑事责任年龄

刑事责任年龄，是指法律规定的应当对自己的犯罪行为负刑事责任的年龄。只有达到了法定年龄的人，实施了犯罪行为才能负相应的法律责任。未达到法定年龄，不能给予定罪处罚。已满 16 周岁的人犯罪，应当负刑事责任。

**二、年龄的计算**

根据《最高人民法院关于审理未成年人刑事案件具体应用法律若干问题的解释》第二条规定，刑法第十七条规定的“周岁”，按照公历的年、月、日计算，从周岁生日的第二天起算。

法定年龄，一律按照公历的年、月、日计算，从出生日到犯罪日计算实足年龄。“已满16周岁”应从周岁生日的第二天开始计算。比如，嫌疑人甲是2000年10月1日出生的，在2016年10月2日白天盗窃了价值8000元的苹果手机，那非常遗憾甲是要承担刑事责任的，如果他在前一天即10月1日盗窃手机，那就是未满16周岁，不追究刑事责任。

责任年龄是重大问题，涉及无罪、罪轻、罪重、从轻、减轻等定性和量罚问题。

而司法实践中，经常遇到的问题是嫌疑人的出生年龄是按照阴历计的，很显然不利于嫌疑人，所以要调取很多的证据。按照对应的公历日期计算年龄，比如医院出生记录、证人证言、派出所户籍登记，甚至是骨龄测定等，以精确其犯罪时的具体年龄。

对于没有充分证据证明犯罪嫌疑人实施被指控的犯罪时已经达到法定刑事责任年龄且确实无法查明的，应当推定其没有达到相应法定刑事责任年龄。

检察机关有未成年人刑事检察科，人民法院有少年法庭，这些为未成年人罪犯专门而设置的科室，配备了具有丰富办案经验的检察官和法官，目的就是更好地审理未成年人案件，保护他们的身心健康，让折翼的未成年人有改过自新的机会，更好地回归社会。

## 37　不予立案作出后，控告人还有什么救济途径?

导语：当公民向公安机关提出报案、控告后，公安机关按照法律的规定进行审查，受理之后的下一步就是立案审查，如果发现案件有犯罪事实并需要追究刑事责任，是要立案的；如果没有犯罪事实不需要追究刑事责任，应当作出不予立案决定。作为控告人来说，对于不予立案的决定，可以申请刑事复议、刑事复核，也可以依据刑事诉讼法司法解释的规定直接向人民法院起诉。本期要说明的是刑事复议的相关法律规定。

**基本案情：**

王某（女，38岁）为了小孩就读方便，于4月通过某房屋租赁公司租赁了小区的一套房，当时在中介的陪同下看了四五套房子，最终敲定某小区其中一套作为临时居住。在签订房屋租赁合同的时候，双方签订的主体是王某和某房屋租　赁公司。当时，王某提出了疑问，以前租房的时候都是租客和房东签订合同，中介作为第三方在合同上出现的，为什么现在跟以前不一样。租赁公司的工作人员向他解释，目前市场上的操作都是这样的，房东有授权委托书，授权租赁公司全权处理，包括但不限于：代为进行房屋装修、与房屋承租人签订《房屋租赁合同》、收取房屋租金、更换房屋门锁、与承租人解决纠纷

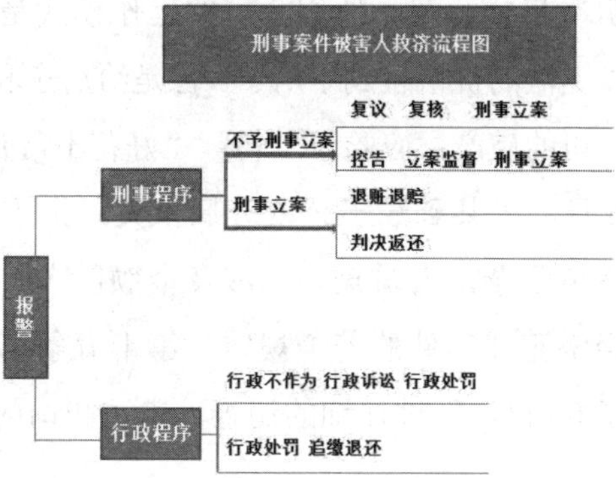


图　流程图

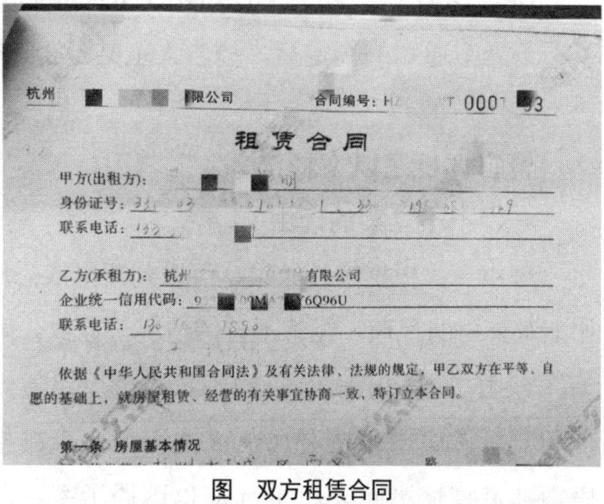

杭州 [redacted] 限公司　　合同编号：H　T 0007 [redacted] 3

租赁合同

甲方(出租方)：[redacted]

身份证号：

联系电话：[redacted]

乙方(承租方)：杭州　有限公司

企业统一信用代码：[redacted] 6Q96U

联系电话：

依据《中华人民共和国合同法》及有关法律、法规的规定，甲乙双方在平等、自愿的基础上，就房屋租赁、经营的有关事宜协商一致，特订立本合同。

第一条　房屋基本情况

图　双方租赁合同

等。王某查验了一下授权委托书和《房屋租赁合同》，再加上这套房屋的租金也还算好，地段也符合要求，于是就支付了一年的租金和一个月的押金，共计 34645 元。

然而令王某完全没有想到的是，一个月之后该租赁公司就出现了资金链断裂的问题，房东只收到公司支付的一个月房租，王某作为租客面临着要被房东赶出出租房的风险。作为房客来讲，其实也非常委屈，明明交了一年的房租，到头来还不能正常居住。说一千道一万罪魁祸首就是某房屋租赁公司。他们公司的运作模式是，房东拿到了更高的租金，租客以更低的价格租到了房子。像是给房东和租客双方“发福利”。然而，随着公司的破产，应验了一句：“好花不常开，好景不常在”。

6 月，王某到江干公安分局报案，指控某房屋租赁公司合同诈骗。由于案情复杂，人员众多，涉及金额巨大。区公安分局根据《公安机关办理经济犯罪案件的若干规定》第十五条第一款的规定，立案审查期限延长了 60 日，经过详细的调查、走访和询问，后于 8 月作出不予立案通知书。

**争议焦点：**公安机关作出不予立案决定是基于什么理由？以及作出了不予立案通知书决定后，控告人王某是否还有其他的救济途径呢？

**警官评析之以案释法：**

**一、不予立案的理由**

理由一：根据审计结果，可以判断出该公司是由于错误估计市场行情，加上对公司的管理、经营不善等情况，导致公司出现资金缺口。

理由二：非法占有目的不足。房屋租赁市场一直是市场经济中的一个环节，该房屋租赁公司从成立至今一直在持续经营，由于受新型冠状病毒肺炎疫情影响，租赁行情也遭遇了寒冬，公司的盈利能力受到了很大的冲击，公司收取的租金除用于支付房东外，另外用于日常的经营活动等，主观上并没有非法占有租金的目的。

根据《公安机关办理刑事复议复核案件程序规定》第三十二条的规定，维持原不予立案的决定。

**二、不予立案的法律依据**

根据《刑事诉讼法》第一百一十二条之规定，人民法院、人民检察院或者公安机关对于报案、控告、举报和自首的材料，应当按照管辖范围，迅速进行审查，认为有犯罪事实需要追究刑事责任的时候，应当立案；认为没有犯罪事实，或者犯罪事实显著轻微，不需要追究刑事责任的时候，不予立案，并且将不立案的原因通知控告人。控告人如果不服，可以申请复议。对于本案，之所以作出不予立案决定，理由就是没有犯罪事实，不需要追究刑事责任。所以其不符合立案的条件。

**三、不予立案的救济途径**

为规范公安机关刑事复议的办理程序，保护公民、法人、其他组织的合法权益，公安部发布了部门规章，即《公安机关办理刑事复议复核案件程序规定》（公安部令第 133 号），对不予立案、没收保证金等事项作出了规定。本案中，王某对公安分局作出的不予立案决定不服，可以提出复议，依据是《公安机关办理刑事复议复核案件程序规定》第六条第一款第四项规定，在办理刑事案件过程中，下列相关人员可以依法向作出决定的公安机关提出刑事复议申请：对不予立案决定不服，控告人可以提出。除了刑事复议这个救济途径之外，如果控告人还是不服，可以向其上一级公安机关提出刑事复核申请。

综上，不予立案的救济途径是刑事复议，对复议不服还可以申请刑事复核。

## 38 精神病人是否必须要强制医疗？

导语：“强制医疗”规定在《刑事诉讼法》第五编特别程序中第五章依法不负刑事责任的精神病人的强制医疗程序，它指的是实施暴力行为，危害公共安全或者严重危害公民人身安全，经法定程序鉴定依法不负刑事责任的精神病人，有继续危害社会可能的，可以予以强制医疗。公安机关在司法活动中，也会遇到这样的案件。下面就介绍一下强制医疗案件的办理过程。

**基本案情：**

7月28日上午9时50分许，民警接到指令说某某街道某某号有噪音扰民的警情。民警到达现场后，发现这里有一个杂货铺，门口右手边放了一个红白相间的喇叭在循环播放“最后一天，清仓处理”的叫卖声，声音非常吵，循环频率很快，让人听了的确很不舒服，影响了周边群众的正常生活。

当时店主王某在店里，民警进去跟她说把喇叭的声音关掉或者调小，但是王某拒绝配合，还吵吵嚷嚷，劝了很久都不愿意配合，还掷地有声地强调“不把声音开大一点，东西怎么卖得出去”。

民警让其出示证件，她拒绝配合，民警让其把声音调低，她来了一句：“你敢说我，我就拿刀砍死你。”随后就进门从货架上拿出了一把长约30厘米的西瓜刀，对着民警挥舞刀具。民警劝其放下刀具，在传唤过程中，王某用牙齿咬民警，幸好民警反应快及时躲开了。

7 月 28 日，王某因涉嫌妨害公务罪被江干公安分局刑事拘留。

经查，王某曾于 2013 年 1 月因妨害公务罪被江干区人民法院判处有期徒刑六个月，后被暂予监外执行。

据王某自述有十多年的精神病史，几乎天天吃精神疾病类药物。

9 月 25 日，杭州市公安局安康司法鉴定中心依法对王某进行了精神病鉴定，鉴定意见为王某系精神分裂症，作案时无刑事责任能力。

9 月 26 日，江干公安分局向检察机关建议对犯罪嫌疑人王某强制医疗。

10 月 26 日，检察机关向法院申请对被申请人王某强制医疗。

**争议焦点：**

在妨害公务犯罪过程中，精神病人对人民警察实施侵犯人身安全的行为，该精神病人是否必须进行强制医疗？

**相关证据：**

经查明，7 月 28 日 9 时 50 分许，王某在某某路某某号，无正当理由拒不配合正在出警的民警的执法工作，并对民警以言语、西瓜刀等暴力威胁，在被民警带回派出所的过程中，还用牙齿咬民警（未咬到）。经司法鉴定中心依法鉴定，王某作案时系无刑事责任能力，目前仍患有精神分裂症，有继续危害社会的可能。

认定以上的事实证据有：

一、被申请人王某的供述：其有精神病史十多年。7 月 28 日 9 时 50 分许，在其杂货店门口，因为民警让其将店内的喇叭关掉或者调小，遂很生气，其拿了一把西瓜刀出来，与民警对峙了一会儿，见有人要来拍照，其不让他拍，还抓了该人的手几下，后被多名民警带到了派出所。

二、被害人卢某陈述：7月28日上午，其接到指令，到某某路某某号处理噪音扰民的警情。该门面是一家杂货铺，用喇叭循环播放叫卖声，影响周边群众的正常生活。其让店主关掉喇叭或者小声一点，店主拒绝配合，还跑进门从货架上拿出一把长约40厘米的西瓜刀朝其走来，辅警赵某上前阻挡，其让店主放下刀，后赵某在拍照取证时，店主冲过来夺手机，其想传唤店主回所调查，店主又想咬自己和赵某的手，但未能咬到。

三、证人赵某的证言：7月28日9时50分许，其与卢某到达某某路杂货铺，店内正在用喇叭循环播放叫卖声，影响周边群众正常生活，其与卢某让店主把喇叭关掉或者调小，但店主未予配合，其间还从店内拿出一把西瓜刀向卢某走去，其上前挡着，让店主放下刀，店主极不配合放下刀后又过来争吵，其想拍照取证，店主又来夺手机，其与卢某想控制住店主，但店主见谁控制她就咬谁，其与卢某均躲开了，后将店主控制住并传唤至派出所。

四、证人沈某的证言：7月28日9时50分许，其闲逛至一家杂货铺门前，杂货铺正在放着清仓处理的喇叭，声音很大，当时门口停了一辆警车，警察让老板娘把喇叭调小或者关掉，老板娘极不配合，并与警察吵了起来。老板娘走到店里拿出一把挺长的水果刀，辅警上前制止，老板娘还与辅警争吵，辅警在拍照的时候老板娘上前要夺手机，警察想把老板娘带走，老板娘不配合还想咬警察，但未咬到，后警察将老板娘控制住带上警车。

五、扣押笔录及照片：证明西瓜刀扣押的过程及西瓜刀的外面情况。

六、辨认笔录：证实实施妨害公务犯罪行为的人是王某。

七、鉴定意见：经杭州市公安局安康司法鉴定中心鉴定，王某系精神分裂症，无刑事责任能力。

八、书证：刑事判决书、暂予监外执行决定书，王某曾于2013年1月因妨害公务罪被江干区人民法院判处有期徒刑六个月，于2013年1月

21日被暂予监外执行。

九、视听资料：执法录像视频，证实7月28日9时50分许，王某在杂货铺以言语、西瓜刀、牙齿咬等暴力威胁，妨碍正在出警的民警执行职务。

十、查获经过：证实王某被动归案的情况。

11月20日，江干区人民法院作出强制医疗决定，被申请人王某实施暴力行为，严重危害公民人身安全，经法定程序鉴定依法不负刑事责任的精神病人，有继续危害社会的可能，可以予以强制性医疗。王某经鉴定系精神分裂症，在2013年妨害公务的基础上再次妨害公务，具有继续危害社会的可能且监管缺位。

根据《中华人民共和国刑法》第十八条第一款规定，精神病人在不能辨认或者不能控制自己行为的时候造成危害结果，经法定程序鉴定确认的，不负刑事责任，但是应当责令他的家属或者监护人严加看管；在必要的时候，由政府强制医疗。

《刑事诉讼法》第三百零二条规定，实施暴力行为，危害公共安全或者严重危害公民人身安全，经法定程序鉴定依法不负刑事责任的精神病人，有继续危害社会可能的，可以予以强制医疗。

《最高人民法院关于适用〈中华人民共和国刑事诉讼法〉的解释》第六百三十七条第一款第一项规定，符合刑事诉讼法第三百零二条规定的强制医疗条件的，应当作出对被申请人强制医疗的决定。

**警官评析之以案释法：**

**一、精神病人是否必须要强制医疗？**

犯罪嫌疑人是否需要强制医疗，其前提条件是符合《刑事诉讼法》第三百零二条的规定，一是实施暴力行为，危害公共安全或者严重危害公民人身安全；二是经法定程序鉴定依法不负刑事责任的精神病人；三是有继续危害社会可能。举个例子，有些盗窃案件，犯罪嫌疑人由于患有某种精神类疾病不负刑事责任，但是其没有危害公共安全或者危害公民人身安全，那就不需要进行强制医疗，既然不负刑事责任，就要撤销案件。所以必须符合以上三个条件，才能申请强制医疗。

至于强制医疗的决定机关，则由人民法院决定。相关程序是公安机关发现精神病人符合强制医疗条件的，应当写出强制医疗意见书，移送人民检察院。对于公安机关移送的或者在审查起诉过程中发现的精神病人符合强制医疗条件的，人民检察院应当向人民法院提出强制医疗的申请。人民法院在审理案件过程中发现被告人符合强制医疗条件的，可以作出强制医疗的决定。

对实施暴力行为的精神病人，在人民法院决定强制医疗前，公安机关可以采取临时的保护性约束措施。

**二、应当在七日以内写出强制医疗意见书**

根据《公安机关办理刑事案件程序规定》第三百四十三条规定，对经法定程序鉴定依法不负刑事责任的精神病人，有继续危害社会可能，符合强制医疗条件的，公安机关应当在七日以内写出强制医疗意见书，经县级以上公安机关负责人批准，连同相关证据材料和鉴定意见一并移送同级人民检察院。根据上述规定，在出具了不负刑事责任的鉴定结论后，公安机关应当在七日以内写出强制医疗意见书移送同级人民检察院。本案中于9月25日，杭州市公安局安康司法鉴定中心出具了精神病鉴定，作案时无刑事责任能力。9月26日，就向检察机关移送了相关证据材料。

**三、关于救济途径**

强制医疗的救济途径是申请复议，而不是上诉。

根据《刑事诉讼法》第三百零五条第二款规定，被决定强制医疗的人、被害人及其法定代理人、近亲属对强制医疗决定不服的，可以向上一级人民法院申请复议。

根据本案，如不服本决定，被决定强制医疗的人、被害人及其法定代理人、近亲属可在接到决定书的第二日起五日内，通过江干区人民法院或者直接向杭州市中级人民法院申请复议。书面申请复议的，应当提交申请复议书正本一份，副本二份。复议期间不停止决定的执行。

## 刑事执法篇小结：追求“极限”正义

刑事执法篇共有38个案例，每一个案例我都是亲历者，在案件的办理过程中，我深刻体会到惩罚犯罪、保护人民的刑法立法宗旨。

嫌疑人之所以走上犯罪的道路，有些是因为缺少对法律的敬畏，有些是因为没有基本的法律意识，有些是因为法律认识错误……接触林林总总、各色各样的犯罪嫌疑人、被告人，作为执法者深深地感受到怒其不争、哀其不幸的事实。

如何让他们打消犯罪的念头，浪子回头，金盆洗手。一是要加强法治宣传。在普法宣传过程中，将常用的法律知识带到群众中去，提高全民的法律素质。二是要以案释法。通过案例的方式让他们知道哪些事是触犯法律的，哪些事是要坐牢的，哪些事是要承担责任的，因为案例是检验正义的唯一标准。三是要完善普法教育，在学习中、生活中、工作中完善法律教育，不能让“不懂法”成为犯罪人犯罪后的感言。

通过本篇的介绍，让未来社会上少一些侵犯人身类、财产类犯罪，少一些妨害社会管理秩序类的犯罪。遵守法纪，恪守规则，是每一个社会人都要遵循的。

公安机关作为巩固共产党的执政地位、维护国家长治久安、保障人民安居乐业的第一线，执法的温度、司法的理性、法治的高度，是每一个被执法者所能亲身经历的，哪怕是判管制、拘役的犯罪嫌疑人都能够深切地体会到。希望通过执法规范化的建设，让嫌疑人在案件办理中都能够感受到执法是正确的、裁量尺度是合适的。

在上文中的放火案、故意伤害案、强奸案、猥亵儿童案、非法拘禁案、抢劫案、盗窃案、诈骗案、帮助信息网络犯罪活动案等案件办理过程中，我们还要关注讯问笔录是否存在指供、诱供情况，收集物证是否合法，勘验检查程序是否合法，证据来源是否核实，监控视频是否全面完整。

每一个案件都要达到事实清楚，证据确实、充分，经得起考验。有人说：你办的其实不是案子，而是别人的人生。因为一个刑事案件的错判，重者人头落地之灾，轻者失去自由之苦。

刑法追求的是极限正义，证明标准高，是“完美主义者”，每一个刑法案例都是昨天的故事，每一份刑事判决都是明天的航标。“处理刑法案例，要像上帝一样思考，像工匠一样雕琢”。[1]

另外，本篇还关注了《刑法修正案（十一）》的修改内容。比如，《全国首例袭警罪案件在杭判决》，是2021年3月1日修正案正式实施后的全国第一起因袭警罪被定罪处罚的案件；还有《〈刑法修正案十一〉的实施对正在办理的销售假冒注册商标的商品罪的影响》，修正案将销售假冒注册商标的商品罪的“销售金额”改为“违法所得”，对正在办理的该罪名的案件是否有影响，以及受影响的程度；《〈刑法修正案（十一）〉猥亵儿童罪的修改对保护未成年人的意义》，涉及刑法对未成年人特殊保护的规定和意义，与新修订的《未成年人保护法》相衔接。

习近平总书记指出，要努力让人民群众在每一个司法案件中都感受到公平正义。所以公安机关要坚持以人民为中心，适应人民群众日益增长的美好生活需要，忠实履行宪法赋予的法律职责，在每一起案件中让犯罪嫌疑人在起始的传唤、调查、侦查阶段感受公平正义，体现公安机关的使命和担当。

1 高艳东．极限正义：刑案之道［M］．北京：北京大学出版社，2021.

# 第二部分

# 行政（治安）执法篇

## 39　家庭亲情纠纷案件适用调解还是适用治安处罚?

导语：家庭不和在所难免，有人的地方就会有矛盾，有矛盾的地方就会有争吵。争吵和对骂是道德层面的问题，动手打人则上升到了法律层面，打人者会违反治安管理。面对亲情之间的动手轻微纠纷时，该如何化解矛盾是摆在基层派出所民警面前的一个课题，究竟适用调解还是适用治安处罚？这需要斟酌和谨慎。

**基本案情：**

7月28日19时许，杭州小王报警称被父亲打了。接到报警后，民警立即赶赴现场，经了解系父亲老王打了小王，老王的手上也出了血。民警经出示工作证件，将双方带回派出所处理。

老王一家三口住在杭州某小区，当天晚上，一家三口在吃晚饭，小王和母亲张某讨论交物业费的事情，因为之前和物业有纠纷，还没有协调好，老王的意思是尽快了结物业纠纷，儿子小王认为是其和母亲一起处理的事务，父亲就不要管了。

随后两人产生了矛盾，小王就吼了老王，老王也非常激动，认为儿子不尊重自己。老王说：“你再这样子我就要打你了。”小王说：“你小时候打我就算了，现在轮不到你打了。”两人你一言我一语地吵了起来，小王朝老王冲了过来，并将老王按在沙发上。老王非常生气，恰好儿子的左肩压在老王的嘴边，老王顺势就咬了小王一口并掐其脖子。母亲看到爷俩干

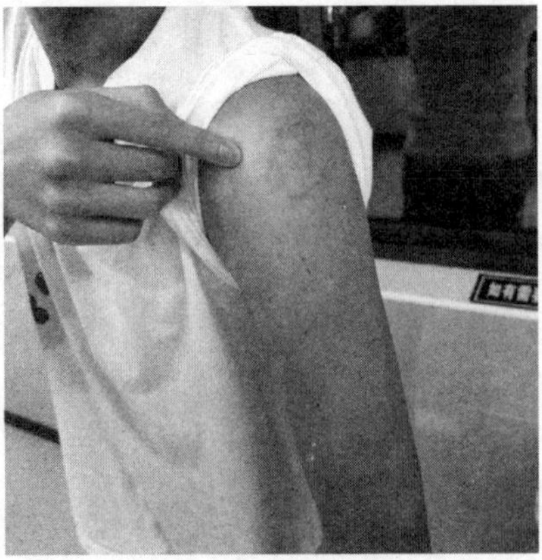

图　小王示意伤口

起架来就赶紧拉架。正在气头上的两人谁也不让谁。

老王看到茶几上有把水果刀，就拿起刀来指着小王吓唬他，母亲看见老王刀都用上了，就想把两人分开，在推搡过程中，老王的小拇指被刀具划伤，母亲的手指头也被划了一刀。随后儿子就报警了。

**争议焦点：**

针对家里矛盾纠纷，处理意见有两种：

第一种：本案是家庭内部因口角引起的纠纷，属于民间纠纷引发的治安案件范畴，老王不但咬了小王的左臂并掐其脖子，而且还使用了刀具来威胁。一个行为构成殴打他人的违法行为，另外一个行为构成威胁人身安全违法行为。应当按照《治安管理处罚法》第四十三条第一款之规定和第四十二条第一款第一项之规定，依法给予治安处罚，涉及医疗费的问题，告知双方依法向人民法院提起民事诉讼。

第二种：本案是家庭内部因为一点小事情引发的治安案件，伤害结果不重，情节非常轻微。为了更好地化解矛盾，修复家庭关系，达到家庭和睦、幸福的目的，应当按照《治安管理处罚法》第九条的规定先行调解，最好能够达成协议，毕竟是亲生儿子和亲生父亲，没有深仇大恨，手心手背都是肉。如果实在达不成协议的，再按照《治安管理处罚法》的相关规定予以治安处罚，然后有关医疗费的争议问题告知当事人向人民法院提起。另外，针对老王的暴力行为，根据《中华人民共和国反家庭暴力法》第十六条之规定，对老王开具家庭暴力告诫书，予以告诫，停止不法行为。

笔者赞同第二种意见。

**警官评析之以案释法：**

**一、最大限度用足法律和政策**

关于调解的案件适用范围，在《治安管理处罚法》第九条和《公安机关办理行政案件程序规定》第一百七十八条中都有规定，根据本案的性质和行为，是可以用调解的方式解决的。调解更容易化解纠纷和矛盾，如果用治安处罚的方式结案，不利于家庭内部关系的修复。《治安管理处罚法》第五条规定，强调教育与处罚相结合。哪些案件适用处罚？哪些案件适合教育？哪些案件又兼用处罚和教育？是根据案件的具体情形、后果、性质来综合判断的。在《公安机关治安调解工作规范》中也强调教育的意义。另外，党和政府一直致力于和谐社会的建设，提倡以和为贵。在查清事实、分清责任的基础上，劝说、教育，摆事实、讲道理，促使双方交换意见，缩小双方差距，达成调解协议。在法律和政策的限度内，动之以情、晓之以理、明之以法，化干戈为玉帛，互相谅解，握手言和。

**二、调解方式的好处**

在制作询问笔录的过程中，双方都有调解的愿望，且母亲张某也希望爷俩和好。所以在本案中，出于尊重当事人的意愿，调解是最佳选择，调解的好处有4种：

1. 成本低

家庭内部无论是夫妻矛盾，还是母子矛盾，抑或是父子矛盾，对于这种偶发性的，最好用调解的方式化解纠纷，除非该矛盾实在不可调解。只有如此，才是最节约成本的。上法院通过诉讼方式，对当事人来说既劳心又劳力。

2. 效果好

执法实践中，会遇到一些尴尬的局面。公安机关将打人的一方拘留后，被打的一方事后不断信访，称为什么要拘留打人者？实际上被打的一方已经原谅对方。所以如果硬套法条执法反而效果不好。像第一种意见就是机械执法。而调解通过双方真实意思表达，教育双方，反而双方都会满意，效果比硬套法条好得多。

3. 效率高

在公安机关的主持之下，双方当事人在场的情况下，达成某种调解协议，效率比诉讼高好几倍。如在本案中，在民警和驻所调解员的努力之下，刚柔并济，达成以下协议：一是双方的医药费由双方各自自行承担；二是双方互不追究对方的法律责任；三是教育家庭成员之间要和睦相处。

4. 促和谐

本着高效、便民的原则，及时解决纷争，让家庭更加和谐。通过调解，把纠纷解决在问题的初始阶段，双方不伤和气，即使伤了气，也是床头吵架床尾和，很快就能修复关系。

**三、家暴告诫书少不了**

根据《中华人民共和国反家庭暴力法》第十六条规定，家庭暴力情节较轻，依法不予治安管理处罚的，由公安机关对加害人给予批评教育或者出具告诫书。告诫书应当包括加害人的身份信息、家庭暴力的事实陈述、禁止加害人实施家庭暴力等内容。

很显然，在本案中，父亲老王的行为属于家庭暴力范畴，其行为包括咬小王左上臂和掐脖子，造成小王轻微伤害，这是实害结果。另外，在吵架的过程中还使用了水果刀，虽然未造成更大的伤害，但是这样的行为是法律所禁止的。所以公安机关在查清事实后，认定某一方存在家庭暴力证据充分的，应当及时制止家庭暴力，对施暴一方出具家庭暴力告诫书。如再有相关暴力行为，将依法严肃处理。

综上，对待家庭的矛盾和分歧，乃至于发展到动手动刀，作为矛盾调处方的公安机关，要掌握法律、心理、政策，充分发挥主观能动性。

如果因为一方动刀，就上纲上线，认定为使用凶器，将打人者老王行政拘留，恐怕连小王的母亲都不会答应，也许小王会觉得处罚过重。

俗话说“清官难断家务事”，家庭亲情间的纠纷不适合完全依据理性的法律解决问题，更需要的是人情世俗和伦理道德来化解。

法律虽然是冰冷的，但我们仍旧可以将法律效果、社会效果和政治效果三者相统一，达到案结事了、定纷止争的最佳效果。

## 40 以跳楼自杀为要挟进行讨薪如何定性以及如何处置?

导语：近年来，随着城市化进程的加快，建筑行业发展势头越来越旺，层层转包、分包的事情越来越常见，随之产生了工资拖欠等劳资纠纷，尤其是以年底讨薪较为普遍，但是平时偶尔也会出现类似的情况。

对于理性讨债的情形，按照行政管理职责权限分工由劳动保障部门处理，但是现实情况是农民工文化水平低下、法制意识淡薄，往往采取过激的手段“维权”，常见的是以跳楼自杀等方式逼迫项目经理还钱，部分行为涉嫌违反《治安管理处罚法》，公安机关该出手时就出手，以合理、合情、合法的方式处置农民工以跳楼自杀为要挟的讨薪警情和案件。

**基本案情：**

10 月 28 日 9 时 28 分，某派出所民警在处置一起自杀警情时发现赵某甲、赵某乙、赵某丙因工头不付工资到某住宅楼盘 10 幢楼顶跳楼，涉嫌扰乱公共场所秩序。

10 月 28 日上午 8 时许，赵某甲、赵某乙、赵某丙到杭州市某住宅楼盘项目部向分包商梁某讨要三万元的装修尾款。三人中赵某甲年纪最大，另外二人都听他的。梁某前一天答应在现场接待却又没有来，电话联系梁某，其表示等后面的大盘一起完结的时候再给。三人想到工作如此辛苦，讨要的过程又是一波三折，于是赵某甲最先提出要上楼，就是到15楼楼顶围墙边坐着向项目部施压、吓唬，赵某乙、赵某丙随即表示附和，三人一起到了楼顶，分三个角坐在围墙边，两只脚悬空在外面。后来项目部发现之后，劝说他们下来无效，就拨打了110和119。民警到了现场后对三人进行法制教育及心理疏导，协调项目部使其顺利拿到钱，赵某甲的目的是拿到钱，表示愿意和平解决并按照民警的要求下楼了，另外二人见拿主意的赵某甲同意了，也就跟着下楼了。

三人坐在楼顶围墙边的时间达1小时左右，在此过程中，派出所和消防、劳动保障等部门都赶到了现场，也在一定程度上造成了工地秩序的混乱。

**争议焦点：**

当时办案部门承办案件后，认为赵某乙、赵某丙在赵某甲的带领下实施扰乱公共秩序的行为，赵某甲起主要作用，其他二人起次要作用，拟对三人给予七至八日的行政拘留，那拘留三人是否合适呢？

**警官评析之以案释法：**

根据《中华人民共和国治安管理处罚法》第二十三条第二项之规定，有下列行为之一的，处警告或者二百元以下罚款；情节较重的，处五日以上十日以下拘留，可以并处五百元以下罚款：（二）扰乱车站、港口、码头、机场、商场、公园、展览馆或者其他公共场所秩序的。赵某甲等人的过激行为引来了周边群众和工地工人的围观，造成路面交通堵塞，扰乱了公共场所秩序。所以该事件的定性是扰乱公共场所秩序的违反治安管理行为，且情节严重。问题在于是否要同时拘留三人，笔者的建议是拘留为主的赵某甲，其余二人作罚款处理。理由如下：

**一、以跳楼自杀方式讨要薪资，构成扰乱公共场所秩序**

根据《浙江省公安机关行政处罚裁量基准》的规定，扰乱公共场所秩序情节严重的表现形式之一是：扰乱公共场所秩序造成道路交通、公共场所的主要出入通道堵塞、人员受伤、财物受损、秩序混乱等后果的。结合本案，行为人赵某甲教唆两名同行的亲戚一起上楼，确实也达到了上述标准。这种行为不予打击，极易助长坏风气，不利于辖区的治安稳定。

**二、要讲究行政合理性**

当今社会日新月异，法律规则难以规定得事无巨细、面面俱到，这个时候，合理行政便有了大量适用的空间。赵某甲、赵某乙、赵某丙是亲戚，在外打工，拿主意的是年龄最大的赵某甲。同样在本案中，也是赵某甲最先提出以跳楼方式吓唬项目部以此达到要回工钱的目的，所以行政拘留赵某甲是合适的也是正当的。另外二人是被教唆前去的，对其罚款处罚符合合理行政的要求。合理行政是说行政决定应当具有理性，体现过罚相当，当事人有多大的过错，行政机关就应当给予多大的惩罚。

**三、要使法律效果、社会效果、政治效果相统一**

三个效果合一是中国特色社会主义司法制度的必然要求，也是新时代推进依法治国、依法行政的现实需要。虽然三个人都构成了扰乱公共场所秩序的违法行为，理应受到处罚，但是从情理的角度来讲，三人全部进拘留所势必对各自家庭造成巨大影响，如果对主观恶性较大的人予以惩戒，对主观恶性较小的人予以罚款，更符合“天理、国法、人情”的法治关怀和情感需求。如此，既维护了法律的尊严和权威，也对三人的违法行为进行了法制教育，更体现了主次分明、过罚相当的要求。

## 41　赌博赢取的款物应当收缴还是应当追缴?

导语：新型冠状病毒肺炎疫情期间，广大人民群众纷纷投入抗击疫情的行动中，然而总是有一些人不以为然、“两耳不闻窗外事”，不顾相关规定和禁令，为所欲为，在疫情期间竟然赌博，公安机关依法严厉打击涉疫案件。且看下面一则赌博案例。

**基本案情：**

2月5日11时30分许，钱某刚刚吃完午饭，闲着无聊就到了小区单元楼下架空层晒太阳，当时现场还有好几个人也在晒太阳，可能是大家都觉得太无聊了，这时不知道是谁提议说要么打打牌消磨一下时间，而扑克牌不知道是谁放在架空层桌子上，在场的人随即都附和着。于是大家就开始玩双扣，差不多从12时开始，一直玩到14时30分左右。

四个人玩的是双扣，赌博的规则是两两一队看谁的牌先出完，如果一队分别是第一名和第二名的，那么输的一方就每人输50元，后面依次递减，单扣每人输40元，平扣每人输30元。这样的输赢额也达到了三四百元。

后来民警在安全巡逻检查中，看到他们在赌博，于是依法传唤了现场打牌的人员。经查，其中钱某带有赌资230元，查获时440元，赢取210元；王某带有赌资110元，查获时360元，赢取250元。

好多人认为小赌没有关系，殊不知赌博是违反法律规定的。那么赌博违反了哪一条规定呢？

**争议焦点：**

关于赌资的问题，有观点认为先前身上所带的赌资适用收缴，赢取的钱款适用追缴；另有观点认为不管是先前带的赌资还是后来赢取的款物，都应当视为赌资，作出收缴的决定。

**警官评析之以案释法：**

**一、赌博与赌博罪的区分**

一是行为方式不同，赌博行为侵犯的客体是社会管理秩序和良好的社会风尚，客观方面表现为参与赌博赌资较大，尚不够刑事处罚的行为；而赌博罪表现为以营利为目的，聚众赌博或者以赌博为业的行为，聚众赌博，指的是为赌博提供场地、赌具，组织多人进行赌博，再抽头渔利的行为。

二是情节和赌资不同。赌博行为必须是参与赌博赌资较大的行为，“赌资较大”的数额认定问题，各地根据经济发展程度不同有不同的数额要求；在赌博刑事案件司法解释中规定：（一）组织 3 人以上赌博，抽头渔利数额累计达到 5000 元以上的；（二）组织 3 人以上赌博，赌资数额累计达到 5 万元以上的；（三）组织 3 人以上赌博，参赌人数累计 20 人以上的。

**二、构成赌博的违法行为**

根据《治安管理处罚法》第七十条之规定，以营利为目的，为赌博提供条件的，或者参与赌博赌资较大的，处五日以下拘留或者五百元以下罚款；情节严重的，处十日以上十五日以下拘留，并处五百元以上三千元以下罚款。

根据《浙江省公安机关行政处罚裁量基准》[1]的规定，个人单次（局）赌博输赢额 20 元以上的，或者以个人赌资 200 元至 500 元为起点的，属于“赌资较大”。

上述行为人在疫情期间，闲得无聊参与赌博的违法行为，符合《治安管理处罚法》第七十条的规定，构成赌博的违法行为。最终，上述四

1　根据 2021 年 3 月 10 日实施的《浙江省公安机关行政处罚裁量基准》第一百三十八条规定，有下列情形之一的，属于“赌资较大”：（一）个人赌资四百元或现场查获人均赌资五百元；（二）个人单次赌博输赢额二十元，或单局整体输赢额二百元以上的。

人员均被处以三日拘留的行政处罚。

### 三、赌资如何处理

根据《治安管理处罚法》第十一条第一款之规定，办理治安案件所查获的毒品、淫秽物品等违禁品，赌具、赌资，吸食、注射毒品的用具以及直接用于实施违反治安管理行为的本人所有的工具，应当收缴，按照规定处理。根据《关于办理赌博违法案件适用法律若干问题的通知》规定，赌资是指赌博活动中用作赌注的款物、换取筹码的款物和通过赌博赢取的款物。

因此不管是先前用作赌博的赌资，还是后面赢取的钱物，都是赌资，一律予以收缴。即在赌博活动中赌博的违法所得是当作赌资予以收缴的，而不是按照《治安管理处罚法》第十一条第二款的规定当作违法所得予以追缴。

## 42　电动车可以收缴吗？如何正确理解作案工具

导语：根据《治安管理处罚法》的规定，实施违反治安管理行为本人所拥有的工具是要进行收缴的。比如，嫌疑人带着钳子将自行车链条锁剪断骑走卖掉，那么钳子就是其作案的工具，在作出行政拘留的同时要对该工具进行收缴。然而有些案件就不那么容易判断了，比如嫌疑人骑着电动车去盗窃电瓶，那么该电动车可否作为作案工具？是否要予以收缴呢？且看下面一则案例。

**基本案情：**

张某于某日10时许将车停在了杭州某小区单元的门口，等到下午想骑的时候却发现电瓶不见了，盖子被人打开过。该电瓶是张某花400元从别处买来的二手电瓶，于是张某就报案了。

图 本案现场图

经过民警的缜密侦查，发现是孙某所为。孙某，男，42岁，安徽人，在杭务工。案发当日11时左右，孙某骑着电动车路过小区单元门口，看见一辆电动车的电瓶没有上锁，便起了占为己有的“贪心”，又见周围没有人经过，就打开盖子，取出电瓶，放在自己的电动车踩脚处，之后就快速离开了。在回家的路上，孙某遇到了收废品的师傅，于是就问他愿不愿意收，师傅问电瓶从哪里来的？孙某解释道是自己的旧电瓶不想用了，师傅说100元可以收，孙某一口答应，收了100元后将电瓶给了师傅。

**争议焦点：**

盗窃电动车的电瓶是要按照盗窃追究法律责任的，问题在于孙某本人所有的、运送被盗电瓶的电动车要不要作为作案工具收缴？

**警官评析之以案释法：**

**一、电动车不能收缴的理由**

根据《治安管理处罚法》第十一条规定，直接用于实施违反治安管理行为的本人所有的工具，应当收缴，按照规定处理。那么上述的嫌疑人自己所骑的电动车是否应当收缴呢？这就涉及如何理解该条文的意思。

通常来说，只要该工具与违法行为有着密切的联系，也就是说这个工具在实施违法时经常要用到，就可以对该工具进行收缴。

在决定收缴的时候，应当考虑三个方面：一是工具与违法行为存在直接或者密切联系。所谓直接联系就是该工具对违法行为或者结果的发生起到决定或者直接作用，所谓密切联系，即工具和违法行为存在经常性的联系，反复使用。二是要考虑工具财物的价值。在收缴时要考虑财物价值的大小而慎重决定，收缴相当于无条件没收，对当事人的财产价值影响甚巨。三是要符合过罚相当的原则。收缴具有一定的惩罚性，所以要与违法行为的危害程度相一致，坚持比例原则，不能明显超过。具体到本案，盗窃价值 400 元的电瓶，而对价值数倍于违法数额的电动车予以收缴，实际上加重了违法行为人的惩罚，会出现量罚失衡的问题。

**二、与刑法中的“供犯罪所用的本人财物”的理解相一致**

《刑法》第六十四条规定，违禁品和供犯罪所用的本人财物，应当予以没收。《刑法》中的表述是“没收”，而《治安管理处罚法》中的表述是“收缴”，其意思是相近的。《刑事审判参考》第 1302 号，关于郗某菲、李某、蒋某超、林某盗窃案中“供犯罪所用的本人财物”的司法认定，其中讲到被告人林某驾驶私家车伙同他人到网吧伺机盗窃手机，后驾车逃离现场，被告人被判处刑罚是毫无疑问的，那么对于私家车怎么办？这里面对于私家车是否要没收作了一个司法实践认定，一审长安区人民法院认定供犯罪所用的本人财物予以没收，二审西安市中院撤销认定，对于私家车予以发还。《刑法》之所以规定将“供犯罪所用的财物予以没收”，主要目的是剥夺被告人再犯能力，所以要从立法本意上把握条文的内涵和外延。笔者认为撤销裁定的做法是正确的，体现了罪刑相一致的基本原则。同样，《治安管理处罚法》作为行政法的一个组成部分，应当按照法律体系进行解释和适用，保持法律解释的统一性。参照这个判例进行处置，不应当对本案涉及的电动车进行收缴。

## 43 未成年人违法应当从轻或者减轻处罚

导语：公安行政执法中，经常会碰到未成年的嫌疑人，对于未成年人的违法行为，我国法律政策是以教育为主、惩罚为辅的，实行教育、感化、挽救的方针。在程序上要保障未成年人的诉讼权利，在实体上无论是《刑法》还是《治安管理处罚法》都规定了对未成年人要予以从轻或者减轻处罚。所以针对未成年人的违法犯罪行为，在程序和实体上要保障相关权益。

**基本案情：**

1月6日凌晨1时许，杭州市江干区某广场的一家牛肉店备用金被盗，共计430元人民币。接到报警后，公安机关迅速开展调查，经监控调查锁定了嫌疑男子，后在某出租房内抓获嫌疑人。

图 现场监控

经初步询问，嫌疑男子承认了盗窃违法事实。其于1月5日从甘肃老家到了杭州火车东站，后沿着街道到处逛，由于没钱肚子又饿，于是动了邪念想偷东西。经过物色后，他选择了一家牛肉门店，通过攀爬方式进入后找到收银台，用放在边上的小钥匙打开收银柜，拿走了 2 张 100 元面额、23 张 10 元面额的人民币。

经查，嫌疑人王某，男，2004 年 10 月出生，案发时 16 周岁零 3 个月。在此之前没有刑事前科，也未有违反治安管理行为。

**争议焦点：**

已满十四周岁不满十八周岁的未成年人违反治安管理应当从轻或者减轻处罚，是法定情节还是酌定情节？

**警官评析之以案释法：**

**一、询问未成年人时要有父母或监护人陪同**

根据《公安机关办理行政案件程序规定》第七十五条规定，询问未成年人时，应当通知其父母或者其他监护人到场，其父母或者其他监护人不能到场的，也可以通知未成年人的其他成年亲属，所在学校、单位、居住地基层组织或者未成年人保护组织的代表到场，并将有关情况记录在案。确实无法通知或者通知后未到场的，应当在询问笔录中注明。

根据《未成年人保护法》的规定，未成年人是指未满 18 周岁的公民，我国法律对未成年人给予了特殊的保护。

因王某的父母都在甘肃老家，即使通知了也不能及时到达公安机关，也没有其他亲属在杭州，公安机关不能无限期等待，也不能停止办案和询问，所以派出所依法指定了一名社区工作人员（合适成年人）到场参加询问。最后在询问笔录上由办案民警、被询问人、到场的人签名予以确认。

**二、应当从轻或者减轻处罚**

《治安管理处罚法》第十二条规定了未成年人违反治安管理的处理原则，已满十四周岁不满十八周岁的人违反治安管理的，从轻或者减轻处罚；不满十四周岁的人违反治安管理的，不予处罚，但是应当责令其监护人严加管教。

未成年人违反治安管理从轻或者减轻处罚是法定量刑情节，而酌定量刑情节是公安机关在实践执法中总结出来的，诸如违法的手段、违法的动机、违法的结果、违法的对象、违法后的态度等。

为什么对未成年人要从轻或者减轻处罚呢？这是与国家一贯坚持教育为主、惩罚为辅的政策息息相关的。未成年人心智、生理、心理等各方面未完全发育，辨别是非的能力也有一个逐渐认识的过程，尤其是在家庭教育缺乏的环境下，容易走向违法犯罪的深渊。成年人则完全不同，要对自己的行为、言语负责。所以对未成年人法律上是网开一面的，根据未成年人的身心特点，从轻或者减轻处罚。从轻处罚，是指公安机关在法律、法规规定的处罚方式和处罚幅度内，在允许的幅度内选择幅度较低的进行处罚。减轻处罚，是指公安机关在法律、法规规定的处罚方式和处罚幅度减一档进行处罚。究竟是从轻还是减轻，要根据案件事实、性质、后果、地位、作用、动机、行为人是否悔过等一系列因素综合衡量。

**三、属于“初次违反治安管理”**

《公安机关执行〈中华人民共和国治安管理处罚法〉有关问题的解释（二）》第五条规定，关于“初次违反治安管理”的认定问题。《治安管理处罚法》第二十一条第二项规定的“初次违反治安管理”，是指行为人的违反治安管理行为第一次被公安机关发现或者查处。但具有下列情形之一的，不属于“初次违反治安管理”：（一）曾违反治安管理，虽未被公安机关发现或者查处，但仍在法定追究时效内的；（二）曾因不满十六周岁违反治安管理，不执行行政拘留的；（三）曾违反治安管理，经公安机关调解结案的；（四）曾被收容教养、劳动教养的；（五）曾因实施扰乱公共秩序，妨害公共安全，侵犯人身权利、财产权利，妨害社会管理的行为被人民法院判处刑罚或者免除刑事处罚的。

本案中，经查询王某的前科情况，王某系初犯、偶犯，既无犯罪前科，也无违反治安管理处罚前科。本次实施违反治安管理行为正处于 16 岁多一点，属于第一次违反治安管理行为。

**四、不执行行政拘留处罚**

根据《治安管理处罚法》第二十一条规定，违反治安管理行为人有下列情形之一，依照本法应当给予行政拘留处罚的，不执行行政拘留处罚：（一）已满十四周岁不满十六周岁的；（二）已满十六周岁不满十八周岁，初次违反治安管理的；（三）七十周岁以上的；（四）怀孕或者哺乳自己不满一周岁婴儿的。

不执行行政拘留，是指公安机关依法对违反治安管理行为人作出行政拘留决定，考虑到违法行为人的法定特殊情况，而实际上不执行行政拘留。

王某年龄处在十六周岁和十八周岁之间，初次违反治安管理，符合《治安管理处罚法》第二十一条第二项的规定，依法给予行政拘留处罚，但后续无须送达拘留所执行行政拘留。

## 44 减轻处罚的具体适用问题，单独减还是同时减？

导语：《治安管理处罚法》第十九条规定有五种减轻处罚或者不予处罚情形，比如情节特别轻微的，主动消除或者减轻违法后果，并取得被侵害人谅解的。另外在《公安机关办理行政案件程序规定》第一百五十九条也有类似的规定。那么如何适用减轻处罚？减轻到何种程度？拘留并处罚款的情形下如何减轻？拘留可以并处罚款的情形下如何适用减轻？这是实践中经常遇到的问题。

**基本案情：**

王某，女，28岁，从事网络主播工作，1月13日上午，因为要维护粉丝，王某拿着手机跟粉丝聊天。此时男朋友张某看到后就有点生气，于是过来拿走了王某的手机，王某想要把手机拿回来，张某硬是不还，双方发生了冲突。在此过程中，双方互相推了几次，王某力气小被推倒在地。随后生气的王某去厨房拿了一把水果刀，出来之后就朝张某的左胳膊刺去。王某说当时只是想吓唬对方，但对方没有躲闪，就这样刺了进去，好在伤口并不深，只是流了很多血。当时王某自己也吓得不知所措，赶紧拨打120急救电话。张某感到非常失望，骂了她几句，王某无动于衷，没有悔过之意，张某一气之下打了对方两巴掌。就这么一桩男女朋友抢手机的纠纷闹到了派出所。

张某报警之后，民警来到事发现场，固定了现场的证据，将伤人刀具予以证据保全。因王某涉嫌故意伤害，民警经出示工作证件将其口头传唤至派出所接受调查。

在民警的批评之下，双方都认识到了自己的错误，王某表示不追究张某扇自己巴掌的责任，张某亦表示对王某的一时冲动行为予以谅解。

考虑到一方动刀子的行为，社会危害性不小，主观恶性较大，虽然被侵害人张某表示谅解，但不足以不予处罚。

**争议焦点：**

《治安管理处罚法》中规定拘留并处罚款的，对行为人适用减轻处罚时，同时适用减轻拘留和罚款，是否违反相关规定？

**警官评析之以案释法：**

**一、本案如何处理？**

根据《治安管理处罚法》第四十三条规定，殴打他人的，或者故意伤害他人身体的，处五日以上十日以下拘留，并处二百元以上五百元以下罚款；情节较轻的，处五日以下拘留或者五百元以下罚款。

第十九条规定，违反治安管理有下列情形之一的，减轻处罚或者不予处罚：（一）情节特别轻微的；（二）主动消除或者减轻违法后果，并取得被侵害人谅解的；（三）出于他人胁迫或者诱骗的；（四）主动投案，向公安机关如实陈述自己的违法行为的；（五）有立功表现的。

本案中，王某故意伤害的行为，属于普通情节，不属于情节较轻的情形。但是最终取得了被侵害人张某的谅解，并且在故意伤害结束之后有主动提出拨打 120 的情节，从主观心态上来讲王某也不希望损害结果的扩大，属于主动消除或者减轻违法后果。起因也是由民间纠纷引起，因此可以对其适用减轻处罚。

最终，决定给予王某行政拘留三日并处罚款一百元的行政处罚，并收缴刀具一把。

**二、规定拘留并处罚款的如何适用？**

法条中规定拘留并处罚款的，在法定处罚幅度以下单独或者同时减轻拘留和罚款，或者在法定处罚幅度内单处拘留。举个例子，如法定处 5 日以上 10 日以下拘留并处 200 元以上 500 元以下罚款，减轻后有四种情况。

1. 同时减轻拘留和罚款：处 5 日以下拘留并处 200 元以下罚款；
2. 单独减轻拘留：处 5 日以下拘留并处 200 元以上 500 元以下罚款；
3. 单独减轻罚款：处 5 日以上 10 日以下拘留并处 200 元以下罚款；
4. 法定处罚幅度内单处拘留：处 5 日以上 10 日以下拘留。

**三、规定拘留可以并处罚款的如何适用？**

法条中规定拘留可以并处罚款的，在拘留的法定处罚幅度以下减轻处罚，在拘留的法定处罚幅度以下无法再减轻处罚的，不予处罚。举个例子，如法定处 5 日以上 10 日以下拘留，可以并处 200 元以上 500 元以下罚款，减轻后应当 5 日以下拘留；法定处 5 日以下拘留，可以并处 500

元罚款的，减轻后应当不予处罚。

**四、法定处罚种类只有一种的如何适用？**

法定处罚种类只有一种的，在该法定处罚种类的幅度以下减轻处罚。法条中只规定拘留一种处罚的，就在拘留以下减轻处罚。举个例子，如法定处5日以上10日以下拘留的，减轻后应当处5日以下拘留；法定处200元以上500元以下罚款的，减轻后应当处200元以下罚款。

在该法定处罚种类的幅度以下无法再减轻处罚的，不予处罚。举个例子，如法定处5日以下拘留的，减轻后应当不予处罚。

## 45　“六个月曾受过治安管理处罚”中的六个月如何认定？

导语：日常生活中，难免会发生磕磕碰碰，有了冲突要本着和善、和谐、沟通的态度解决问题，化解矛盾。人与人之间的相处要待之以善，得饶人处且饶人，要时刻牢记法律的红线，敬畏法律、尊重法律，遇事多思考、莫冲动。下面一则案例就是冲动惹的祸。

**基本案情：**

2020年11月25日晚7时许，未成年人方某，男，14岁，2006年4月出生，接到朋友王某（男，22岁）的电话称，在杭州市某广场被人打了，需要帮助。方某听后“义愤填膺”，马上打车赶到了现场，问王某被谁打了，王某用手指了指穿白色卫衣的男子，方某二话不说，不问青红皂白，就直接上去朝白衣男子的脸颊打了一拳，王某见方某帮自己出气，于是二人合起来殴打白衣男子。

实际情况是，王某在人行道上低头看手机走路的时候被迎面走来的白衣男子不小心踩了一脚，白衣男子向他说了声抱歉，但是王某不依不饶，要求赔偿人民币500元，男子表示要不送他去医院看一下，王某不肯，两人相持不下，王某叫了方某。后白衣男子报警，民警到达现场将双方带回派出所调查处理。

经查，方某有两次前科，一次是2020年5月7日因盗窃被杭州市公安局下城区分局行政拘留十日（拘留不执行），另外一次是2020年5月26日因盗窃被杭州市公安局上城区分局行政拘留十二日（拘留不执行）。

**争议焦点：**

行为人曾于5月26日因盗窃被公安机关行政拘留（拘留不执行），六个月之后的11月25日又因本案殴打他人违反治安管理，根据相关规定，期间开始日不计算在内，那本案是不是属于“六个月内曾受过治安管理处罚”？是不是从重处罚？

**警官评析之以案释法：**

**一、违法行为人王某和方某构成殴打他人的违反治安管理行为**

按照《治安管理处罚法》第四十三条规定，殴打他人的，或者故意伤害他人身体的，处五日以上十日以下拘留，并处二百元以上五百元以下罚款；情节较轻的，处五日以下拘留或者五百元以下罚款。另外《治安管理处罚法》第十七条规定，共同违反治安管理的，根据违反治安管理行为人在违反治安管理行为中所起的作用，分别处罚。所以，王某和方某共同违反治安管理，两人都应当处以行政拘留。殴打他人行为，是指行为人采用拳打脚踢等方式殴打他人，造成被侵害人身体皮肉暂时的疼痛，构成轻微伤以下，但是尚不构成刑事处罚的违法行为。主观方面表现为故意，客观方面表现为殴打他人。本案中，王某和方某因为民间纠纷引起打架，未对被侵害人造成身体损伤，因结伙殴打他人，属于情节较重。本案证据充分，事实清楚。王某被处以行政拘留十二日的。

**二、六个月内曾受过治安管理处罚如何认定**

《治安管理处罚法》第二十条规定，对于六个月内曾受过治安管理处罚的，是应从重处罚的。对于六个月如何精确计算，六个月的最后一天如何认定，本案就涉及这个问题。违法行为人方某曾因 2020 年 5 月 26 日因盗窃被杭州市公安局上城区分局行政拘留十二日（因未满 16 周岁而拘留不执行），而方某又因涉嫌本案的殴打他人发生于 11 月 25 日，恰巧处于临界的日期。如果认定为六个月内，则要从重处罚，如果无法认定，则对他的量罚没有影响。

笔者认为，本案应当认定为六个月内曾受过治安管理处罚。

1.《公安机关办理行政案件程序规定释义与实务指南（2019 年版）》关于“六个月”如何计算起止期限的问题，有明确的解释，即“六个月”的起算时间是指第一次违法行为被决定处罚之日，截止时间应当是第二次违法行为发生之时。以前地方上有解释起算时间从第一次的违法行为被公安机关作出治安管理处罚决定并执行完毕开始，但是实务指南上既然有明确的规定，就按照指南上的规定做。方某是 5 月 26 日被行政拘留，11 月 25 日又违反治安管理行为，所以是属于“六个月内曾受过治安管理处罚”。

2. 根据《公安机关办理行政案件程序规定》第三十五条之规定，期间以时、日、月、年计算，期间开始之时或者日不计算在内。也就是说 5 月 26 日当天是不计算在内的，从次日开始计算，往后推六个月就是至 11 月 25 日，所以方某正好处在六个月之内。司法实践中，人民法院对被告人判处拘役六个月或者有期徒刑六个月，也是这样计算的，即 5 月 26 日至 11 月 25 日为六个月的时间。另外人民法院对被告人判处管制四个月，即5月26日至9月25日为管制四个月的期间。所以参照《刑事诉讼法》的解释和规定，是符合法治精神的。

法律既然已经规定了从重处罚条款，就应对违法行为人适用较高的治安处罚，通过加重违法行为人的行政责任，才能保持过罚相当，有效遏制违法行为发生。如果违法行为人确实属于六个月内已受过治安处罚情形的，而未适用第二十条的规定进行从重处罚，那么将会出现法律适用错误，易被法院诉讼撤销。

## 46 是否可以认定"初次违反治安管理"？

导语：《治安管理处罚法》中有不执行行政拘留的规定，即已满十六周岁不满十八周岁，初次违反治安管理的。实践中，经常有碰到未成年人"二进宫"的情况，如何正确理解"初次违反治安管理"情形，如何对其量罚适当，是摆在执法者面前的一道法律适用难题。且看下面一则案例。

**基本案情：**

12月17日17时许，张某下班回家把电动车停在杭州某小区19幢楼下，当时把车停好拿起包包就上楼，钥匙忘记拔。到了19日早上8时左右，准备上班骑车的时候发现电动车不见了，于是就求助110。民警将其带到物业监控室看监控，发现电动车在18日22时左右被一个戴蓝色口罩的男子骑走了。

民警经过监控追踪，最后在一出租房内将违法嫌疑人段某抓获。段某，男，17岁，小学肄业文化程度，在某餐饮店当服务生。12月18日晚上，段某受公司老板的委托到某小区帮其喂狗。事情做完之后路过19幢楼下，看到这里停了一辆电动车，上面的仪表盘还处于通电状态，段某又仔细看了一下，发现电动车不但没有上锁，而且车头上还插着钥匙。于是，一时糊涂的他竟然“鬼迷心窍”地想把该车据为己有，“邪念”产生之后，他看了看周边没有人，就骑上电动车，直接开走了，在自己租住的负一楼地下室将电动车藏了起来，以为万事大吉的他可以安心睡觉了。没承想，警察24小时内就在其租住的房子里找到了他。段某承认了自己盗窃他人电动车的违法行为并带民警找到赃车，民警将该车予以扣押并带回了派出所。

经查，段某在15岁的时候也曾盗窃过一辆自行车，经教育后释放，未作出治安处罚。经价格鉴定中心鉴定，该电动车的价值为1100元。

**争议焦点：**

关于认定盗窃的违法行为和属于“情节较重”没有什么争议，争议在于段某的盗窃行为是否属于“初次违反治安管理”？有人认为属于“初次违反治安管理”，参照《刑法》的累犯，不满十八周岁的除外的规定处理，即18周岁之前的不算，按照最近的一次，认定为初次；有人认为不属于“初次违反治安管理”，因为段某曾在15周岁的时候违反治安管理，虽未被处理，所以最近的这一次算作第二次。

**警官评析之以案释法：**

**一、不属于“初次违反治安管理”**

按照《公安机关执行〈中华人民共和国治安管理处罚法〉有关问题的解释（二）》第五条之规定，关于“初次违反治安管理”的认定问题。《治安管理处罚法》第二十一条第二项规定的“初次违反治安管理”，是指行为人的违反治安管理行为第一次被公安机关发现或者查处。但具有下列情形之一的，不属于“初次违反治安管理”：（一）曾违反治安管理，虽未被公安机关发现或者查处，但仍在法定追究时效内的；（二）因不满十六周岁违反治安管理，不执行行政拘留的；（三）曾违反治安管理，经公安机关调解结案的；（四）曾被收容教养、劳动教养的；（五）曾因实施扰乱公共秩序，妨害公共安全，侵犯人身权利、财产权利，妨害社会管理的行为被人民法院判处刑罚或者免除刑事处罚的。本案中段某曾在15岁时盗窃过自行车，在客观上不是初次违反治安管理的行为。

比如，另外一个例子，卖淫女与男子在宾馆里“溜冰”，后发生卖淫嫖娼活动，对卖淫女的吸毒行为和卖淫行为分别处罚，经查卖淫女已满16周岁、未满18周岁，无前科，那么是否属于“初次违反治安管理”呢？笔者认为是属于的，因为虽然卖淫女有两种违法行为，但两种行为在时间上具有一定的重合性，且不存在公安机关治安管理处罚法解释（二）中存在的5种情形，所以对卖淫女应作出行政拘留且合并处罚，不执行行政拘留。

这里还涉及另外一个问题，第一次违反治安管理，关于未达到刑事责任年龄不予刑事处罚的，能否予以治安管理处罚问题，这个在公安机关治安管理处罚法解释（二）中有规定，对已满十四周岁不满十六周岁不予刑事处罚的，应当责令其家长或者监护人加以管教；必要时，可以依照《治安管理处罚法》的相关规定予以治安管理处罚，或者依照《刑法》第十七条的规定予以收容教养［刑法修正（十一）的表述为“依法进行专门矫治教育”］。

**二、属于盗窃违法行为**

违法行为人段某以非法占有为目的，采用秘密窃取的方式盗窃他人电动车，并将该车藏在负一楼地下室，其行为已经构成盗窃违法行为，因其盗窃的财产价值未达刑事追诉标准（3000 元）[1]，所以构成治安违法行为。很显然，该辆电动车停在 19 幢楼下，按照社会大众一般的理解该车是有主的，属于他人占有的财物。将他人占有的财物变为自己占有，那就是盗窃。同样，比如散养在农村前门后院的鸡鸭，也是属于他人占有的财物，采取秘密手段盗取，同样也构成盗窃。盗窃的非法占有目的有两层含义，一是排除意思，拿走被侵害人的财物的时候想永久占有该财物，即排除权利人的占有；二是利用意思，不管怎么用都行，哪怕是一时使用也是可以的。

**三、盗窃电动车属于“情节严重”**

段某盗窃他人的电动车，在量罚上面有两档，一是五日以上十日以下拘留，二是十日以上十五日以下拘留。根据《浙江省公安机关行政处罚裁量基准》第七十五条的规定，盗窃财物价值虽未达刑事立案追诉标准百分之五十以上，但有下列情形之一的，属于“情节较重”，盗窃摩托车、电动自行车（含电动自行车电瓶）、三轮车等交通工具的。所以，段某的行为属于第二档，但因其未满十八周岁违反治安管理的，予以减轻处罚。最终，根据《治安管理处罚法》第四十九条之规定，决定给予段某行政拘留七日的行政处罚。

1　浙江省高级人民法院、浙江省人民检察院、浙江省公安厅《关于确定盗窃罪执行具体数额标准的通知》（2013 年），盗窃公私财物价值人民币三千元以上、八万元以上、四十万元以上的，应当分别认定为刑法第二百六十四条规定的“数额较大”“数额巨大”“数额特别巨大”。

## 47 拨打劳动保障客服电话扬言放火该如何处置？

导语：公安行政执法中，往往会遇到千奇百怪、各色各样的人或事，有的文化程度高，有的文化程度低，他们的行为会让执法者吃惊。执法者需要掌握的，是根据事实和法律予以判断，该处罚的还是要处罚，比如下面案例中的扬言实施放火扰乱公共秩序的，该如何处理？

**基本案情：**

王某，男，湖北黄梅县人，小学文化程度，在杭州某工地务工。近日，其妻子吴某在服装厂上班有些不顺利，向其倾诉：妻子因为腰痛多休息了几天，超过了可调休的天数 7 日，公司就决定解除劳动合同，说她老是请假不能胜任工作。由于公司没有发离职工资，还在审批之中，王某感到公司有点欺负其妻子，就打 12345（市长热线电话）进行投诉，工作人员告知其这里只是一个平台，让其耐心等待。没过多久，王某又打了 12333（劳动保障电话），问其妻子的工资什么时候发？工作人员告诉他会交办下去的，请耐心等待。王某当时非常激动，在电话里就跟工作人员说："老是不给工资，这样拖着我可能会带汽油桶去公司放火。"工作人员劝也劝不好，随后便报了警。后民警在出租房找到了王某，王某对以上事实供认不讳。

民警问："你当时打给 12333 是怎么说的？"

王某答："我当时说了句'老是不给工资，这样拖着我可能会带汽油桶去公司放火'。"

民警问："你为什么要这样说？"

王某答："快过年了，我们急需要钱，公司也快放假了，我就说了这些话。"

民警问："你说这些话的目的是什么？"

王某答："我的目的就是想快点拿到钱。"

民警问："你是否有做好放火的准备？"

王某答："我没有。"

**争议焦点：**

拨打劳动保障电话扬言带着汽油桶到公司放火是否构成"扬言实施放火行为"？

**警官评析之以案释法：**

**一、扬言实施放火行为的特征**

扬言实施放火行为规定在《治安管理处罚法》第三章第一节扰乱公共秩序的行为和处罚中，其侵犯的客体是社会公共秩序和公众安全心理。客观方面表现为扬言实施放火扰乱公共秩序，尚不够刑事处罚行为。放火，是指故意焚烧公私财物，危害公共安全的行为。扬言实施，是指以公开表达的方式向他人宣布实施上述行为，既可以是口头的，也可以是书面的，既可以在大庭广众之下宣布，也可以在网络媒体上宣称。按照《治安管理处罚法释义与实务指南》（2014 年版）规定"只要是扬言实施放火、爆炸、投放危险物质，即可影响公众安全心理，带来公安秩序的混乱，客观上使公共秩序遭到破坏。"即可认定为构成扬言实施放火行为。

**二、构成扬言实施放火的行为**

根据《治安管理处罚法》第二十五条规定，有下列行为之一的，处五日以上十日以下拘留，可以并处五百元以下罚款；情节较轻的，处五日以下拘留或者五百元以下罚款；扬言实施放火、爆炸、投放危险物质扰乱公告秩序的。

《刑法》里有放火罪、以危险方法危害公共安全罪，这类行为严重危害公共安全，尚未造成严重后果的，处三年以上十年以上有期徒刑，造成重伤、死亡等其他严重后果的，处十年以上有期徒刑、无期徒刑或者死刑。对于《治安管理处罚法》里中“扬言”，其实比《刑法》中的犯罪预备还要轻，在准备工具、制造条件之前的行为，还处于萌芽状态，只要行为人从思想上表达出来，有这方面的意愿和想法，可能影响公众安全心理的，即达到了治安违法行为，应当予以治安处罚。

拨打 12333 劳动保障电话，这是一个面向劳动者的维权电话，行为人毫无法纪和规则意识，在热线电话里信口开河，影响了公共秩序，给不特定的公众带来心理上的不安定。对扬言实施放火、爆炸等极端暴力行为，扰乱公共秩序，危害公共安全，必须依法严肃惩戒。

**三、关于量罚标准**

根据《治安管理处罚法》的规定，一般情节是处五日以上十日以下拘留。如果情节较轻，符合以下三种情形的，处五日以下拘留或者五百元以下罚款：（一）主动纠正，社会影响较小的；（二）采取积极措施，尚未引起社会恐慌的；（三）其他情节较轻的。

结合本案的事实、情节、性质、动机，行为人并未主动纠正，并未打电话说不可能实施，也未采取积极措施，不符合“情节较轻”的情形。最终，江干公安分局决定给予王某行政拘留七日的行政处罚。

## 48 吃“霸王餐”构成什么违法行为？

导语：明知自己无支付能力，还在火锅店内强吃“霸王餐”，仍然理所当然地享受“美食”“服务”，最后理直气壮地说自己没钱，连支付宝和微信账户都已被封，这样的行为是否构成寻衅滋事违法行为？近日江干警方对刘某和王某以涉嫌寻衅滋事违法行为予以行政拘留。

**基本案情：**

12月19日12时许，刘某（女，60岁）和王某（女，30岁）母女二人来到杭州某火锅店消费，服务员热情接待她们，但是这两人消费方式与普通顾客有点不一样，到了21时30分两人还继续享用。服务员心生怀疑，就交代接班的同事注意一下她们。到了20日凌晨2时，这母女二人就脱掉了鞋子躺在沙发上睡觉，服务员善意提醒母女俩不要影响门店的就餐环境和顾客的就餐体验，但是她们熟视无睹。

她们二人一直睡到了凌晨5时，醒来后玩玩手机、看看视频，还让服务员帮其火锅开火，随后她们又继续吃。服务员告诉她们营业时间是早上9时至次日7时，方便的话请先买个单，王某表示吃完饭后会买单的。服务员告诉她，财务要统计营业额，请支付餐费707元。王某表示自己的远房亲戚马云已经向火锅店账户支付了1000元，服务员经核实告知其账户上并未收到。服务员又提出让其用微信或者支付宝付款，王某和刘某表示两个支付账户都已经被封了。

经多次沟通无效后，服务员无奈于12月20日8时许报警求助。民警接到报警后赶到了现场。

经询问，王某很快承认了违法事实：她和母亲刘某二人都没有什么钱了，一天只能吃一顿，两人商量好了到火锅店后吃吃、睡睡，一直吃到了第二天凌晨五六点钟的样子，服务员告诉她们应该支付餐费了。但是因为身上没有现金，微信和支付宝账户也被封了，没有办法买单，还编了个理由说马云会帮其买单，其实这些小伎俩都是托词，糊弄服务员的手段。

民警问王某：“你身上有无携带现金或者其他移动支付方式？”

王某答：“没有现金，账户上没有钱，也被封了。”

民警问：“你既然没有钱，为什么还去吃火锅？”

王某答：“我反正就是没钱，就想着白吃一顿。”

经查，王某曾于今年11月在杭州市钱塘新区某饭店内吃霸王餐涉嫌寻衅滋事违法行为被行政拘留七日。

最终，江干警方给予王某行政拘留十日的行政处罚，给予刘某行政拘留七日的行政处罚。

**争议焦点：**

王某和刘某没有支付和消费能力，奔着白吃一顿的目标，所消费的金额未达到刑事处罚标准，该行为究竟是寻衅滋事行为还是诈骗行为？

**警官评析之以案释法：**

**一、两人的行为构成寻衅滋事的违法行为**

根据《治安管理处罚法》第二十六条之规定，有下列行为之一的，处五日以上十日以下拘留，可以并处五百元以下罚款；情节较重的，处十日以上十五日以下拘留，可以并处一千元以下罚款：（一）结伙斗殴的；（二）追逐、拦截他人的；（三）强拿硬要或者任意损毁、占用公私财物的；（四）其他寻衅滋事行为。本案中，王某和刘某在明知自己没有支付能力的情况下，尤其是有前科的王某，以同样的方式在火锅店消费707元，属于恶意消费，无合理理由拒不支付餐费，占用公私财物，扰乱公共秩序，其行为违反了上述第三项之规定，构成了寻衅滋事违法行为。

**二、王某属于六个月内曾受过治安管理处罚**

为什么两人共同违反治安管理规定，一个拘留十日，一个拘留七日。那是因为王某在同年11月的时候曾经因为违反治安管理被处罚过。根据《治安管理处罚法》第二十条第四项之规定，违反治安管理有下列情形之一的，从重处罚：（四）六个月内曾受过治安管理处罚的。这说明王某主观恶习较深、无丝毫悔改，公安机关应当就其再次实施的违反治安管理行为对其从重处罚，以便引起违法行为人的警觉和反省。实际上从重处罚和从轻或者减轻处罚的目的是一样的，通过量罚的变化适时调整对违法行为的责任的追究，以期达到从善如流的目的。

**三、观点展示**

关于“吃霸王餐”的行为，司法实践中各地的处罚标准有所不同，有的地方认定为寻衅滋事罪，有的地方认定为诈骗罪。

（一）认定为寻衅滋事案例

河南省某县人民法院认为被告人连某浩强拿硬要公司财物，价值6766元，情节严重，其行为已构成寻衅滋事罪，判处有期徒刑一年。

2018年12月17日，被告人连某浩无支付能力，恶意租用杨某的出租车去郑州，在郑州逗留几分钟后返回潢川，拒不支付租车费用2000元。

2018年12月26日至29日，被告人连某浩无支付能力，在县城办事处某会所进行洗浴、按摩、吃饭、吸烟等消费，拒不支付费用2554元。

2019年1月15日18时，被告人连某浩无支付能力，在县城办事处某餐厅邀请朋友吃饭、消费，酒后损坏餐厅玻璃杯，拒不支付费用2212元。

（二）认定为诈骗罪案例

自2017年起，陈某在上海某KTV点上啤酒、水果拼盘、热菜，每次嗨到凌晨，当服务员要求结账的时候，陈某表示自己没有钱，就是来吃“霸王餐”的。其多次在餐厅、KTV等地恶意消费，在高消费后主动承认无买单能力，拒不付账。上海奉贤区人民法院认为陈某吃“霸王餐”的行为利用了酒店、KTV 先消费再付款的交易习惯，达成非法日的。该行为实质上就是以非法占有为目的，隐瞒无支付能力和支付意愿的真相，骗取他人财物。陈某犯诈骗罪，判处拘役四个月，并处罚金人民币二千五百元，责令退赔涉案餐厅、KTV 损失。

## 49 持刀威胁人身安全是否构成“情节较重”？

导语：威胁人身安全行为规定在《治安管理处罚法》第三章第三节侵犯人身权利、财产权利的行为和处罚中。现代社会中，对人身权利越来越关注，所以无论是刑法、行政法，还是民法，都规定了保护人身权利的法律制度。威胁别人的人身安全是要受到法律制裁的，那如果是持刀威胁呢？是不是应该更严重呢？

**基本案情：**

2 月 8 日 21 时许，张某打 110 报案称其在杭州某小区房间内被其同事威胁人身安全。

民警接到报警后立刻赶赴现场，并在现场找到了嫌疑人王某，经出示工作证件，将其传唤至派出所接受调查。

王某（男，30 岁）和张某等同事四人在杭州某商场做保安工作，公司安排了员工宿舍。8 日晚上，张某洗好澡、吹干头发，准备躺床上休息，这时王某在外面喝完酒回到了宿舍。张某正在跟同事聊天，王某突然大声对张某说：“不要再讲话！”张某就问对方：“你是不是对我有意见？”

王某说："我早就看不惯你了，你给我闭嘴！"张某随口回了一句："你不要发酒疯。"

两人你一言我一语吵了起来，王某继续挑衅，要不要下去比画比画。张某回道让队长来处理此事。

随后王某往厨房走去，拿起了菜刀朝张某走了过来，右手拿着刀向其挥了几下，嘴里不停地说："我今天就要砍你。"

同事们见状纷纷跑过来将王某手上的菜刀夺了下来。所幸劝说及时未造成损害后果。

关于上述事实，王某自称酒喝多了，表示什么都忘记了。

同事黄某的证言：王某经常喝酒，上班的时候也喝，被领导批评了好几次，他喝过酒就喜欢找事情，今天这事也是王某酒后与张某发生的纠纷，后来王某还用刀威胁同事张某。

同事卢某的证言：王某和张某在寝室里吵架，具体什么事情不知道，我以为没什么事情的，没想到过了一会儿王某拿了一把菜刀说：今天不是你死就是我亡。我们就上去劝，把菜刀夺了下来。

**争议焦点：**

持刀威胁他人人身安全是否属于《治安管理处罚法》第四十二条规定的"情节严重"？

**警官评析之以案释法：**

**一、构成威胁人身安全的违法行为**

根据《治安管理处罚法》第四十二条规定，有下列行为之一的，处五日以下拘留或者五百元以下罚款；情节较重的，处五日以上十日以下拘留，可以并处五百元以下罚款：（一）写恐吓信或者以其他方法威胁他人人身安全的；（二）公然侮辱他人或者捏造事实诽谤他人的。

威胁人身安全行为侵犯的客体是公民的人身安全，侵犯的对象是特定的自然人个体。客观方面的表现为写恐吓信或者以其他方法威胁他人人身安全。

威胁的方法有很多，既包括写恐吓信，也包括诸如投递子弹、匕首等恐吓物；既可以是直接的威胁，也可以是明示、暗示的威胁；既可以是违法行为人自己实施威胁，也可以通过第三人转告威胁。不管用什么手段来威胁，均不影响本行为的成立。威胁的方法、手段、对象、后果只是作为量罚的情节予以考虑。

上述案例，王某的行为属于“以其他方法威胁他人人身安全的”，王某的“言语 + 持刀”威胁，已经侵害了张某的人身安全，应当要给予治安拘留的处罚。

**二、持刀情节属于“情节严重”**

公安部《公安机关对部分违反治安管理行为实施处罚的裁量指导意见》中规定，有下列情形之一的，属于“情节较重”：（一）给他人正常工作、生活、身心健康造成较大影响的；（二）经劝阻仍不停止的；（三）针对多人实施的；（四）采取多种方式和手段威胁他人人身安全的；（五）其他情节较重的情形。

而根据《浙江省公安机关行政处罚裁量基准》关于“情节较重”的情形是：（一）经劝阻仍不停止的；（二）针对多人实施的；（三）采取多种方式和手段威胁他人人身安全的；（四）多次威胁他人人身安全的；（五）手段恶劣，给他人正常工作、生活或身心健康造成较大影响的；（六）公开恐吓、威胁他人人身安全，社会影响恶劣的；（七）威胁未成年人、残疾人、六十周岁以上的老年人、孕妇等弱势群体人身安全的；（七）使用凶器威胁他人人身安全的；（八）其他情节较重的。

手持菜刀，使用凶器威胁人身安全的社会危险性比言语上威胁的危害更大，在行为人情绪激动的时候，或者发泄不满的时候，极有可能使用凶器造成严重的人身伤害等严重后果，因此浙江省的裁量基准更加细化和完善。

除此之外，如果持刀恐吓他人，肆意挑衅，若造成公共场所秩序混乱等严重后果，情节恶劣的，还可能涉嫌寻衅滋事，根据《刑法》第二百九十三条的规定，最高可判处五年有期徒刑。

关于“凶器”，根据相关司法解释的规定将“凶器”分为两类，一类是枪支、爆炸物、管制刀具等国家禁止个人携带的器械；另一类是为了实施违法犯罪而携带的其他足以危害他人人身安全的器械，比如砖头、菜刀等。

王某的行为属于“使用凶器威胁他人人身安全”，在处罚裁量的时候按照“情节较重”对待。

最终，王某被处以拘留七日的行政处罚。

**三、关于证言能否采信的问题**

刑事案件中的证人证言采信规则基于以下几个标准：证言的内容是否为证人直接感知；证人作证时认识、记忆和表达能力，生理和精神状态是否影响作证；证人与案件当事人、案件处理结果有无利害关系；证言之间以及与其他证据之间能否相互印证，有无矛盾。

意见证据规则告诉我们，证人证言的内容应当是其亲身感知的表述，不应是揣测性的、推断性的、评论性的、推断性的。

参考刑事案件证人证言的审查和认定标准，黄某和卢某的证言能够与被侵害人张某的陈述相互印证，四个人之间都是同事，也没有说哪个同事与王某关系更好，哪个同事与张某关系更差，两名证人与案件处理结果没有利害关系，他们所描述的事实基本能够还原当时事发的状态，所以即使在王某零口供的前提下，也能够认定王某使用凶器威胁张某人身安全的事实。

## 50 侵犯隐私应当负什么法律责任以及同种违法行为的认定?

导语:《治安管理处罚法》中有减轻处罚、从轻处罚、从重处罚、不予处罚,分别规定在《治安管理处罚法》第十二条、第十九条、第二十条、二十一条。为了规范民警的执法行为,建立健全行政裁量权基准,减少执法随意性,公安部专门制定了《公安机关对部分违反治安管理行为实施处罚的裁量指导意见》(以下简称《裁量指导意见》),让裁量有据可循,让大家清楚明白哪些情况属于"情节较重",哪些情况属于"情节较轻",那么对于同种违法行为如何判断和认定,通过下面一则案例来说明。

**基本案情:**

王某,男,28岁,做外卖员的工作,租住在杭州某小区的两室一厅里,房子内有两户人住,一户是王某一个人,还有一户是一对夫妻,两户共用餐厅和浴室。2020年11月某天,王某洗完澡后突然冒出一个念头想偷拍隔壁女租户李某洗澡的过程,于是在自己洗完后,就把手机放在浴室洗手台下面的角落里准备偷拍洗澡。果不其然,王某的"预感"很灵验,过了半个小时,女租户就进去了,等李某结束离开后他就把手机拿了出来,开始"欣赏"对方洗澡的过程。

该偷拍视频一直保存在王某的手机里,直到12月11日案发。当日晚上，当王某再次打开视频欣赏的时候，没想到手机连接了对面房间的蓝牙，音响发出的声音吵醒了李某，李某一听感觉不对，怎么会是她洗澡发出的声音，于是就马上怀疑是隔壁的王某偷拍的。报警之后，民警立即赶到现场，经初步询问，王某供述了违法事实。

经查，王某有前科，是在 2020 年 2 月因侮辱他人被余姚市公安局行政拘留三日。那么王某是否构成侵犯他人隐私的违法行为呢？是否属于“一年内因同种违法行为被治安管理处罚后又实施的”呢？

**争议焦点：**

王某偷拍他人洗澡构成了侵犯隐私的违法行为，而他在一年之内因侮辱他人被公安机关行政拘留，侵犯隐私和侮辱同属于《治安管理处罚法》第四十二条，王某的行为是否属于“一年内因同种违法行为被治安管理处罚后又实施的”？

**警官评析之以案释法：**

**一、该行为构成侵犯隐私的违法行为**

根据《治安管理处罚法》第四十二条之规定，偷窥、偷拍、窃听、散布他人隐私的。处五日以下拘留或者五百元以下罚款；情节较重的，处五日以上十日以下拘留，可以并处五百元以下罚款。隐私权是公民的合法权利，是受法律保护的。《民法典》第四编就是人格权编，里面着重对隐私权的强调和保护，隐私是自然人的私人生活安宁和不愿为他人知晓的私密空间、私密活动、私密信息。任何偷拍、偷窥、散布、窃听他人隐私的行为都侵犯了他人的人格权，一定程度上会给被侵害人造成不同程度的精神伤害。本行为的主体是达到责任年龄具备责任能力的自然人，客体是公民的人格权。客观表现为偷窥、偷拍、窃听、散布他人隐私。王某在当事人不知道的情况下，采用放置手机偷拍的方式摄录了他人在浴室洗澡的过程，对被侵害人造成精神上的困扰。

**二、个人隐私权在法律上的保护，体现在刑法、行政法、民法典等刑事、行政、民事法律领域**

《刑法》第二百五十三条之一规定，违反国家有关规定，向他人出售或者提供公民个人信息，情节严重，处三年以下有期徒刑或者拘役，并处或者单处罚金；情节特别严重的，处三年以上七年以下有期徒刑，并处罚金。

《治安管理处罚法》第四十二条第六项，偷窥、偷拍、窃听、散布他人隐私的，处五日以下拘留或者五百元以下罚款。

《网络安全法》第四十二条规定，网络运营者不得泄露、篡改、毁损其收集的个人信息；未经被收集者同意，不得向他人提供个人信息。但是，经过处理无法识别特定个人且不能复原的除外。

《民法典》第一千零三十八条规定，信息处理者不得泄露、篡改其收集、存储的个人信息；未经自然人同意，不得向他人非法提供其个人信息，但是经过加工无法识别特定个人且不能复原的除外。信息处理者应当采取技术措施和其他必要措施，确保其收集、存储的个人信息安全，防止信息泄露、篡改、丢失；发生或者可能发生个人信息泄露、篡改、丢失的，应当及时采取补救措施，按照规定告知自然人并向有关主管部门报告。

侵犯公民个人隐私信息属于侵权行为，轻者承担相应的民事责任，重者承担行政责任，公安机关依据《治安管理处罚法》的规定依法调查处理，或拘留或罚款；涉嫌犯罪的，公安机关将依法追究犯罪嫌疑人的刑事责任。

**三、是否属于“一年内因同种违法行为被治安管理处罚后又实施的”**

根据2018年6月5日实行的《公安机关对部分违反治安管理行为实施处罚的裁量指导意见》第六条规定，一年内因同种违法行为被治安管理处罚后又实施的，属于“情节较重”“情节严重”。行为人在一年内因侮辱他人被治安处罚，现又因侵犯隐私触犯《治安管理处罚法》。在量罚的时候能不能认定为“情节较重”？也就是说是否属于一年内因同种违法行为被治安管理处罚后实施的。笔者的理解是不属于。尽管侮辱他人和侵犯隐私同属于《治安管理处罚法》第四十二条规定，但是按照词义理解侮辱他人和侵犯隐私并不是同种违法行为，如果之前是侵犯隐私被治安处理，现在又侵犯隐私，则属于同种违法行为。同种的范围更小，同类的范围更大。比如，一年内因同类违法行为受到两次以上公安行政处罚的。这里的“同类”应当理解为较大的种类，如同违反出入境管理行为，而不能理解为具体的某种违反行为。同类的解释范围更大一些。

## 51 对着鞋子“打飞机”是猥亵还是寻衅滋事？

导语：大千世界，无奇不有，近日在日常执法工作中碰到一名男子拿着女孩子的白色毛绒低跟鞋子“打飞机”，对于这种有伤风化的淫秽行为，究竟如何适用《治安管理处罚法》，是摆在执法者面前的一个法律适用问题，有人认为是寻衅滋事，有人认为是猥亵，有人认为不作为违法处理，且看下面一则案例。

**基本案情：**

小王，女，25岁，家住在杭州市某公寓楼，平常将穿的白色毛绒低跟鞋子放在门外的鞋架上。12月5日她带着狗准备遛弯，发现鞋子的左前脚掌位置有点湿湿的，起初以为是小猫小狗的小便，也没留意就过去了。

过了2天，小王再一次带狗遛弯的时候又发现鞋子的右前脚掌处是湿的，并在里面发现了一根黑色毛发，而且比较像人体的毛发。小王感觉心慌，准备把“幕后黑手”揪出来，因为门口没有安装监控，前两次无法查证，于是小王心生一计，何不在门口安装一个监控，想到就立马行动。果然功夫不负有心人，在12月11日下午翻看监控的时候，有重大收获。

图　监控影像

监控中显示，11日凌晨4时许，一个穿黑色外套的四五十岁的男子在抚摸鞋子，还拿起来闻了又闻，接着拿起其中的一只鞋子到楼道位置处，过了2分钟后又回来，小王猜测男子拿着鞋子去“打飞机”了。小王发现这些情况后就立马报警了。

接到报案后，民警迅速赶到现场，经查看监控及追踪，发现是嫌疑人苏某所为。苏某，男，45岁，从事外卖员工作。据苏某交代，某一天在送外卖的时候遇到了小王，发现小王长相漂亮就跟了过去，确定小王住在8楼，到了当天凌晨3时左右，苏某内心产生了一股欲望，想着用对方的鞋子“打飞机”。过了2天，又无所事事憋着欲望，想再次尝试一次，用毛绒鞋子包住下体射精。苏某的行为“一发不可收拾”，接着到了11日凌晨的时候，也是他正好下班的时候，第三次来到了8楼，在走廊上以同样的方式“打飞机”，后将鞋子放回原处。苏某坦诚自己是太无聊了，无处发泄，寻求刺激，又不敢对她人人身有不轨行为，承认自己的违法不当行为。

**争议焦点：**

第一，构成寻衅滋事行为。行为人为了寻求刺激的目的，采用“打飞机”的方式实施有伤风化的行为。构成《治安管理处罚法》第二十六条第四项规定的其他寻衅滋事违法行为。为什么不构成猥亵呢？因为行为人实施猥亵行为时被侵害人必须在场，否则不能构成。

第二，构成猥亵违法行为。行为人为了满足个人的性欲，违背他人意志，多次实施“打飞机”，对他人实施手淫等猥亵的违法行为，尚不构成刑事处罚，按照猥亵违法行为予以行政拘留处罚。

第三，不构成违法行为。该行为既不是寻衅滋事违法行为，也不是猥亵违法行为，对苏某采取不予处罚的决定。因为行为人没有侵犯他人的人格尊严，也没有侵犯社会公共秩序，所以作无违法事实处理。

**警官评析之以案释法：**

**一、构成寻衅滋事违法行为**

根据《治安管理处罚法》第二十六条规定，有下列行为之一的，处五日以上十日以下拘留，可以并处五百元以下罚款；情节较重的，处十日以上十五日以下拘留，可以并处一千元以下罚款：（一）结伙斗殴的；（二）追逐、拦截他人的；（三）强拿硬要或者任意损毁、占用公私财物的；（四）其他寻衅滋事行为。寻衅滋事行为既侵犯了社会的公共秩序，又侵犯了他人的人身权利。主观表现为故意，目的是寻求刺激、发泄情绪、逞强耍横。客观方面表现为出于取乐、寻求精神刺激等目的，随意殴打，无事生非，制造事端等。本案中苏某的行为归于其他寻衅滋事行为，虽然立法解释关于什么是“其他寻衅滋事行为”没有作出进一步的阐述，司法实践中，案例复杂，情况多变，各案不同，立法者不可能穷尽所有的行为，所以此处也留了一些空白。最高人民法院《关于办理寻衅滋事刑事案件适用法律若干问题的解释》第二条规定，严重影响他人的工作、生活、生产、经营的属于《刑法》第二百九十三条中的“情节恶劣”“情节严重”。像苏某的这种情况，笔者倾向于寻衅滋事，不应对他不予处罚。猥亵虽难定，但这样的违法行为不予处罚说不过去，其主观上有无事生非、寻求刺激的动机和认知，行为上有在公共场合处“打飞机”的违反公序良俗举动。

## 二、猥亵的构成要件

根据《治安管理处罚法》第四十四条规定，猥亵他人的，或者在公共场所故意裸露身体，情节恶劣的，处五日以上十日以下拘留。猥亵侵犯的客体是他人的人格尊严。行为在客观方面的表现为以满足性欲为目的，违背他人意志，对他人进行搂抱、亲吻、手淫、抠摸、舌舔等有伤风化、尚不够刑事处罚的淫秽行为，行为方式可以是趁机实施，也可以是公然实施，被猥亵对象可以是女性，也可以是男性。如果双方之间是自愿实施的，则不构成猥亵违法行为。另外在量罚方面如果属于“其他严重情节”，则可以处10日以上15日以下拘留，比如多次猥亵他人。本案中，苏某确实存在三次违法行为，即属于多次。那是不是就构成猥亵行为了呢？其实不然。因为苏某在实施行为的时候，都是选择在凌晨三四点钟，夜深人静没有人员出入的时间，被侵害人没有在现场，其他邻居或者经过此地的人也没有在现场，虽然苏某以满足性欲为目的，但是并没有侵犯他人的人格尊严，人都没有在现场，谈何侵犯。尽管说猥亵行为不以身体接触为必要条件，也就是在不接触的时候如果实施猥亵行为，也是可以构成的，但是本案中，被侵害人并未在现场，她无法感知到有人要猥亵或者侮辱她。

笔者同意第一种观点。

## 52 在公共场所故意裸露身体该如何处罚?

导语：在日常的接处警工作中，偶尔会碰到有人在公共场所故意裸露身体，这看起来是个人在表达某种情绪，或者是与公序良俗相违背有伤风化行为，貌似没有侵犯到他人人身权利，实则是违反治安管理处罚的行为，会受到相应的法律制裁。

**基本案情：**

王某，男，23岁，大学毕业后一年内换了好几家公司，一直没有找到合适的工作，又一直欺骗父母称工作甚好，内心感到愧疚，压力无处释放，逐渐有抑郁倾向。

12月的某一天，王某感觉自己大脑不受控制地胡思乱想，在精神高度紧张和压力之下，于是从住地走到了东宁路与新塘路十字路口，脱下了外套、毛线衣、棉毛衫以及裤子等衣物，全身赤裸走在大街上。冬天气温较低，寒风瑟瑟，然而王某并没有感觉到寒冷，根据他的事后回忆，脱了衣服后的他感觉像一个婴儿重新来到这个世界一样，感受到自己还真真切切地活着。就这样漫无目的沿着人行道缓慢步行。

随后，王某裸体进入了某酒店大厅，工作人员看到后给他夹克衫和裤子让其穿上，王某继续在大厅吧台待着，不登记入住，自言自语不知道说啥，工作人员让其离开，他也没有搭理，完全不像正常人的反应。工作人员怀疑其有精神病，遂向公安机关报警。民警到了现场后将王某带回了派出所。

据家属的说法，王某比较内向，不爱说话，平时喜欢熬夜，生活习惯差，有抑郁倾向。

后经查实，王某患有精神病性障碍，属于不能辨认或者控制自己行为的人。

对于王某在公共场所故意裸露身体的行为如何处置呢？

**争议焦点：**

王某因精神疾病的原因在公共交通要道上、酒店大堂等地方裸体行走，是否属于《治安管理处罚法》中的“在公共场所故意裸露身体”？是否符合“情节恶劣的”标准？

**警官评析之以案释法：**

**一、构成“在公共场所故意裸露身体”的违法行为**

根据《治安管理处罚法》第四十四条规定，猥亵他人的，或者在公共场所故意裸露身体，情节恶劣的，处五日以上十日以下拘留；猥亵智力残疾人、精神病人、不满十四周岁的人或者有其他严重情节的，处十日以上十五日以下拘留。本行为侵犯的客体是良好的社会风俗。根据《浙江省公安机关行政处罚裁量基准》第六十八条规定，以下情节属于“情节恶劣”，（一）造成现场秩序混乱等危害后果或者较大社会影响的；（二）在有多名异性或者未成年人的公共场所故意裸露身体的；（三）经制止拒不改正的；（四）伴随挑逗性语言或者动作的；（五）在重要场所或者重大场合当众故意裸露身体的；（六）在学校周边故意裸露身体，影响恶劣的；（七）其他情节恶劣的。王某在公共道路、酒店大厅等公共场合长时间裸体，属于“情节恶劣”。从违法行为构成要件上看，王某的行为属于“在公共场所故意裸露身体”的违反治安管理行为。

**二、精神病人是免责事由**

根据《治安管理处罚法》第十三条规定，精神病人在不能辨认或者不能控制自己行为的时候违反治安管理的，不予处罚，但是应当责令其监护人严加看管和治疗。间歇性的精神病人在精神正常的时候违反治安管理的，应当给予处罚。王某在实施违反治安管理行为时不具有辨认和控制自己行为的能力，即处于精神病状态的，不负法律责任，公安机关不予处罚。

精神病人由于病理的作用，失去了正常的辨认或者控制自己行为的能力，所以王某在公共场所实施故意裸露身体的违反治安管理行为时不存在故意或者过失，不具备承担法律责任的能力。当然精神病人分为间歇性精神病人和非间歇性精神病人。间歇性精神病人在精神正常的时候违反治安管理，应当予以处罚，在精神不正常的时候，不予处罚。非间歇性病人无法辩护和无法控制自己的行为，是完全无责任能力人，无民事行为能力人，应当不予处罚。

**三、《民法典》规定的监护责任问题**

对于精神病人，依照法律规定不负责任的，应当责令监护人严加看管和治疗。《民法典》规定了无民事行为能力成年人的监护人责任。根据《民法典》第二十八条之规定，无民事行为能力或者限制民事行为能力的成年人，由下列有监护能力的人按顺序担任监护人：（一）配偶；（二）父母、子女；（三）其他近亲属；（四）其他愿意担任监护人的个人或者组织，但是须经被监护人住所地的居民委员会、村民委员会或者民政部门同意。虽然对王某作出了不予处罚的行政决定，家属也已经将其领回，家属有责任、有义务看管好无民事行为能力的成年人，认真履行监护职责，不得放任不管。假设无民事行为能力的成年人（精神病人）殴打他人或者故意损坏公私财物造成他人损害的，由监护人承担侵权责任。尽管刑事责任和行政责任无须承担，但是民事责任是逃脱不了的，该赔偿还是得赔偿。所以监护责任也是比较重要的责任。

# 53 如何区分盗窃行为和侵占行为
## ——以拿走盆栽为例

导语：盗窃和侵占在实践中比较难区分，区分的关键在于财物由谁占有，盗窃的对象是他人所有、占有的财物，侵占的对象是他人所有、自己占有的财物或者是脱离占有物（遗忘物和埋藏物）。实践案例丰富多彩，但法理却是一样的。下面就以拿走盆栽案来分析。

**基本案情：**

2月27日8时许，张某打110报警称其在杭州市某街道明石路某某号门口的盆栽被人盗走。民警立即赶赴现场，经了解系张某将一盆海棠花（红色的花苞，正含苞待放，高度30厘米左右）放在店门口，昨天下班的时候还看见过，到了早上上班的时候就发现不见了。海棠花在1月购买时花了300元。

图 涉案盆栽

通过监控追踪找到了嫌疑人王某，王某交代当天早上7时许，步行去超市买菜的路上，手上拎了两个大塑料袋子，路过被侵害人的门口，发现店面门口放了两盆花，其中一盆是大盆的未开花，另外一盆小一点正含苞待放、非常漂亮，王某看着这盆小的比较好看，就过去将这株海棠花拔了起来，顺手放进了塑料袋子里。回到家之后，将“顺手牵羊”而来的这株花养在自己家的花盆里。

王某表示自己非常喜欢花，就想占为已有拿回自己家栽种。

**争议焦点：**

行为人以非法占有为目的，将他人放置在店门口的盆栽拿走，盆栽价值较小，能否以盗窃的违反治安管理行为追究其行政责任？

**警官评析之以案释法：**

**一、构成盗窃违反治安管理行为**

根据《治安管理处罚法》第四十九条规定，盗窃、诈骗、哄抢、抢夺、敲诈勒索或者故意损毁公私财物的，处五日以上十日以下拘留，可以并处五百元以下罚款；情节较重的，处十日以上十五日以下拘留，可以并处一千元以下罚款。

《治安管理处罚法》规定的盗窃是指以非法占有为目的，秘密窃取公私财物，未达到刑事犯罪的程度。

客观上面表现为秘密窃取公私财物的行为，行为人自以为不会被主人发现，暗中窃取财物，将他人占有的财物转移为自己占有。另外盗窃的财物价值未到达刑事追诉标准，财物数额较小，按照《治安管理处罚法》给予行政处罚即可。

最终，王某被给予三日的行政拘留处罚。

**二、盗窃与侵占的区分**

盗窃指的是秘密窃取他人财物的行为，侵占指的是将代为保管的他人财物非法占为已有，或者将他人的遗忘物或者埋藏物非法占为已有的行为。

在执法实践中经常会遇到盗窃与侵占的问题，比较难区分，也经常遇到困惑，这关系到公安机关是否管辖以及受理的问题。

1. 行为对象问题

盗窃的对象是他人所有、占有的财物，侵占的对象是他人所有、自己占有的财物。

2. 行为方式

盗窃是将他人所有、占有的财物转变为自己占有、所有，而侵占是将他人所有、自己占有的财物转变为自己所有。

区分的关键在于谁占有财物，如果主人占有财物，行为人拿走了就是盗窃；如果行为人占有财物，行为人拿走了就是侵占。

占有分为事实上的占有和观念上的占有。

事实上的占有例子：

（1）甲住宅内的财物，即使甲完全忘记存在，也是甲占有，行为人进入住宅拿走物品的，就认定为盗窃。

（2）甲在坐火车，将手机放在面前的挡板上，行为人顺手牵羊拿走，也认定为盗窃。

观念上的占有例子：

（1）甲将电动车停在家门口，后去外地读书，甲仍然占有该车，行为人偷走电动车，认定为盗窃。还有本案中的海棠花，虽然主人下班离开了，但仍然属于主人占有，王某偷走该花，认定为盗窃。

（2）甲散养了一批鸡在山上，鸡仍然属于主人占有，行为人盗鸡，认定为盗窃。

## 三、关于委托物和遗忘物的问题

1. 委托物

委托物是主人自愿转移财物给行为人，基于委托关系，让行为人代为保管。比如甲外出出差，请乙帮忙照料一下宠物狗，乙接受委托细心照顾宠物，后乙拒不归还，那么乙构成侵占，而不构成盗窃。

2. 遗忘物

遗忘物指的是非基于所有权人自愿而脱离占有的财物。比如，甲在逛商场上厕所的时候，将手机放在台面上离开了，这就属于遗忘物，行为人拿走了就认定为侵占。

再如，甲在乘坐出租车的时候，下车时忘记带上手机，下一个乘客将手机占为己有的，则下一个乘客构成盗窃。因为在特定的场所、人员流动不大的地方，占有发生了转化，即转化为出租车司机占有，行为人拿走了就构成盗窃。

另外基层人民法院也判过是否属于遗忘物的案件，比如手机放在电动车车兜里，电动车停在单元门口，等被害人下楼后发现手机不见了，行为人顺手拿走了该手机，也是认定为盗窃。

总之，财物在主人的控制范围之内，主人就占有财物；财物虽然处于主人控制范围之外，但根据社会一般观念，可以推定有人占有该财物。对于占有的问题，要根据一般社会普遍观念进行判断，一般认为这个财物不能随便“捡”和“拿”，该财物就属于他人占有之物，行为人不法取得，不构成侵占，构成盗窃。

## 54 盗窃未遂是否需要处罚？

导语：在公安执法实践中，盗窃是比较常见的治安、刑事违法犯罪行为，应当依照相关的法律定罪处罚。有时候会出现盗窃未遂的情形，即由于行为人意志以外的原因而未得逞的，那么盗窃未遂构成盗窃罪吗？如果不构成盗窃罪，那又该如何处罚呢？

**基本案情：**

3月1日下午，王某下班回家的路上看到了一部手机，虽然电动车骑过了头，但王某还是掉头回来把手机捡了起来，随后就把该手机带回了家。

在家中的时候，王某本想给手机上的通讯录打电话，让对方过来拿手机，转念一想物归原主也没什么好处，何不自己拿来用用。手机有锁屏密码，一不小心被王某用“六个一”试出来了，王某玩着玩着，想着用手机里的淘宝购买喜欢的商品。

尝试了以后发现该手机开通了免密支付，只要是100元以下的付款都可以免密支付。在巨大的“诱惑”面前，王某显然缺少“定力”，一下子下了70多份订单，完全停不下来的感觉。买了衣服、裤子、衬衫、鞋子、内衣、内裤、童装、口红等琳琅满目的商品。

而另一头被侵害人张某发现自己丢了手机后，就马上补办了手机卡，登录手机后发现支付宝花呗里有几十项支出，仔细检查发现是有人登录他的手机购买了商品，于是张某及时登录了淘宝将所有的订单取消，希望将款项全部退回来。

幸亏张某操作及时，所有的货物一个都没有发出去，70多单的款项也全部原路返回了。

经核算，嫌疑人所支付的费用为5050.67元。

**争议焦点：**

关于盗窃未遂是否要处罚的问题，有人认为《治安管理处罚法》全文中并没有关于未遂的规定，所以按照法无明文规定不处罚的原则对盗窃未遂不予处罚；另有人认为盗窃未遂是要处罚的，公安机关执行治安管理处罚法解释二中有规定，应当从轻处罚、减轻处罚或者不予处罚。

**警官评析之以案释法：**

**一、针对捡手机的行为定性**

王某在下班途中捡到手机，一般认为是侵占行为。侵占是将代为保管的他人财物非法占为己有，或者将他人的遗忘物或者埋藏物非法占为己有，而盗窃是秘密窃取他人财物。该手机是主人不小心掉在路上的，大马路上人来人往、车来车往，人流量非常大，并不是一个封闭的空间，不属于被侵害人所能控制的范围。所以对于拿走手机的行为应当定性为“捡”，而不是“盗窃”，但如果对手机内的微信、支付宝等实施转账行为则构成盗窃，对利用手机内的淘宝实施购买商品的行为也是盗窃行为。

**二、构成盗窃未遂**

根据前述第一点的分析，王某对捡走被侵害人手机的行为构成侵占，但利用手机里的软件购买商品的行为构成盗窃，因为理论上支付宝、微信等里面的余额是归被侵害人占有的，将他人所有、占有的物品转为自己所有，那就是盗窃。

未遂的意思是行为人已经着手实施违反治安管理行为，由于行为人意志以外的原因未能得逞的，是未遂。由于本案中张某及时登录了淘宝，将商品全部取消，退回了相关款项，而嫌疑人没有收到任何一个包裹，所以盗窃的行为并没有既遂，这是客观原因导致的。

**三、对盗窃未遂行为如何处理？**

根据2007年1月公安部印发的《公安机关执行〈中华人民共和国治安管理处罚法〉有关问题的解释（二）》第二条规定，行为人为实施违反治安管理行为准备工具、制造条件的，不予处罚。行为人已经着手实施违反治安管理行为，但由于本人意志以外的原因而未得逞的，应当从轻处罚、减轻处罚或者不予处罚。

对于盗窃未遂的，应当从轻、减轻或者不予处罚，但还需要明确一点，是否构成盗窃未遂的犯罪行为。根据《最高人民法院关于审理盗窃案件具体应用法律若干问题的解释》第一条规定：根据刑法第二百六十四条的规定，以非法占有为目的，秘密窃取公私财物数额较大或者多次盗窃公私财物的行为，构成盗窃罪。（一）盗窃数额，是指行为人窃取的公私财物的数额；（二）盗窃未遂，情节严重，如以数额巨大的财物或者国家珍贵文物等为盗窃目标的，应当定罪处罚。

而浙江省数额巨大的标准是 8 万元，也就是针对 8 万元以上的财物为盗窃目标后未遂的，是能定盗窃未遂犯罪的，是能追究刑事责任的。而本案中总价值是 5050.67 元。因此就按照公安机关执行治安管理处罚法解释二的规定处罚。

最终，王某被给予行政拘留七日的处罚。

## 55　故意损毁财物行为与故意毁坏财物罪的界限

导语：故意损毁财物行为，轻者违反治安管理，重则构成犯罪，承担刑事责任。公安机关的职责是查明违法、犯罪事实，公安机关实施行政处罚要与违法行为的事实、性质、情节以及社会危害程度相当，然后按照法定程序对行为人实施相应的制裁。

**基本案情：**

王某（女，48 岁）因涉嫌故意损毁财物违法行为被派出所传唤调查。2019 年王某曾到杭州某美容店做过唇部美容，当时王某自带色料，美容店经理做完服务后收取了 400 元的工时费，王某认可费用标准并已支付。

到了案发日（2021年3月15日）上午，王某“理直气壮”地找上门来，对经理讲：“唇部不留色了，要求赔偿1400元。”经理说：“为什么要赔？”王某说：“你当时做得不好，你的项目是1800元，我之前支付了400元，现在你要给我赔偿1400元。”经理苦笑这是什么逻辑，随后对她说：“你可以带色料来，我只收取基本工时费。”

王某不肯，双方僵持之下，王某打电话向市场监督管理所投诉，随后执法人员来到现场对双方进行了调解，由于差距较大未达成合意。执法人员告知其可以向法院起诉通过民事途径解决。王某还是不服，继续跟经理“争论”。等执法人员离开后，“盛怒”之下的王某说：“你再不把钱退还给我，我就把你的店砸烂。”

经理见无法与其沟通，遂离开店，避免矛盾升级。

王某看退钱无望，非常生气，就顺手操起店内的一把U形锁，砸向店内的饮水机、储物柜、镜子等物品，还摔倒花卉盆栽。

等经理回到店内一看傻眼了，随后就报了警。

**争议焦点：**

故意损毁财物行为与故意毁坏财物罪的区分和界限在哪里？行为人手持U形锁怒砸美容店，能否按照行政处罚裁量基准“情节较重”处理？

**警官评析之以案释法：**

**一、情节较重如何认定？**

根据《浙江省公安机关行政处罚裁量基准》规定，“情节较重”有两种情形，（一）故意损毁公私财物价值达到刑事立案追诉标准百分之五十以上的；（二）故意损毁公私财物价值虽未达到刑事立案追诉标准百分之五十以上，但有下列情形之一的：（1）两次故意损毁财物的；（2）故意损毁公共场所设施的；（3）故意损毁车辆两辆以上的；（4）持凶器或者结伙损毁公私财物的；（5）故意损毁残疾人、六十周岁以上的老年人、未成年人或者丧失劳动能力的人财物的；（6）损毁多人财物的；（7）故意损毁防灾、救灾、救济等特定财物的。

根据上述案例的情节，王某的行为属于第二种情形的第4项，王某持凶器损毁公私财物。关于凶器的理解应当参照相关司法解释的规定，一类是枪支、爆炸物、管制刀具等国家禁止个人携带的器械，另外一类是其他足以危害他人人身安全的器械，比如菜刀、榔头、U形锁等。应当遵循体系解释的原则，《治安管理处罚法》参照《刑法》的相关解释予以认定。

**二、故意损毁财物行为与故意毁坏财物罪的界限**

根据《治安管理处罚法》第四十九条规定，盗窃、诈骗、哄抢、抢夺、敲诈勒索或者故意损毁公私财物的，处五日以上十日以下拘留，可以并处五百元以下罚款；情节较重的，处十日以上十五日以下拘留，可以并处一千元以下罚款。

根据《刑法》第二百七十五条规定，故意毁坏公私财物，数额较大或者有其他严重情节的，处三年以下有期徒刑、拘役或者罚金；数额巨大或者有其他特别严重情节的，处三年以上七年以下有期徒刑。

两者之间的界限非常清楚，被毁的财物价值达到数额较大，或者有其他严重情节的，则构成故意毁坏财物罪，要追究刑事责任。

根据《最高人民检察院、公安部关于公安机关管辖的刑事案件立案追诉标准的规定（一）》第三十三条规定，故意毁坏公私财物，涉嫌下列情形之一的，应予立案追诉：1. 造成公私财物损失5000元以上的；2. 毁坏公私财物3次以上的；3. 纠集3人以上公然毁坏公私财物的；4. 其他情节严重的情形。

达到上述标准的，即应当立案追诉，以涉嫌故意毁坏财物罪追究刑事责任，如尚未达到立案追诉标准的，则依据《治安管理处罚法》予以治安处罚。

**三、公安机关对报警被故意毁坏财物已经作出刑事不予立案决定，是否需要对构成故意损毁财物治安违法行为作出重复处理？**

关于这个问题与本案所涉无关，但是可以一个点来分析评价。

上海高级人民法院曾在2019年2月11日作出再审决定，认为公安机关对报警被故意毁坏财物已经作出刑事不予立案决定，无须对是否构成故意损毁财物治安违法行为作出重复处理。

上海高级人民法院认为，施某申请浦东公安分局履行法定职责所针对的行为，已在2014年刑事控告中提出并要求处理，浦东公安分局在处理上述刑事控告的过程中，对相关事实已经进行了调查，结论为没有犯罪事实，并据此向施某作出了《不予立案通知书》。公安机关认定没有犯罪事实的结论是对行为本身刑事违法性的否定，而由于故意毁坏财物罪与故意毁坏财物治安违法行为之间除涉案财物数额不同外，在其他行为构成方面并无本质不同，故公安机关否定行为的刑事违法性也是对该行为的治安违法性作出了否定评价。浦东公安分局认为其已在此前刑事案件中对相关行为的治安违法性作出评价，无须对施某的申请重复处理。在浦东公安分局已将相关意见予以电话告知的情况下，施某仍诉请要求浦东公安分局履行治安处罚职责，缺乏事实及法律依据。一、二审法院据此所作判决，均无不当。施某再审申请要求撤销一、二审判决的理由不能成立。综上，施某的再审申请不符合《中华人民共和国行政诉讼法》第九十一条第三项、第四项规定的情形。

故上海高级人民法院最终驳回施某的再审申请。

## 56 购买假保安证意欲何为?

导语：为了能够继续当保安，同事帮忙想出“妙计”购买了一本假的保安证，然而他们没有想到的是，这样的违法行为被民警一眼识破，殊不知这样的行为已经涉嫌买卖、使用伪造、变造的公文、证件、证明文件违法行为。

**基本案情：**

张某，46岁，初中文化程度，某年6月开始在某商业大厦做保安工作，主要的工作职责是负责大厅的安全保卫、车位管理以及日常巡逻打卡等事务。

同年9月，上级物业部门来检查持证上岗的事情，发现张某没有保安证，按照规定没有保安证是不能从事保安工作的，这意味着其要失去生活来源了。张某也想到了走正规途径考证，但是想想自己年纪大了，记忆力不好、文化水平不高，“拼实力”很难实现愿望。张某左思右想，觉得这样下去不行。“热心”同事王某看出了张某的烦心事，出于帮忙的心态，王某主动通过网络途径购买了一本假的保安证提供给张某使用。

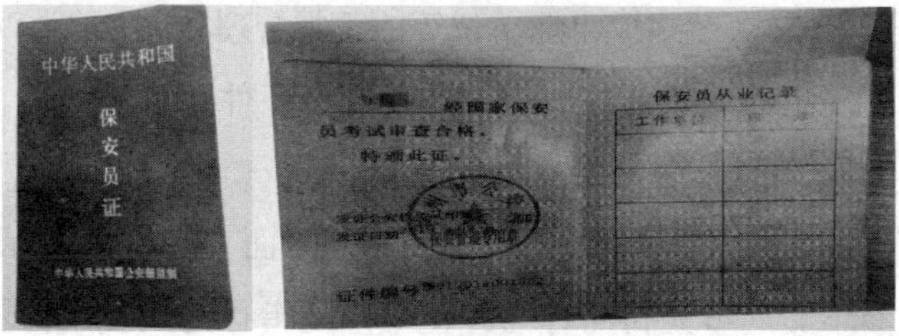

图 假证件

张某拿到了假的保安证后，随后在保安证上写下了自己的名字和身份证号码。“安心”地使用起来，然后假证还没有“捂热”就出事了。12月初，民警在检查物业保安人员是否持证上岗的时候，发现了张某持有的保安证与别的保安证不一致，经询问就露出了“破绽”。

民警问："你的保安证从哪里来的？"

张某答："同事王某提供给我的。"

民警又问："为什么要使用假的保安证？"

张某如实回答："为了可以继续做保安。"

后张某被传唤至公安机关接受调查。

那么使用假的保安证构成什么违法犯罪呢？且听下面的分析。

**争议焦点：**

王某出于"热心"帮忙的心态主动给张某买了一本假证，提供给张某使用，为什么王某构成了伪造国家机关证件罪，而张某却只是构成使用伪造的证件的违反治安管理行为？

**警官评析之以案释法：**

**一、侵犯的客体和客观方面表现**

买卖、使用伪造、变造的公文、证件、证明文件侵犯的客体是国家机关、人民团体、企业、事业单位等的正常管理秩序、信誉以及政府机关的权威，而侵犯的对象是这些组织的公文、证件和证明文件。本案中的保安证应当属于证件。

买卖、使用伪造的证件在客观方面表现为使用伪造的国家机关证件，尚不够刑事处罚的行为。使用，是指行为人使用伪造、变造的国家机关或者其他组织的公文、证件、证明文件；买卖，包括买的行为和卖的行为。另外需要特别强调的是，买卖、使用的证件必须是伪造、变造的，才能构成买卖、使用伪造、变造的证件行为，如果是真实的，则以买卖国家机关公文、证件、证明文件犯罪论处。

**二、处罚情况**

根据《中华人民共和国治安管理处罚法》第五十二条第二项之规定，

买卖或者使用伪造、变造的国家机关、人民团体、企业、事业单位或者其他组织的公文、证件、证明文件的，处十日以上十五日以下拘留，可以并处一千元以下罚款；情节较轻的，处五日以上十日以下拘留，可以并处五百元以下罚款。

根据公安执法实践，下列情形属于“情节较轻”：（一）因本单位的公文、证件、证明文件丢失，而买卖、使用伪造、变造的公文、证件、证明文件的；（二）尚未造成后果或者其他恶劣影响的；（三）其他情节较轻的。

根据本案，张某接受并使用了王某提供的假保安证，其行为已经构成了使用伪造的证件行为，主观方面表现为故意实施，最后给予张某治安拘留10日的处罚，王某因涉嫌伪造国家机关证件罪被刑事拘留。

当下社会上的制假分子为了牟利几乎无假不做，只要给钱什么都能做，这种行为不仅触犯了法律，更是不利于诚信社会的建设，应予以严厉打击。作为执法者，一方面要执法必严、有法必依，另外一方面要积极做好普法宣传教育，让广大群众知法、学法、用法、懂法。

在此民警同志郑重提醒：一定要遵守法纪，切莫视法律为儿戏，否则会付出相应的代价。

## 57 谎报警情行为与谎报案情行为的区别和界限

导语：公安行政执法活动中经常会遇到谎报警情和谎报案情这两种违法行为，有行为人出于趁机报复或者打击竞争对手的心态，拨打110谎报警情或谎报案情，一个是扰乱公共秩序，一个是妨害社会管理，下面通过一个案例说明两者之间的区别和界限。

**基本案情：**

12月27日0时20分，嫌疑人王某和朋友张某到杭州某洗浴池洗澡，到了大厅后，王某酒后吆五喝六地对服务生大喊：“快给我拿拖鞋。”服务生因为正忙于其他事务就随口对他说了一句：“鞋子在您右手边，麻烦自己取一下。”王某一听就火了，嘴里不停地骂服务生并准备去揍对方，幸好被旁边的朋友拦住了。朋友对服务生说他喝多了，不要理他就是了。没承想，过了几分钟，王某掏出手机：“喂，110吗？××路××号洗浴池内有人卖淫嫖娼。”朋友连忙劝他不要乱打电话，否则要进拘留所的。王某借着酒劲越说越有劲：“你们警察同志一定要出警噢，好好查查这家店。”说出去的话如泼出去的水，朋友劝也劝不住。

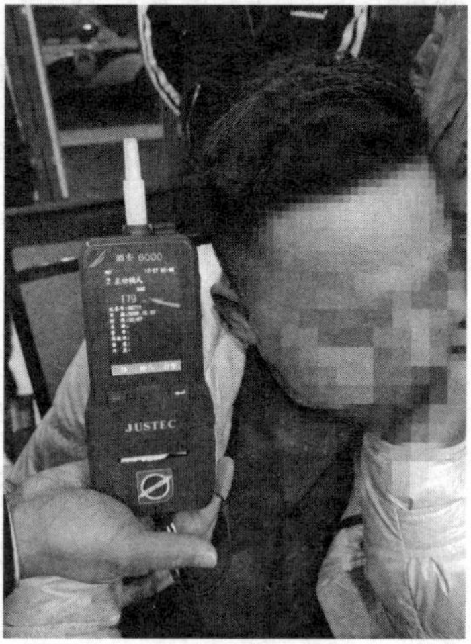

图　涉案王某

过了一分钟后，王某又拨打了110，再一次举报洗浴池有色情服务、涉黄。

警情就是命令。110民警立马赶到现场，经查这是一家普通正规、价格公道、对大众开放的洗浴池，该店并没有像王某所说的卖淫嫖娼服务。王某因为涉嫌谎报案情被口头传唤至派出所接受调查。

经查，王某处于醉酒状态，测试酒精含量达到了179mg/100ml，王某在接受询问的时候，承认了拨打两次110的行为，原因就是服务生没有给他拿拖鞋，加上当时处于醉酒状态，一时冲动就报警说该店涉黄。酒醒后，王某对自己的行为后悔不已，但是为时已晚。

江干警方依法给予王某拘留七日并处罚款二百元的行政处罚。

**争议焦点：**

王某拨打 110 举报电话声称洗浴池有色情服务，有人认为是违反《治安管理处罚法》第二十五条第一项规定的谎报警情；也有人认为是违反第六十条第二项规定的谎报案情。谎报警情和谎报案情仅一字之差，究竟有什么区别？

**警官评析之以案释法：**

**一、谎报案情行为特征**

谎报案情行为客观方面表现影响行政执法机关依法办案。谎报案情，指的是捏造或歪曲事实，故意向行政执法举报、投诉并不存在或没有发生的违法事实，在实践中最为典型的就是拨打 110 谎报案情的行为。主观方面表现为故意，即对自己的违法行为有明知。行为人的动机有多种表现形式，有的是为了干扰行政执法机关的正常工作，有的是趁机报复或者陷害他人，有的是为了打击竞争对手。当然无论什么样的动机都不会影响案件的定性。王某动机上存在着报复的心态，行为上表现为故意拨打 110，举报并不存在的卖淫嫖娼违法事实，扰乱公安机关依法办案。

**二、王某构成谎报案情的违法行为**

根据《治安管理处罚法》第六十条第一款第二项规定，有下列行为之一的，处五日以上十日以下拘留，并处二百元以上五百元以下罚款：伪造、隐匿、毁灭证据或者提供虚假证言、谎报案情，影响行政执法机关依法办案的。本案中王某侵犯了社会管理秩序和行政执法机关的行政执法活动。王某出于报复的心态，发泄自身的不满，意图让公安机关查处洗浴池的卖淫嫖娼活动，而实际上，该店并没有这样的活动，王某的行为涉嫌谎报案情。另外，王某还处于醉酒状态，根据该法第十五条的规定，醉酒的人违反治安管理的，应当给予处罚。醉酒不可能成为逃脱制裁、脱罪的免责事由。

三、谎报警情行为与谎报案情行为的区别和界限

《治安管理处罚法》第二十五条第一项规定有谎报警情行为，案由名称为虚构事实扰乱公共秩序，包括了谎报险情、谎报疫情、谎报警情。而第六十条规定有谎报案情，一字之差，究竟有什么区别？前者主要指编造火警、治安警情等，或者明知是虚假的警情，通过拨打110等方式向公安机关报案，是一种扰乱公共秩序的行为；而后者谎报案情是指行政机关在执法活动中，行为人故意向公安机关举报、投诉、提供并不存在案件事实或者夸大案件事实，从而影响公安机关办案，是一种妨害社会管理的行为。前者规定在第三章第一节扰乱公共秩序的行为和处罚中，后者规定在第四节妨害社会管理的行为和处罚中。前者侧重的是公共秩序的扰乱，谎报的内容具有紧迫性，后者侧重的是影响行政执法机关依法办案。

## 58 有偿SM行为是否属于卖淫嫖娼违法行为？

导语：传统的卖淫嫖娼，是指发生性关系，包括手淫、口淫、鸡奸等行为，只要是同性之间、异性之间以金钱为媒介发生上述关系的，一般可以认定为卖淫嫖娼的违法行为，但是现实生活往往更加“丰富多彩”。近日我局在日常的工作中就发现了一对男女在房间里发生SM“游戏行为”，那么这是一种单纯的“游戏”呢？还是违反法律的行为？笔者认为这类属于新型的违法行为，尽管在西方国家发生较多，但是我国的法律是持

反对态度的。那么这样的行为违反我国哪部法律规定呢?

**基本案情:**

12月28日，我局接到群众的匿名举报称在杭州某小区房间内，有人在吸食大麻电子烟，民警马上出警赶赴现场，经现场检测，两人的检测结果显示吗啡、甲基安非他明、氯胺酮、四氢大麻酚酸均为阴性，说明两人并未吸食毒品。

但是经进一步经询问，民警就发现了两人之间存在着违法行为。民警经过工作还原了事情真相：王某（男，26岁）有SM受虐倾向，通过网上搜索的方式用微信添加了洪某（女，25岁）。在微信上王某问洪某晚上是否有空，自己想过来体验一下受虐。洪某表示可以，并发了住址的定位给王某。

随后王某按图索骥进入了洪某的房间，之后就开始了角色扮演，洪某扮演姐姐，王某扮演弟弟，王某脱光了衣服，整个过程中，洪某用鞭子打对方屁股，让对方下跪磕头、当狗爬、扇巴掌，让对方舔其脚，更过分的是对性器官进行刺激，用夹子夹王某的乳头，用震动棒放在对方的阴茎上震动，使用假阳具插入对方的肛门。这些常人难以想象的行为，在王某看来很兴奋。王某如实交代自己是受虐方，洪某是施虐方，结束“游戏行为”之后，王某通过微信转账方式给了洪某1200元。

**争议焦点:**

在相对私密场所实施SM行为，有人认为这样的行为并没有侵害他人人身、民主权利，也没有妨害社会管理秩序，属于法无禁止即自由的行为；也有人认为该行为不但违反社会公序良俗，而且也违反《治安管理处罚法》的规定，理应受到相应的惩治。

**警官评析之以案释法：**

**一、什么是SM？**

SM来源于虐待与受虐，尤其在性方面，统指与施虐、受虐相关的意识与行为，其中S代表Sadism，指性施虐者，指中世纪法国一个侯爵名叫做萨德，喜欢对女性施加虐待，在他的作品中有大量性变态行为的描述，所以后来人们把主动的虐待症，命名为萨德；M代表Masochism，指性受虐者，19世纪奥地利小说家马索克，是一个被动虐待症病人，在他的作品里描述了许多这类变态的性活动。曾有媒体报道虐恋者因为失手导致伴侣重伤或者死亡被判过失致人重伤罪或过失致人死亡罪。另外还衍生出强奸罪、故意杀人罪、敲诈勒索罪、诈骗罪等罪名。

**二、为什么该行为构成卖淫嫖娼的违法行为？**

根据《治安管理处罚法》第六十六条规定，卖淫、嫖娼的，处十日以上十五日以下拘留，可以并处五千元以下罚款；情节较轻的，处五日以下拘留或者五百元以下罚款。在公共场所拉客招嫖的，处五日以下拘留或者五百元以下罚款。卖淫嫖娼客观方面表现为为获取金钱等财物，非法与不特定的他人发生性关系。卖淫的行为既可以发生在异性之间，也可以发生在同性之间，发生性关系的方式也包括多种。根据公安部《关于同性之间以钱财为媒介的性行为定性处理问题的批复》（公复字[2001]4号）的规定，这里的“性行为”，包括口淫、手淫、鸡奸等。另外，2003年5月国务院法制办经征求全国人大常委会法工委的意见后回函中确定这个说法，公安部对卖淫嫖娼的含义进行解释符合法律规定的权限，卖淫嫖娼，是指通过金钱交易一方向另一方提供性服务，以满足对方性欲的行为。至于具体性行为采用什么方式，不影响对卖淫嫖娼行为的认定。所以，无论是公安部，还是国务院法制办以及全国人大常委会法工委，对卖淫嫖娼的认定是一致的。所以，本案中王某和洪某的做法不是他们所称的简单的游戏行为，而是违反《治安管理处罚法》的卖淫嫖娼违法行为。

**三、为什么要取消劳动教养和收容教育制度?**

之前,有卖淫嫖娼行为的,实行劳动教养和收容教育。依据是全国人民代表大会常务委员会《关于严禁卖淫嫖娼的决定》第四条和国务院《关于卖淫嫖娼人员收容教育办法》第七条的规定。后来在2013年11月12日通过的中共中央《关于全面深化改革若干重大问题的决定》,已经废止劳动教养制度。2019年12月28日,第十三届全国人大常委会第十五次会议通过了《全国人民代表大会常务委员会关于废止有关收容教育法律规定和制度的决定》,自2019年12月29日起施行。该决定废止了全国人民代表大会常务委员会《关于严禁卖淫嫖娼的决定》第四条第二款、第四款,以及据此实行的收容教育制度。

劳动教养和收容教育制度都是带了一些时代特色的,在当时的背景下具有一定的积极意义,但是随着法治体系的不断完善,劳动教养和收容教育与现有法律体系的冲突越发明显。根据《立法法》的规定,限制人身自由的处罚应当由法律规定。收容教育是限制公民人身自由的强制教育措施,期限是六个月至二年,而国务院《关于卖淫嫖娼人员收容教育办法》是一部行政法规,因此这项制度与《立法法》的精神相抵触。

废除劳动教养和收容教育制度是法治道路上的一大进步,标志着我国法治体系越来越完善。

尽管劳动教养和收容教育已不再实施,但卖淫、嫖娼行为仍然是《治安管理处罚法》明确规定的违法行为。

## 59 吸食“笑气”的危害与吸毒无异，能否作为违法行为处理？

导语：吸食“笑气”对人体有很大的危害性，也有一定的成瘾性。各地公安机关都在查处销售和吸食“笑气”行为，但是因为“笑气”并未在毒品列管名录内，所以法律上不能作为毒品来处理。对于销售者按照未具备危险品许可资质作为非法经营罪打击，对于吸食者能否作为违法行为予以处理，存在着认识不一致的问题，有待于立法者进一步明确规定。

**基本案情：**

近日，我局民警在日常的酒店检查工作中发现有人在吸食“笑气”。事情的简要经过是：王某（男）和何某（女）相识于四个月前，11月4日，王某通过微信联系何某约其到杭州某酒店里打“笑气”，何某欣然前往。在房间里王某和何某先是喝酒、吃东西，再使用相关设备打入了“笑气”。在“笑气”的作用下，两人又持续地喝酒。

何某坦然承认：在打“笑气”的时候会有一种轻飘飘的感觉，也会产生兴奋的感觉。但是随后就会恢复正常。王某承认吸食“笑气”后会非常想喝酒，很快就上头了，马上就会迷迷糊糊。

**争议焦点：**

“笑气”具有比较大的危害性和成瘾性，嫌疑人在私密房间内吸食“笑气”行为能否作为违反治安管理行为予以打击？

**警官评析之以案释法：**

**一、“笑气”是什么？**

“笑气”是一种无机物，化学名称是一氧化二氮，化学式 $N_2O$。它是无色有甜味气体，是一种氧化剂，在一定条件下能支持燃烧，有轻微的麻醉作用并能致人发笑。其麻醉作用于1799年由英国化学家汉弗莱·戴维发现。

## 二、吸食“笑气”的危害

据国内外公开报道，长期吸食“笑气”会导致个人的心脏、肝脏、肾脏等器官受损及引起贫血和中枢神经系统损伤，严重的会出现软瘫、半瘫等症状。另外据媒体报道的吸食笑气者现身说法是持续打“笑气”会引起身体发胖、小腿走不了路以及引发口腔溃疡等疾病。

## 三、能否作为违法行为处罚

吸食“笑气”为什么会成为警方重点的整治对象，这是有深刻的社会原因的。一是娱乐场所存在“笑气”滥用现象，不仅有吸毒人员流行利用吸食“笑气”替代毒品逃避处罚，而且青少年吸食“笑气”的现象较为突出，形势十分严峻。二是吸食“笑气”的危害性，“笑气”虽然不是毒品，但跟毒品一样具有很强的成瘾性，对人体造成不同程度影响，严重时会危及生命。

关于吸食“笑气”是否属于违法行为，各地标准尺度不一，江苏宜兴警方于2020年对相关行为人作过行政拘留的处罚，依据是《治安管理处罚法》第三十条规定，违反国家规定，制造、买卖、储存、运输、邮寄、携带、使用、提供、处置爆炸性、毒害性、放射性、腐蚀性物质或者传染病病原体等危险物质的，处十日以上十五日以下拘留；情节较轻的，处五日以上十日以下拘留。另外浙江德清警方于2018年对相关行为人以非法使用危险物质为由行政拘留八日。

但是也有反对的声音，有人认为吸食“笑气”被行政拘留值得商榷。警方适用的条款是《治安管理处罚法》第三十条规定，但是该条款的非法使用危险物质应该针对的是妨害公共安全，尚不够刑事处罚的，依法由公安机关调查处理。对于案例中的个人而言，他们吸食“笑气”是跟自己的身体过不去，其在私密房间内吸食的行为并没有危害到周边不特定的人，况且就其“笑气”载体而言，即使携带了也不会有危害公共安全之危。反对者认为在适用法律上存在着任意扩大解释之嫌疑。

笔者认为，鉴于目前社会上存在着滥用“笑气”的严重性以及对青少年的毒害性、成瘾性，除了加大力度进行以案释法，广为宣传吸食“笑气”的危害性外，还应当在立法层面有所作为，将其列入毒品类范畴，才能真正地有效打击吸食“笑气”等违法行为。立法必须回应现实生活中发生的新型复杂案例，打击违法犯罪行为，维护社会和谐稳定。

**四、销售者触犯非法经营罪**

当前我国没有将“笑气”列入毒品、麻醉药品或者精神类药品的管制目录，目前将其作为普通化学品列入危险化学品范畴（2015 年），要求经营者必须依法办理危险品许可手续。未经许可经营“笑气”的，按照非法经营罪定罪处罚。南京市鼓楼区人民法院有个判例：认定林某非法销售“笑气”金额共计 27 万余元，王某一非法销售“笑气”金额共计 11 万余元，王某二非法销售“笑气”金额共计 5 万余元，云某非法销售“笑气”金额共计 6 万余元。上述四人在没有取得危险化学品经营许可资质的情况下，明知客户购买“笑气”用于吸食，仍然向不特定对象出售，有的还出售给未成年人，触犯了《刑法》第二百二十五条规定的非法经营罪。2019 年 7 月 17 日，南京市鼓楼区人民法院以非法经营罪判处四名被告人九个月至一年零二个月不等的有期徒刑，并处人民币 4 万元至 10 万元不等的罚金。

## 60 对查获异地吸毒人员该如何处理？

导语：国家对毒品有严格的管理规定，一直重视禁毒工作，对于吸毒行为严厉打击。目前吸毒人员流动频繁，如何有效打击吸毒行为，是摆在执法者面前的一道难题。对于吸毒行为在外省，却在本地查获，那么本地是否有权管辖？按照公安部的批复精神，违法行为有持续地，“持续地”属于违法行为发生地，发现地公安机关是可以按照违法行为发生地进行管辖的。

**基本案情：**

2月10日民警在例行旅馆检查工作中，发现巴某行迹可疑，经检呈甲基安非他明阳性。经查，违法嫌疑人巴某，男，33岁，四川省甘孜县人。两个多月前，巴某在甘孜老家向某个上家购买了100元的冰毒，后来巴某自制吸食冰毒工具，在老家村子后面的一个山沟沟里用打火机加热玻璃壶的方式吸食冰毒。

民警使用新鲜尿检板对其尿样进行检验，结果呈吗啡阴性、甲基安非他明阴性、氯胺酮阴性、二亚甲基双氧非安他明阴性、四氢大麻酚酸阴性。

后经司法鉴定中心对巴某的头发进行了鉴定，其头发（发根端3cm以内）含有甲基苯丙胺。经询问和查询得知，巴某曾于2016年3月因吸毒被成都市公安局武侯分局行政拘留12日；2016年5月因吸毒被成都市武侯分局行政拘留12日并处社区戒毒。

**争议焦点：**

吸毒人员巴某自述是在外省吸毒，后在杭州被查获，那么查获地公安机关能否管辖和处理？能否认定吸毒行为是一种持续状态？

**警官评析之以案释法：**

**一、对查获异地吸毒人员如何处理？**

根据2008年5月4日《公安部关于对查获异地吸毒人员处理问题的批复》（公复字〔2008〕3号）规定，吸毒案件属于公安行政案件的范畴。根据《行政处罚法》和《公安机关办理行政案件程序规定》的相关规定，公安行政案件由违法行为发生地公安机关管辖，由违法行为人居住地公安机关管辖更为适宜的，可以由违法行为人居住地公安机关管辖。违法行为发生地包括违法行为实施地、违法行为结果发生地、销赃地等与违法活动有关的地方。违法行为有继续或者持续状态的，违法行为继续或者持续的地方都属于违法行为发生地。而吸毒行为，就其行为特性而言，是一种持续状态，发现地公安机关可以按照违法行为发生地原则予以管辖。但是，如果吸毒行为实际发生地的公安机关已对吸毒人员依法处理的，发现地公安机关则不得对同一行为作出处理决定。

可见，在本案中，虽然巴某吸毒的行为发生在四川省甘孜县，但是其在杭州某宾馆被查获，根据公安部批复精神，吸毒是一种持续状态，发现地公安机关可以按照违法行为发生地原则予以管辖和处理。最终，江干警方给予巴某拘留12日的行政处罚。

**二、对吸食毒品的行为人予以治安管理处罚，是否需要吸毒成瘾？**

根据《禁毒法》第六十二条规定，吸食、注射毒品的，依法给予治安管理处罚。吸毒人员主动到公安机关登记或者到有资质的医疗机构接受戒毒治疗的，不予处罚。根据《治安管理处罚法》第七十二条第三项的规定，吸食、注射毒品的，处十日以上十五日以下拘留，可以并处二千元以下罚款；情节较轻的，处五日以下拘留或者五百元以下罚款。所以无论是否成瘾，都应当给予治安管理处罚。吸毒人员主动到公安机关登记，是指吸毒人员在公安机关未掌握其吸毒的情况下主动到公安机关登记吸毒的行为。在此情况下，公安机关应当对其教育，但不予治安管理处罚。

**三、是否可以作出强制隔离戒毒决定？**

根据《吸毒成瘾认定办法》第七条规定，吸毒人员同时具备以下情形的，公安机关认定其吸毒成瘾：（一）经血液、尿液和唾液等人体生物样本检测证明其体内含有毒品成分；（二）有证据证明其有使用毒品行为；（三）有戒断症状或者有证据证明吸毒史，包括曾经因使用毒品被公安机关查处、曾经进行自愿戒毒、人体毛发样品检测出毒品成分等情形。戒断症状的具体情形，参照卫计委制定的《阿片类药物依赖诊断治疗指导原则》和《苯丙胺类药物依赖诊断治疗指导原则》《氯胺酮依赖诊断治疗指导原则》确定。

第八条规定，吸毒成瘾人员具有下列情形之一的，公安机关认定其吸毒成瘾严重：（一）曾经被责令社区戒毒、强制隔离戒毒（含《禁毒法》实施以前被强制戒毒或者“劳教”戒毒）、社区康复或者参加过戒毒药物维持治疗，再次吸食、注射毒品的；（二）有证据证明其采取注射方式使用毒品或者至少三次使用累计涉及两类以上毒品的；（三）有证据证明其使用毒品后伴有聚众淫乱、自伤自残或者暴力侵犯他人人身、财产安全或者妨害公共安全等行为的。

根据《禁毒法》第三十八条第四项之规定，经社区戒毒、强制隔离戒毒后再次吸食、注射毒品的。由县级以上人民政府公安机关作出强制隔离戒毒的决定。

强制隔离戒毒的期限为二年。巴某曾经被社区戒毒，现在复吸冰毒，公安机关认定其吸毒成瘾严重。因此，巴某被作出强制隔离戒毒二年的决定。

## 61 社区戒毒是什么概念？期限有多长？

导语：社区戒毒是公安机关针对吸毒成瘾者采取的戒毒治疗措施，让其到街道、乡镇禁毒部门履行社区戒毒协议，最终达到戒毒的目的。社区戒毒人员应当在收到决定书之日起15日内到执行地报到，如果戒毒人员已经限制在拘留所里，那15日该如何起算呢？

**基本案情：**

3月20日，民警在火车东站巡逻时发现一名吸毒前科的男子王某，经发检结果显示甲基安非他明阳性。

据王某交代，其于3月18日在桑植县朋友家中留宿的时候，发现朋友张某在家中吸食冰毒，王某并没有阻止朋友停止吸毒，反而在朋友的邀请之下加入吸毒行列。王某表示本来是不想吸的，因为之前吸毒被行政处罚过，但是他没有忍住，与朋友一起吸食了冰毒。之后就买了动车票到杭州打工。

经对王某的尿样进行检验，结果呈冰毒阳性反应。后又委托司法鉴定中心对其头发（发根端3cm）进行了甲基苯丙胺成分鉴定，鉴定的结论是头发含有甲基苯丙胺。

经查，王某曾于2016年12月20日因吸毒违法行为被桑植县公安局行政拘留12日。

**争议焦点：**

社区戒毒人员应当自收到责令社区戒毒决定书之日起15日内到社区戒毒执行地报到，在吸毒行政处罚和社区戒毒决定书同时报批的情况下，这15日是否包含吸毒人员在拘留所限制人身自由的时间？有人认为包含限制人身自由时间，因为《戒毒条例》规定的是收到社区戒毒决定书之日起15日；有人认为不包含限制人身自由时间，因为限制人身自由了，客观上无法报到，所以从拘留结束之日起再计算15日才是报到的期限。

**警官评析之以案释法：**

**一、什么是社区戒毒？**

社区戒毒是公安机关针对吸毒者最轻的一种强制性的戒毒治疗措施，非行政处罚。社区戒毒是《禁毒法》新增的戒毒措施，规定在《禁毒法》第三十三条。国家采取各种措施帮助吸毒人员戒除毒瘾，教育和挽救那些吸毒时间不长、毒瘾不深、本人具有戒毒意愿的吸毒人员。社区戒毒的作出机构是公安机关，执行机构是吸毒者所在地的街道、乡镇禁毒部门。社区戒毒的期限为三年。

社区戒毒人员应当遵守法律、法规，自觉履行社区戒毒协议，根据公安机关的要求，定期接受检测。

**二、能否认定吸毒成瘾？**

一旦认定了王某吸毒成瘾，公安机关可以责令其接受社区戒毒，同时要通知王某户籍所在地或者现居住地的城市街道办事处、乡镇人民政府。

如何认定吸毒成瘾，具体操作规定在《吸毒成瘾认定办法》部门规章中。吸毒成瘾认定，是指公安机关或者其委托的戒毒医疗机构通过对吸毒人员进行人体生物样本检测、收集其吸毒证据或者根据生理、心理、精神的症状、体征等情况，判断其是否成瘾以及是否成瘾严重。

根据《吸毒成瘾认定办法》第七条规定，吸毒人员同时具备以下情形的，公安机关认定其吸毒成瘾：（一）经血液、尿液和唾液等人体生物样本检测证明其体内含有毒品成分；（二）有证据证明其有使用毒品行为；（三）有戒断症状或者有证据证明吸毒史，包括曾经因使用毒品被公安机关查处、曾经进行自愿戒毒、人体毛发样品检测出毒品成分等情形。

本案中，王某的尿样呈冰毒阳性，发检结果含有甲基苯丙胺，证明其体内确定含有毒品成分，另外其供认伙同朋友一起吸食冰毒的事实。经查，他还曾于 2016 年因吸食毒品被公安机关行政拘留。因此，根据上述事实和证据，公安机关能够认定王某吸毒成瘾。

**三、社区戒毒是否需要通知家属？**

王某因为本次的吸毒行为违反《治安管理处罚法》第七十二条第三项规定，被处以行政拘留 12 日，同时又因为王某吸毒成瘾，根据《禁毒法》第三十三条的规定，责令行为人接受社区戒毒三年，自报到之日起计算。

社区戒毒决定书除交给本人签收外，是否需要通知家属呢？

根据《戒毒条例》第十三条之规定，对吸毒成瘾人员，县级、设区的市级人民政府公安机关可以责令其接受社区戒毒，并出具责令社区戒毒决定书，送达本人及其家属，通知本人户籍所在地或者现居住地乡（镇）人民政府、城市街道办事处。

所以不仅要通知家属，而且要通知本人所在的乡镇、街道办事处。

因为禁毒是全社会的共同责任，国家机关、社会团体、企事业单位、家庭、本人等，都要履行相关职责和义务，通知家属之后，家属更要关心、关爱吸毒家庭成员，通过家庭的温情使吸毒人员痛改前非、戒除毒瘾，同时也在一定程度上起到监护、督促的作用。呈现社区戒毒、医疗戒毒、家属监督三管齐下的良好氛围。

**四、收到社区戒毒决定书后 15 日内报到**

根据《戒毒条例》第十四条之规定，社区戒毒人员应当自收到责令社区戒毒决定书之日起 15 日内到社区戒毒执行地乡（镇）人民政府、城市街道办事处报到，无正当理由逾期不报到的，视为拒绝接受社区戒毒。

公安机关在作出社区戒毒决定书的时候，会告知吸毒人员收到决定书之日起 15 日内持本决定书到社区戒毒执行地报到，否则会被视为拒绝接受社区戒毒。

一旦被认定拒绝接受社区戒毒，县级以上人民政府公安机关可以作出强制隔离戒毒的决定，而强制隔离戒毒的期限是二年。

关于收到社区戒毒决定书后的15日如何计算？是否包括在限制人身自由的拘留所里的时间？笔者认为是不包括的。就本案来讲，王某因吸毒被行政拘留12日，这12日是在拘留所里度过的，要算报到期限的话，应该从行政拘留12日结束之后再计算15日。如果按照收到决定书之日起15日内，可能对嫌疑人不利，该12日对嫌疑人来说是客观不能，无法报到，并非因为主观上不想报到的因素。

前面所说的是吸毒报批同时将社区戒毒报批的情况，还有另外一种操作办法，即待行政拘留12日结束之日，再另外报请社区戒毒决定审批，那么吸毒人员在收到决定书之日起15日的期限内就完全可以到执行地报到了，时间非常充裕。

## 62 涉刑强制隔离戒毒人员剩余强制隔离戒毒期限如何执行？

导语：涉刑强制隔离戒毒人员如何继续执行剩余强制隔离戒毒期限的问题，一直以来都是难点。执法实务中，吸毒人员既涉嫌吸毒被行政拘留和强制隔离戒毒，同时又涉嫌刑事犯罪面临刑罚，比如“既贩又吸人员”。这涉及刑拘、逮捕、刑罚执行与强制隔离戒毒之间如何衔接执行的问题，稍微不留神就会出现脱失问题。对此公安部的批复和浙江省规范性文件都有具体的规定，对实务办案有一定的指导和参考作用。

**基本案情：**

2019 年 12 月 25 日王某因涉嫌诈骗罪在广西桂林某酒店被公安机关抓获，并于当日被我局刑事拘留，后于 2020 年 1 月 21 日因涉嫌诈骗罪被区检察机关批准逮捕。

王某被刑拘，带回杭州进入办案区后，民警对其的尿样进行现场检测，结果为甲基安非他阳性，后经进一步讯问，其交代因好久未吸食了所以于 2019 年 12 月 23 日晚上在广西桂林某宾馆内以烫吸的方式吸食冰毒若干。

经查，王某曾于 2017 年 8 月因吸毒被广州市公安局白云区分局行政拘留十五日，2018 年 1 月又因吸毒被广州市公安局白云区分局行政拘留十日，并责令社区戒毒三年。

经联系王某户籍地乡镇社区戒毒管理站，王某被责令社区戒毒后一直未到执行地乡镇社区戒毒管理站报到，属于《禁毒法》第三十八条规定的拒绝接受社区戒毒情形。

最终，根据《治安管理处罚法》第七十二条第三项，公安机关决定给予王某行政拘留十二日的行政处罚；又根据《禁毒法》第三十八条第一项、第四十七条第一款规定，决定对王某强制隔离戒毒二年。

同时又因涉嫌诈骗罪的犯罪问题，最终，王某被判处有期徒刑一年，并处罚金八千元，刑期自 2019 年 12 月 25 日至 2020 年 12 月 24 日。

王某的诈骗犯罪被判处有期徒刑一年，而吸毒被行政拘留十二日，强制隔离戒毒又是二年，既有犯罪刑罚执行，又涉及行政处罚和行政强制措施，该如何执行？

**争议焦点：**

犯罪嫌疑人既涉嫌犯罪被判刑，又因为吸毒被强制隔离戒毒，那么涉刑强制隔离戒毒人员剩余强制隔离戒毒期限如何执行？期限又如何计算？

**警官评析之以案释法：**

**一、吸毒和强制隔离如何执行？**

违法行为人同时被决定行政处罚和强制隔离戒毒，该如何执行的问题，2013 年 1 月 1 日施行的《公安机关办理行政案件程序规定》第一百九十五条规定，对同时决定行政拘留和社区戒毒或者强制隔离戒毒的人员，应当先执行行政拘留，行政拘留的期限不计入社区戒毒或者强制隔离戒毒的期限。拘留所不具备戒毒治疗条件的，可由公安机关管理的强制隔离戒毒所代为执行行政拘留。

而 2019 年 1 月 1 日施行的《公安机关办理行政案件程序规定》修改了之前的规定，将行政拘留的期限计算在强制隔离戒毒的期限里。

具体条款是第二百二十一条，对同时被决定行政拘留和社区戒毒或者强制隔离戒毒的人员，应当先执行行政拘留，由拘留所给予必要的戒毒治疗，强制隔离戒毒期限连续计算。

拘留所不具备戒毒治疗条件的，行政拘留决定机关可以直接将被行政拘留人送公安机关管理的强制隔离戒毒所代为执行行政拘留，强制隔离戒毒期限连续计算。

为什么会作出这样的修改，这是因为根据《戒毒条例》第二十七条规定，强制隔离戒毒的期限为2年，自作出强制隔离戒毒决定之日起计算。法条规定是作出决定之日起开始计算，从时间上看，行政拘留和强制隔离戒毒在执行上存在重叠，执行行政拘留的同时也执行了强制隔离戒毒，所以行政拘留的天数也计算在强制隔离戒毒期限里了，一般行政拘留合并执行最多也就 20 日，而强制隔离戒毒 2 年，这样的执行方式对违法行为人是有利的。

**二、剩余强制隔离戒毒期限执行的问题？**

一般来说，刑罚的执行时间如果超过强制隔离戒毒的 2 年，就不会涉及继续执行的问题，本文针对的是刑罚时间短于强制隔离戒毒的时间，这就涉及剩余强制隔离戒毒期限的执行。

根据《戒毒条例》第三十六条规定，强制隔离戒毒人员被依法收监执行刑罚、采取强制性教育措施或者被依法拘留、逮捕的，由监管场所、羁押场所给予必要的戒毒治疗，强制隔离戒毒的时间连续计算；刑罚执行完毕时、解除强制性教育措施时或者释放时强制隔离戒毒尚未期满的，继续执行强制隔离戒毒。

如本案中的王某，因犯诈骗罪的刑罚是1年，而强制隔离戒毒是2年，所以除去在监狱执行的1年，还需要转送到强制隔离戒毒所继续执行剩下的1年强制隔离戒毒。

2016年2月2日，公安部下发《关于对涉刑强制隔离戒毒人员剩余强制隔离戒毒期限继续执行有关问题的批复》（公复字［2016］1号），规定强制隔离戒毒期限未满，刑罚执行完毕后未能继续执行的人员，再次被公安机关查获的，应当送原强制隔离戒毒所执行。

2016年8月23日，浙江省公安厅、司法厅联合印发的《涉刑强制隔离戒毒人员剩余强制隔离戒毒期限执行工作规定》第二条规定，强制隔离戒毒期限未满的涉刑强制隔离戒毒人员，应当继续执行强制隔离戒毒。涉刑强制隔离戒毒人员羁押性刑罚执行完毕或者刑事拘留、逮捕羁押期限届满后，或者涉刑强制隔离戒毒人员被采取取保候审或监视居住的，或者被判处缓刑、管制、假释的，应当送强制隔离戒毒所继续执行强制隔离戒毒。

王某因拒绝接受社区戒毒被决定强制隔离戒毒二年，自2019年12月31日至2021年12月30日。因诈骗罪被人民法院判处有期徒刑一年（2019年12月25日至2020年12月24日），现刑罚执行完毕，王某的强制隔离戒毒期限未满，根据《戒毒条例》第三十六条规定，应当继续执行剩余强制隔离戒毒期限，经重新计算，王某剩余强制隔离戒毒期限自2020年12月25日至2021年12月30日。

### 三、再次查获时有复吸怎么处理？

根据公安部《关于对涉刑强制隔离戒毒人员剩余强制隔离戒毒期限继续执行有关问题的批复》的规定，强制隔离戒毒人员再次被查获时，发现其有复吸毒品行为的，查获地公安机关应当在继续执行强制隔离戒毒人员登记表中注明，并将相关证据材料附后。

这就说明，强制隔离戒毒人员在脱失期间再次被查获时发现有复吸毒品行为的，查获地公安机关不能做新的强制隔离戒毒决定，而是应当继续执行先前的强制隔离戒毒。

在《继续执行强制隔离戒毒人员登记表》中注明强制隔离戒毒期限、已执行强制隔离戒毒期限、继续执行强制隔离戒毒期限和再次查获时的吸毒检测结果等情况。

## 63　治安调解案件办案期限如何计算？

导语：中国传统历史文化十分强调“以和为贵”的矛盾纠纷解决方式，老百姓不喜欢打官司，“息讼止争”“喜调厌讼”是常见的纷争解决方式，他们要的是“利益最大化”，他们要的是“讨个说法”，对程序方面追求不是很高。本期就来说一说程序上面的要求——治安调解的办案期限问题。

**基本案情：**

7月1日中午，张某在某拉面馆收银台前准备付钱吃面，临近中午饭点排队买面的人比较多，张某还没有完成付款扫码，后面的王某就迫不及待了，追问怎么还没有好，张某说："你这小伙子性子怎么这么急？"王某说："你扫个付款码还这么慢，你还不如到别处吃。"张某说："我在不在这里吃，还用得着你管啊？"王某说："咋的，我就说你怎么了？"双方你一言我一语骂开了，后王某动手打了张某，造成张某左臂软组织挫伤，后张某报警。

打架案件发生后，派出所民警将双方带回派出所调解，公安机关于当日受案，制作了双方的笔录，后制作了证人证言的笔录，调取了案发现场的监控视频，固定了相关证据。

后于 7 月 4 日派出所民警组织双方进行调解，然后双方因为赔偿的问题差距有些大，此次调解并未成功。

**争议焦点：**

上述案例中治安调解案件的办案期限从什么时候开始起算？60 日的办案期限如何计算？有观点认为是从 7 月 1 日至 8 月 30 日；也有观点认为是从 7 月 4 日至 9 月 2 日。

**警官评析之以案释法：**

**一、关于调解案件的起算时间**

办案期限是法定的案件办理期限，如果办案期限超期则有可能被法院判决确认违法的风险，所以遵循办案期限是最低要求。关于调解案件的办案期限，规定在《公安机关办理行政案件程序规定》第一百八十五条第二款，"调解案件的办案期限从调解未达成协议或者调解达成协议不履行之日起开始计算。"

本案中公安机关 7 月 1 日受理了案件，正常办理治安案件的期限是自受理之日起不得超过30日，案情重大、复杂的，经上一级公安机关批准，可以延长 30 日。也就是说，最长有60日的办案期限。即 7 月 1 日

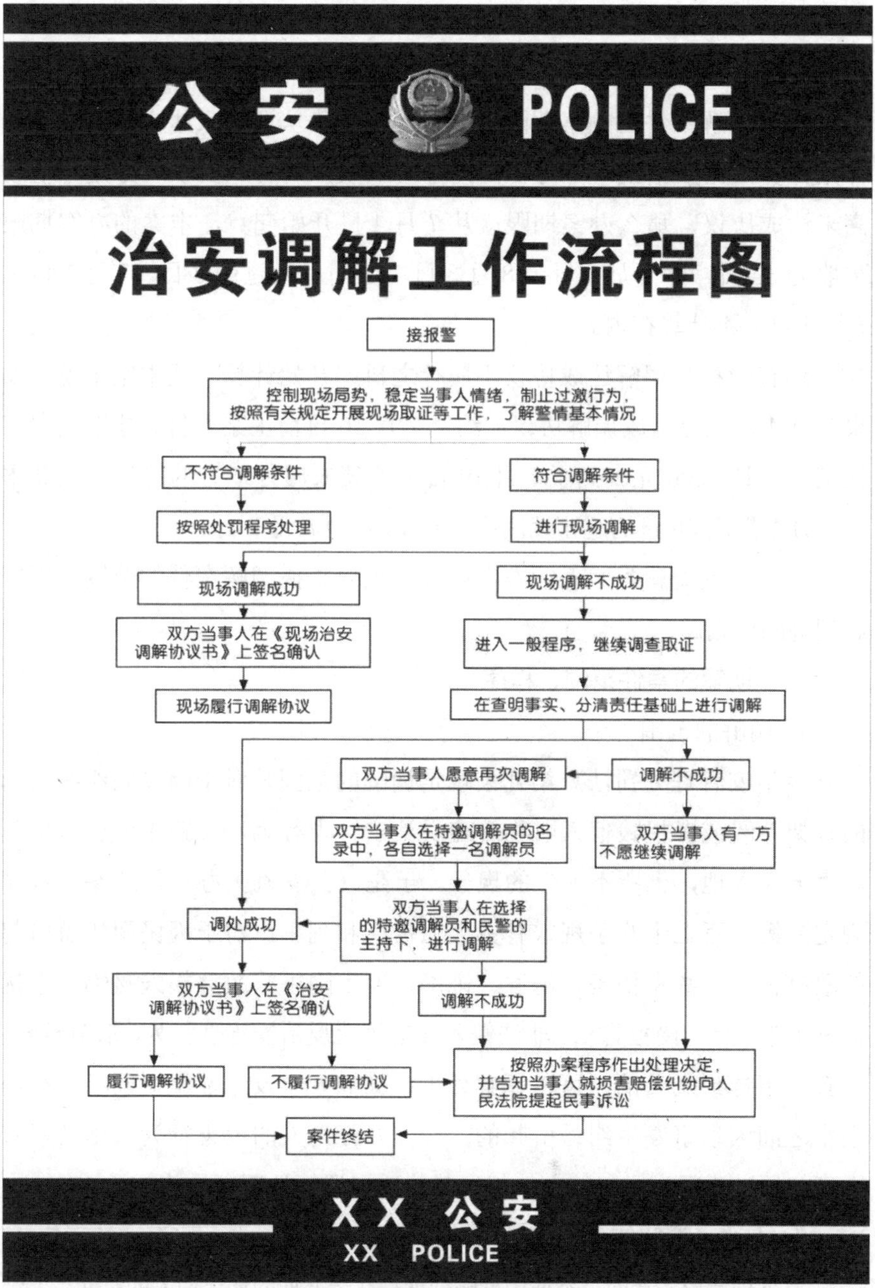
公安 POLICE
治安调解工作流程图
接报警
控制现场局势，稳定当事人情绪，制止过激行为，按照有关规定开展现场取证等工作，了解警情基本情况
不符合调解条件
符合调解条件
按照处罚程序处理
进行现场调解
现场调解成功
现场调解不成功
双方当事人在《现场治安调解协议书》上签名确认
进入一般程序，继续调查取证
现场履行调解协议
在查明事实、分清责任基础上进行调解
双方当事人愿意再次调解
调解不成功
双方当事人在特邀调解员的名录中，各自选择一名调解员
双方当事人有一方不愿继续调解
调处成功
双方当事人在选择的特邀调解员和民警的主持下，进行调解
双方当事人在《治安调解协议书》上签名确认
调解不成功
履行调解协议
不履行调解协议
按照办案程序作出处理决定，并告知当事人就损害赔偿纠纷向人民法院提起民事诉讼
案件终结
XX 公安
XX POLICE

图　治安调解工作流程图

至8月30日，在这个期间必须有处理结果，要么有处罚结果，要么不予处罚，要么调解完毕。

那么调解案件的办案期限有另外的规定，从调解未达成协议之日起开始计算，比如本案中7月4日民警组织双方调解，由于一方期望值较高未达成协议，那么办案期限就从7月4日开始起算，本案的办案期限一般为30日，即7月4日至8月3日。之间已经过的3日（7月1日至7月4日）不计算在内。

还有一种是调解达成协议不履行之日起开始计算。就本案来说，如果7月4日双方达成调解协议，约定7月10日前王某支付完毕医药费和误工费共计1000元。到了7月10日，王某未履行双方的协议，至此本案的办案期限30日的起止期间为7月10日至8月9日。

对于治安调解类案件，办案机关必须要掌握调解案件的范围、程序和调解的原则。

**二、调解的案件范围、程序**

1. 调解的范围

《治安管理处罚法》第九条规定调解的范围是对于因民间纠纷引起的打架斗殴或者损毁他人财物等违反治安管理行为，实践中派出所出现了“上天入地，无所不调”的现象。于是《公安机关办理行政案件程序规定》第一百七十八条规定有更大的扩展和列举，对于因民间纠纷引起的殴打他人、故意伤害、侮辱、诽谤、诬告陷害、故意损毁财物、干扰他人正常生活、侵犯隐私、非法侵入住宅等违反治安管理行为，情节较轻，具有以下情形之一的，可以调解处理：（一）亲友、邻里、同事、在校学生之间因琐事发生纠纷引起的；（二）行为人的侵害行为系由被侵害人事前的过错行为引起的；（三）其他适用调解处理更易化解矛盾的。

2. 不适宜调解的范围

有下列情形之一的，不适用调解处理：（一）雇凶伤害他人的；（二）结伙斗殴或者其他寻衅滋事的；（三）多次实施违反治安管理行为的；（四）当事人明确表示不愿意调解处理的；（五）当事人在治安调解过程中又针对对方实施违反治安管理行为的；（六）调解过程中，违法嫌疑人逃跑的；（七）其他不宜调解处理的。

这是反向列举了不能适用调解的范围，哪怕双方当事人都有调解的意向，也不能调解。

3. 调解程序

根据公安部《公安机关治安调解工作规范》第九条规定，调解一般为一次，必要时可以增加一次。对明显不构成轻伤、不需要伤情鉴定以及损毁财物价值不大，不需要进行价值认定的治安案件，应当在受理案件后的3个工作日内完成调解；对需要伤情鉴定或者价值认定的治安案件，应当在伤情鉴定文书和价值认定结论出具后的3个工作日内完成调解。对一次调解不成，有必要再次调解的，应当在第一次调解后的7个工作日内完成。

**三、调解的原则**

1. 自愿原则

治安调解是在公安机关的主持之下开展矛盾化解工作，使得双方握手言和，达成一种纠纷化解的治安调解协议。双方当事人必须遵循自愿的原则，任何一方不能强迫另一方接受调解，作为主持调解的公安机关当然也不能胁迫任何一方接受公安机关的调解，双方必须出于真实意思的表示，这类似于《民法典》中平等主体之间的当事人实施民事法律行为必须遵守的自愿原则，也就是出于真实意思的表示。

2. 公正原则

司法机关存在的意义就是要保证处理案件的公平正义，让人民群众在每一起司法案件中都能感受到公平和正义，这是法治政府原则和要求的体现。而公正的前提是查清案件的原本面貌，分清每一个当事人的责任，再根据相关法律法规、民风习俗、人情道理向当事人阐述法理、说明原因以及法律责任，提出切实可行的调解意见，由双方磨合、协商，提出“最大公约数”，不偏袒任何一方，尊重事实，维护法律。

3. 教育原则

《治安管理处罚法》第五条规定，“办理治安案件应当坚持教育与处罚相结合的原则。”治安案件，大多是违反治安管理行为。俗话说一个巴掌拍不响，发生了矛盾纠纷可能双方或多或少有些原因。公安机关在查明案情事实后，对违反治安管理行为这一方，要及时指出错误和违法之处，以及可能会受到的治安处罚和其他民事责任，如果另一方未违反治安管理，只是语气态度上生硬的问题，那可以给这一方指出相应的问题，从道德层面进行说服和教育，通过政策、法律、道德的宣讲教育，让当事人自觉遵守法律法规，出了问题通过合理方式解决矛盾，不能逞一时之快而后悔不已。

综上，调解必须及时、快捷、高效，不能久拖不决、久调不决，最大限度增加社会和谐因素、减少不和谐因素，化解人民内部矛盾。

尽管规定了调解期限，公安机关也要本着为人民服务的理念，尽早了结纠纷，恢复原有的生产、生活秩序。

## 64 具有两个“情节严重”时的量罚原则

导语：关于违反治安管理行为的裁量，公安部和公安厅，出台了各种指导意见，目的就是建立健全行政裁量权制度，规范治安管理处罚裁量权，减少执法随意性，维护公平和正义。公安部有《公安机关对部分违反治安管理行为实施处罚的裁量指导意见》，浙江省公安厅有《浙江省公安机关行政处罚裁量基准》，进一步细化了裁量基准，明确了“情节较轻”“情节较重”“情节严重”等具体情形，为法律的正确、精准实施提供了指导。

**基本案情：**

1月23日10时许，任某到派出所报案称其放在临丁路集装箱里的酱鸭和电线被偷。

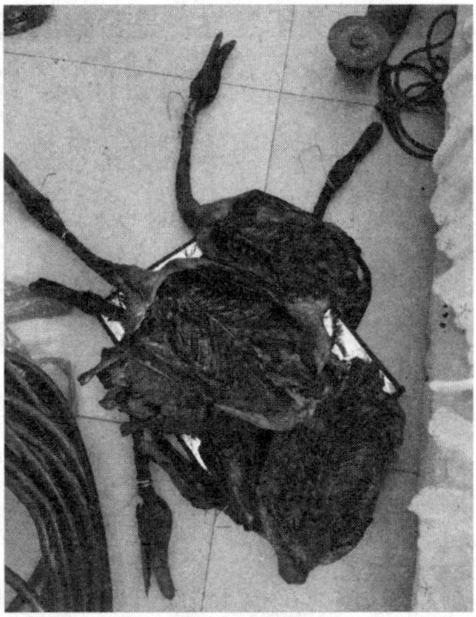

图　涉案物品

警方本着群众利益无小事的理念，迅速展开侦查，通过视频监控锁定了嫌疑人王某。据王某陈述，1月22日晚上，其酒足饭饱后准备骑电动车回家，经过路边的一个集装箱时，当时一瞬间鬼迷心窍，想看看集装箱里面是否有值钱的东西可以偷走，于是就在路边附近就地取材捡了一块石头，用石头砸坏集装箱门上的锁，接着打开门，进入王某眼帘的是7只酱鸭、4捆电线。二话不说就偷走了这些物品，由于一次拿不完，先拿走7只酱鸭和2捆电线。

拿回家后，王某寻思着反正已经偷了，干脆把剩下的2捆电线也都拿走好了，于是又折返回来，把剩余的电线也偷走了，值钱的物品一点不剩，偷得一干二净。

后民警在其出租房中找到了上述物品，王某交代自己是装修工，这些电线是想拿回家做装修用，至于酱鸭正好过年可以享用。民警根据《治安管理处罚法》第八十九条第一款的规定对在王某家中查获的物品进行扣押。

经鉴定，上述物品的价值为2500元。

**争议焦点：**

行为人违反治安管理行为，具有两个“情节较重”情节，在量罚上与具有一个“情节较重”是否一样？如不一样，体现在哪里？

**警官评析之以案释法：**

**一、关于定性，是否构成盗窃行为？**

关于是否构成盗窃行为，这个是毫无疑问的，砸了人家的锁，盗走人家的物品，还来回取了两次，这样盗窃的行为是板上钉钉的。退一步讲，即使该集装箱没有锁门，随时可以进入，如果行为人到里面取走物品，也是构成盗窃的，因为盗窃相当于把他人占有的物品转变为自己所有。原则上，根据社会一般人的认知，放在封闭的集装箱里的物品一般是有主的，其他人是不可以随意侵占的。另外盗窃还有两层意思，一是排除权利人的占有，二是利用。王某占有了该物品就已经排除了被侵害人的占有，王某也打算自食或者自用。

根据《治安管理处罚法》第四十九条规定，盗窃、诈骗、哄抢、抢夺、敲诈勒索或者故意损毁公私财物的，处五日以上十日以下拘留，可以并处五百元以下罚款。因为王某盗窃的物品价值未到3000元，所以构成盗窃违反治安管理行为。

**二、关于量罚，具有两个“情节较重”情节，该如何量罚？**

根据《浙江省公安机关行政处罚裁量基准》中关于盗窃的裁量基准，有下列情形之一的，属于“情节较重”：（一）盗窃财物价值达到刑事立案追诉标准百分之五十以上；（二）盗窃财物价值虽未达刑事立案追诉标准百分之五十以上的，但有下列情形的：采取专用工具、技术性手段或者破坏性盗窃的。所以上述案情中，王某采用破坏性手段盗窃和盗窃财物价值达到1500元以上，属于两个“情节较重”的情形。

在2018年6月5日之前，对于具有两个“情节较重”情节的，在处罚权裁量的时候会在第二档中往重的方向靠，至于并处罚款基本上没有作。但是根据 2018 年 6 月 5 日公安部出台的《公安机关对部分违反治安管理行为实施处罚的裁量指导意见》（以下简称《指导意见》）第九条规定，违反治安管理行为，具有两个以上“情节较重”或者“情节严重”情节，且无从轻、减轻或者不予处罚等法定裁量情节，《治安管理处罚法》规定“可以并处”罚款的，一般决定适用并处罚款。

公安部为了规范公安机关治安管理处罚裁量权，确保执法公平公正，制定了《指导意见》，对于具有两个“情节较重”情节，而无从轻等裁量情节的，一般决定拘留的时候并处罚款，这也符合罪刑相适应的原则。

最终，江干区公安分局决定给予王某拘留十三日并处罚款五百元的行政处罚。

**三、关于次数，盗窃一次还是盗窃二次？**

行为人第一次路过的时候盗窃了一次，后又折返回来再次盗窃了一次，那么能否认定为二次盗窃呢？笔者认为只能定一次盗窃。

这就涉及“次”的认定。一般情况下，对基于同一概括的故意，在同一时间段内在相对固定的区域连续实施的盗窃行为可以认定为一次盗窃行为。

这是一个连续作案的过程，盗窃行为具有连续性。比如，在同一个白天，在一个写字楼内不同的楼层连续入室盗窃，可以认定为一次盗窃；再如在同一个晚上，在某个小区地下车库连续盗窃多辆电动自行车，也可以认定为一次盗窃。

本案中，折返回来的时间可以认定为同一时间（晚上），对集装箱内的物品再次盗窃，可以认定为同一个地方，而且是完全一模一样的地方。除非是今天到集装箱盗窃一次，隔几天又到集装箱盗窃一次，如此就会被认定为二次盗窃，如果再隔几天，又盗窃一次的话，那会被认定为“多次盗窃”，“多次盗窃”即可刑事拘留。

## 65 刑罚执行完毕三年内违反治安管理如何理解？是否包括附加刑？

导语：《公安机关办理行政案件程序规定》第一百六十条第五项之规定，违法行为人有下列情形之一的，应当从重处罚：刑罚执行完毕三年内，或者在缓刑期间，违反治安管理的。对于其中的刑罚执行完毕如何理解？对于缓刑结束后又违反治安管理的如何适用？行政处罚实践中经常遇到的问题，关于这一条的法律适用如何衡量，且看下面一则案例。

**基本案情：**

2020年12月15日15时左右，周某值班结束后回到酒店4楼员工宿舍睡觉休息，躺了十分钟左右突然听到钱包暗扣被打开的声音，周某迷糊中把头转到左侧，睁开眼睛发现床头站着一个戴口罩的男子正在翻动她的钱包，周某厉声喊道："你想干吗？"口罩男子迅速从钱包抽出钱后赶紧跑出了房间，消失得无影无踪。随后，周某立马报警。

接到警情后，民警同志立即展开侦查，经监控追踪发现违法行为人租住在杭州某小区，很快将其抓获。经询问，违法行为人对自己进入员工宿舍楼盗窃他人钱包内的人民币供认不讳。当日15时，违法行为人王某沿着楼梯上楼，进入一个房间里面，这个房间没有锁门，就随口问了一声："你好，有没有人？"见没人回应，王某看到一个高低铺上面挂着一个包包，里面有钱夹子，王某打开后发现里面有5张百元人民币，在翻动的时候惊醒了刚睡不久的周某，于是王某拿走钱后迅速逃离。

**争议焦点：**

经查，违法行为人王某在2019年9月因盗窃罪被三门县人民法院判处有期徒刑一年，缓刑一年，罚金一千元。现又违反治安管理，那么王某是否属于“刑罚执行完毕三年内，或者在缓刑期间，违反治安管理”呢？此案如何裁量？

**警官评析之以案释法：**

**一、王某的行为构成盗窃的违法行为，且是入室盗窃**

王某进入的房间，实施盗窃钱包内手机的行为构成盗窃的违法行为毫无疑问，因为盗窃的金额不到三千元，所以没有达到追究刑事责任的标准。那么究竟是构成入户盗窃还是入室盗窃呢？前者是需要追刑的，后者只是作治安处罚。根据《刑法》第二百六十四条规定，盗窃公私财物，数额较大的，或者多次盗窃、入户盗窃、携带凶器盗窃、扒窃的，处三年以下有期徒刑、拘役或者管制，并处或者单处罚金。认定“户”，要有场所和功能两个特征，场所特征是指与外界相对隔离，功能特征是指供他人家庭生活。一般情况下，旅馆宾馆、临建工棚、仓库建筑、集体宿舍等不应当认定为“户”。正如本案例中的员工集体宿舍，就是给员工休息睡觉用的，里面没有像家一样的生活起居设施设备，也就是十来平方米，放置了三张高低铺。所以只能认定为“入室盗窃”。

根据《浙江省公安机关行政处罚裁量基准》第七十五条之规定，盗窃财物价值虽未达刑事立案追诉标准百分之五十以上，但有入室盗窃情节的，属于“情节较重”。所以王某的违法行为裁量基准在10日至15日之间。

**二、不属于“刑罚执行完毕三年内”情形**

根据《公安机关办理行政案件程序规定》第一百六十条第五项规定，违法行为人有下列情形之一的，应当从重处罚：（五）刑罚执行完毕三年内，或者在缓刑期间，违反治安管理的。违法行为人王某曾因盗窃罪被判处有期徒刑一年，缓刑一年，罚金一千元。因为缓刑制度是一种附条件执行，即在一定期限内被判处缓刑人员无违法违纪情形，原判刑罚就不再执行。王某缓刑一年后，主刑没有执行。所以笔者认为不应当对其从重处罚。有两点理由：一是刑罚执行完毕是指主刑执行完毕。违法行为人之前的犯罪前科虽然是在三年之内，但其是判处缓刑，缓刑期满之后，原判刑罚已经不再执行，应当视为刑罚未执行，所以不适用三年内从重处罚的规定。二是不包括附加刑。“刑罚执行完毕三年内”，是指主刑执行完毕，不包括附加刑。假设主刑执行完毕三年内，但罚金未执行完毕，后因违法行为被查获，是否从重？笔者认为应当从重处罚。刑法里有累犯，后罪发生的时间必须在前罪的刑罚执行完毕或者赦免以后五年以内，根据相关司法解释，主刑已经执行完毕，但附加刑尚未执行完毕的，应以主刑执行完毕之日为累犯期间的起算时间。为了保持法律解释的统一性，参考累犯的相关规定，刑罚执行完毕是指主刑执行完毕，不包括附加刑。

## 66 行政案件能否所裁？

导语：农历春节期间，为了加强烟花爆竹管理，防治大气污染，防范烟花爆竹安全事故发生，防止出现人身伤害，全国很多地方人大常委会制定了禁止销售燃放烟花爆竹的管理规定。每年都在三令五申强调禁燃，然后每年都有人以身试法。那么这类案件能否使用所裁呢？

**基本案情：**

王某和张某于正月初一回老家过年，2 月 14 日回到杭州，在老家路过一个路边摊的时候，看到有人在卖烟花爆竹，就停下车买了一些爆竹，在老家燃放了一部分，剩下没有放完的就带回了杭州。

回到杭州已经是晚上 12 时多了，两人想到了车上还有一些爆竹没有放完，意犹未尽的两人一合计，就准备到住地附近的江干区钱塘江边把剩下的两桶爆竹放完，以庆祝农历辛丑大年。

两人一人拿着一个爆竹，每桶大概 30cm×30cm 大小，放在江堤上，每人都点了一个，随后将垃圾弃于江堤。

随后住在附近的居民报警称有人在违规燃放烟花爆竹，民警经过排查发现是王某和张某二人燃放的。民警依法传唤两人到派出所说明情况并接受处罚。

民警问他们是否清楚杭州主城区禁止燃放烟花爆竹的？他们的回答非常一致是清楚的。至于为什么还要燃放，一是为了庆祝新年，二是放在车上不用怕浪费掉。

最终，决定给予王某和张某罚款二百元的行政处罚。

**争议焦点：**

行政案件，例如上述案例所提到的燃放烟花爆竹案件，根据杭州地方性法规处 100 元以上 500 元以下的罚款，能否以派出所名义作出裁决？

**警官评析之以案释法：**

**一、能否所裁**

所裁案件，顾名思义指的是公安派出所可以作出处理决定的案件。目前仅限于警告和五百元以下罚款的处罚。法条的依据是《治安管理处罚法》第九十一条规定，治安管理处罚由县级以上人民政府公安机关决定；其中警告、五百元以下的罚款可以由公安派出所决定。

局裁案件，是指以县级公安机关名义对外作出的处理决定。比如，治安案件拟作出拘留和五百元以上罚款，吊销公安机关发放的许可证等都属于局裁案件。另外所有的行政案件，哪怕是警告，只要作出处罚都是局裁案件。

根据 2021 年 7 月 15 日实施的新的《行政处罚法》第十七条之规定，行政处罚由具有行政处罚权的行政机关在法定职权范围内实施。

行政处罚种类有：警告、通报批评；罚款、没收违法所得、没收非法财物；暂扣许可证件、降低资质等级、吊销许可证件；限制开展生产经营活动、责令停产停业、责令关闭、限制从业等。

所以作出上述几种行政处罚种类必须以行政机关的名义，如果内设机构有授权，可以以内设机构名义，但必须要有法律、法规、规章的授权。

综上，对王某和张某的罚款二百元，是公安行政机关依据《杭州市禁止销售燃放烟花爆竹管理规定》而作出的行政处罚，必须以局裁的方式作出。即以县级以上公安机关作出决定。

**二、构成违规燃放烟花爆竹的违法行为**

根据国务院《烟花爆竹安全管理条例》第四十二条之规定，在禁止燃放烟花爆竹的时间、地点燃放烟花爆竹，或者以危害公共安全和人身、财产安全的方式燃放烟花爆竹的，由公安部门责令停止燃放，处 100 元以上 500 元以下的罚款；构成违反治安管理行为的，依法给予治安管理处罚。

根据 2016 年 8 月 4 日杭州市人大常委会通过的《杭州市禁止销售燃放烟花爆竹管理规定》（以下简称《禁止销售燃放管理规定》）第三条第一项规定，本市下列区域内禁止销售、燃放烟花爆竹：（一）上城区、下城区、江干区、拱墅区、西湖区、滨江区行政区域。以及第十二条规定，违反本规定第三条、第四条规定燃放烟花爆竹的，由公安机关责令停止燃放，处一百元以上五百元以下罚款。

王某、张某在禁止燃放的地点燃放烟花爆竹，由公安机关责令停止燃放，由于他们的违法行为已经实施完毕，故不存在责令停止燃放的问题，另外根据一百元至五百元的罚款幅度，公安机关对其分别处以二百元的行政处罚。

**三、对于销售者的行政处罚**

本案例是对个人燃放者的行政处罚，《禁止销售燃放管理规定》除了处罚燃放者外，对销售者也有相应的法律责任规定，没收烟花爆竹和违法所得以及对经营者处以罚款，只不过处罚的主体是安全生产监督管理部门。

根据《禁止销售燃放管理规定》第十二条第二款之规定，违反本规定第三条规定销售烟花爆竹的，由安全生产监督管理部门责令停止销售活动，没收非法销售的烟花爆竹及违法所得，对批发经营者并处二万元以上十万元以下罚款，对零售经营者并处三千元以上三万元以下罚款。

## 67 警用标志、制式服装不可亵渎

导语：普法宣传活动是党和政府的重要工作之一，目的在于提高公民法治意识，增强法制观念，养成依法办事的习惯。但是假借普法宣传为名，实则非法牟利，那就变了味道。有些公司“嗅到”了市场商机，以交培训费的方式赚取钱财，至于对受训人员是否真的达到了效果那是不管的。他们为了使培训更加真实，还着“制式服装”进行所谓的宣传。这就涉嫌违反法律法规了。

**基本案情：**

11月29日，在杭州市某酒店会议室，有一大帮被邀请过来的学员在学习“法律知识”，有十来个工作人员穿着类似警察的服装。服装包括外套和裤子以及衬衫，外套和裤子是藏青色的，和警察制服的颜色一样，外套上有肩章，领徽、臂章、衣服胸口右边有金属胸徽，胸徽上有“司警论坛”的字样，右边胸口有编号，SF开头，后面有四个数字，臂章的形状和警察制服的臂章很相似，上面有“中华人民共和国普法”“万里行”“司法新闻、警务报道”等字样，领徽由五星和麦穗组成，衣服右侧袖口有“POLICE”字样，衬衫是天蓝色的。

图　现场展示

初一看，还以为是正式的警察在开会，或者在做正规的普法宣传工作。而实际这些都是假象，民警在日常检查工作中发现了一些端倪，工作人员穿的服装不是真正的警察制服，而且经过询问，这些着“制式服装”的工作人员既不是正式的人民警察，也不是司法警察，他们是确定无误的冒牌货，但是如果不认真细看便会误认为是警察。

经过调查，这些参加培训的人都是某公司邀请过来的，为了让更多参加的人相信，所以工作人员穿了“制式服装”，他们口口声声说的普法宣传活动很高大上，是全国普法万里行的内容之一，主要进行《民法典》的宣传，面向普罗大众有法律需求的人或者公司、其他组织。

被组织的人员还没有交培训费，看起来这样的活动是利国利民的法制宣传活动，是不是就合法了呢？其实这样的理解是不正确的。因其涉嫌非法持有、使用警用标志、制式服装的行为，依据《公安机关办理行政案件程序规定》第六十七条第一款规定，民警依法对上述人员口头传唤询问。

**争议焦点：**

本案中行为人穿着类似警察的服装，衣服右侧袖口有“POLICE”字样，“大张旗鼓”地开展所谓的普法宣传，是否构成《人民警察法》上规定的“非法持有、使用警用标志、制式服装”的违法行为？

**警官评析之以案释法：**

**一、该行为构成“非法持有、使用警用标志、制式服装”的违法行为**

根据《人民警察法》第三十六条之规定，人民警察的警用标志、制式服装和警械，由国务院公安部门统一监制，会同其他有关国家机关管理，其他个人和组织不得非法制造、贩卖。

图 制服示意图

人民警察的警用标志、制式服装、警械、证件为人民警察专用，其他个人和组织不得持有和使用。

违反前两款规定的，没收非法制造、贩卖、持有、使用的人民警察警用标志、制式服装、警械、证件，由公安机关处十五日以下拘留或者警告，可以并处违法所得五倍以下的罚款；构成犯罪的，依法追究刑事责任。

上述工作人员为了使培训显得更加真实，为了使参训人员相信是真的普法宣传，而特意着“制式服装”，在会场上发言、摆拍，做得有模有样。所以这些人的行为构成了“非法持有、使用警用标志、制式服装”的违法行为。最后区公安分局根据不同情况，分别给予上述行为人7至15日的行政处罚。

二、没收非法持有的制式服装

根据公安部《人民警察制式服装及其标志管理规定》第十六条之规定，单位或者个人非法持有、使用人民警察制式服装及其标志的，由县级以上公安机关没收非法持有、使用的人民警察制式服装及其标志，处一千元以下罚款，并可对单位直接负责的主管人员和直接责任人员或者个人处十日以下拘留。这也就意味着所谓的这些道具、作案的工具一律要没收，根据上述规定，区公安分局对违法嫌疑人所使用的带有警用标识的制式服装、衬衫等物品依法予以没收。

三、嫌疑人未达到犯罪的构成要件

我国《刑法》第二百八十一条规定了非法生产、买卖人民警察制式服装、车辆号牌等专用标志、警械，情节严重的，处三年以下有期徒刑、拘役或者管制，并处或者单处罚金。这里的情节严重之一是“成套制式服装三十套以上，或者非成套制式服装一百件以上的”。就本案来说，单以数量而论是没有达到情节严重的构成要件，另外就词义而言，他们的行为是非法持有、使用，而不具备生产或者买卖，所以按照过罚相当的原则，对上述行为适用“非法持有、使用警用标志、制式服装”是恰当并符合法律规定的。

日常生活中，违法使用警用标志、制式服装和警械的行为随处可见，以前遇到的案例大多是保安人员着与警服相似的服装，警号、肩章、警徽等仿真度比较高，像本案中这样大规模的“宣讲会”工作人员穿制式服装是非常少见的，严重损害了人民警察在群众心目中的形象，严重影响执法规范化建设，必须要严厉打击、综合整治。

## 68　无证违规使用明火作业该如何处理？

导语：各行各业，为了确保操作者本人和他人的人身安全，规定了从事某些职业必须要具备资格证，资格证需要在经过一定时间的培训、考核合格后才能获取。比如，焊接与热切割作业，必须要有操作证方可上岗作业。然而有些人对此并未重视，无证上岗，隐患不小。

**基本案情：**

2020年12月10日19时，我局接消防救援大队移送案件，王某（60岁）于2020年12月10日上午9时许在杭州某街道某项目工地内涉嫌违规使用明火。我局电话通知王某到派出所接受调查。

经调查，王某当日上午在某项目工地上临时用电焊做一个铁货架，被消防救援大队的执法人员上门检查时查获。王某由于年纪大，未考取电焊操作资格证，属于无证上岗。在操作的时候没有配备防护罩，拿一个焊把，把铁条焊接在一起，焊接的过程中火星四射，而操作地周边堆放着很多电器，极易造成火灾，存在严重的安全隐患。

**争议焦点：**

无证电焊工因违规使用明火作业被行政拘留后，其手头上使用的电焊如何处理？是否予以收缴？

**警官评析之以案释法：**

**一、是否涉嫌违规使用明火作业？**

根据《消防法》第六十三条规定，违反本法规定，有下列行为之一的，处警告或者五百元以下罚款；情节严重的，处五日以下拘留：（一）违反消防安全规定进入生产、储存易燃易爆危险品场所的；（二）违反规定使用明火作业或者在具有火灾、爆炸危险的场所吸烟、使用明火的。

首先，王某没有上岗资格证，根据《特种作业人员安全技术培训考核管理规定》第五条规定：“特种作业人员必须经专门的安全技术培训并考核合格，取得《中华人民共和国特种作业操作证》后，方可上岗作业。”焊接与热切割作业必须要取得资格，否则不能上岗。其次，王某也未配备相应的防护装备，对自身的防护工作和应急处理都没有做到位，对本人及他人的人身安全带来危害。再次，操作地的周围环境并无防护措施，工地内堆放大量可燃易燃建筑构件和其他电器，存在火灾隐患。以上三个理由构成了第六十三条中规定的“情节严重”。

最终，王某被给予拘留三日的行政处罚。

**二、电焊如何处理？**

违规使用明火作业必然涉及所用的工具电焊，对嫌疑人作出处罚后，嫌疑人所使用的电焊应当如何处理，是否应当收缴呢？

根据《公安机关办理行政案件程序规定》规定，对在办理行政案件中查获的下列物品应当依法收缴：（一）毒品、淫秽物品等违禁品；（二）赌具和赌资；（三）吸食、注射毒品的用具；（四）伪造、变造的公文、证件、证明文件、票证、印章等；（五）倒卖的车船票、文艺演出票、体育比赛入场券等有价票证；（六）主要用于实施违法行为的本人所有的工具以及直接用于实施毒品违法行为的资金；（七）法律、法规规定可以收缴的其他非法财物。

笔者认为，电焊是否属于上面条款的第六项有待商榷，嫌疑人王某偶尔使用了一次电焊进行焊接操作，经查王某也无前科，所以电焊并不属于“主要用于实施违法行为的本人所有的工具”。如果电焊是其主要或者专门实施无证焊接的工具，则建议收缴，否则不建议收缴。

**三、能否对违法嫌疑人强制传唤？**

2013 年 1 月 1 日起施行的《公安机关办理行政案件程序规定》第

五十三条第三款规定，对无正当理由不接受传唤或者逃避传唤的违反治安管理、消防安全管理、出境入境管理的嫌疑人以及法律规定可以强制传唤的其他违法嫌疑人，经公安派出所、县级以上公安机关办案部门或者出入境边防检查机关负责人批准，可以强制传唤。强制传唤时，可以依法使用手铐、警绳等约束性警械。

2019年1月1日起施行的新的《公安机关办理行政案件程序规定》第六十七条第三款规定，对无正当理由不接受传唤或者逃避传唤的违反治安管理、出境入境管理的嫌疑人以及法律规定可以强制传唤的其他违法嫌疑人，经公安派出所、县级以上公安机关办案部门或者出入境边防检查机关负责人批准，可以强制传唤。强制传唤时，可以依法使用手铐、警绳等约束性警械。

比较前后修改的变化，新修改的规定删除了消防安全管理可以使用强制传唤的规定，另外《消防法》也未规定对违反消防法律责任的人员采取强制传唤的内容，所以目前，公安机关对消防救援大队移送案件的人员不能采取强制传唤，但是传唤调查是可以的。

## 69 《行政处罚法》关于行政责任年龄的规定

导语：关于行政责任年龄和应当负的法律责任，《行政处罚法》和《治安管理处罚法》都作出了相应的规定。从规定上看，两部法律对行政违法责任年龄的规定是一致的。

**警官评析：**

**一、行政处罚的责任年龄是多少岁？**

2021 年 1 月 22 日第十三届全国人民代表大会常务委员会第二十五次会议修订了《行政处罚法》，自 2021 年 7 月 15 日起施行，其中第三十条规定，不满十四周岁的未成年人有违法行为的，不予行政处罚，责令监护人加以管教；已满十四周岁不满十八周岁的未成年人有违法行为的，应当从轻或者减轻行政处罚。

同样，《治安管理处罚法》作为维护社会治安秩序的法律，有相应的行政责任年龄的规定，其中第十二条规定，已满十四周岁不满十八周岁的人违反治安管理的，从轻或者减轻处罚；不满十四周岁的人违反治安管理的，不予处罚，但是应当责令其监护人严加管教。

两部法律对年龄作了相同的规定，是根据未成年人的生理、心理发展特点，以及我国一贯坚持的“教育为主、惩罚为辅”的方针所作出的法律制度设计。

未成年人的大脑发育还不完全，对好坏、善恶的判断没有像成年人那样成熟，未成年人辨别是非的能力是从无到有、从不完全到完全逐渐发展过来的。《治安管理处罚法》将行政责任的年龄分为三个阶段，即完全不负行政责任阶段、相对负行政责任阶段和完全负行政责任阶段。

（一）完全不负行政责任的年龄

根据法条的规定，不满十四周岁的人违反治安管理的，不予处罚，但是应当责令监护人严加管教。即行为人只要不满十四周岁，即使违反了治安管理行为，也是不予处罚的，公安机关不能给予治安处罚，同样其他政府行政机关也是不能给予行政处罚的。另外，闯了祸，虽然未给予行政处罚，但是监护人的管教责任不能少，如果造成了损害，监护人的民事赔偿责任也是免不了的。

（二）相对负行政责任的年龄

根据法条的规定，已满十四周岁不满十八周岁的人违反治安管理的，从轻或者减轻处理。这个年龄阶段的未成年人具备了一定的辨别和控制能力，但尚未到达正常成年人的理性，所以要本着教育、感化、挽救的方针，使用一定的处罚能够起到改过自新的作用。

（三）完全负行政责任的年龄

十六周岁以上的人违反治安管理行为，是要承担行政责任的，但是《治安管理处罚法》中对该年龄阶段的未成年人网开一面，即已满十六周岁不满十八周岁，初次违反治安管理的，依照本法应当给予行政拘留处罚的，不执行行政拘留处罚。

**二、哪些情形应当从轻、减轻行政处罚或者不予处罚？**

《行政处罚法》第三十二条规定，当事人有下列情形之一，应当从轻或者减轻行政处罚：（一）主动消除或者减轻违法行为危害后果的；（二）受他人胁迫或者诱骗实施违法行为的；（三）主动供述行政机关尚未掌握的违法行为的；（四）配合行政机关查处违法行为有立功表现的；（五）法律、法规、规章规定其他应当从轻或者减轻行政处罚的。

《行政处罚法》第三十三条规定，违法行为轻微并及时改正，没有造成危害后果的，不予行政处罚。初次违法且危害后果轻微并及时改正的，可以不予行政处罚。

《治安管理处罚法》第十九条规定，违反治安管理有下列情形之一的，减轻处罚或者不予处罚：（一）情节特别轻微的；（二）主动消除或者减轻违法后果，并取得被侵害人谅解的；（三）出于他人胁迫或者诱骗的；（四）主动投案，向公安机关如实陈述自己的违法行为的；（五）有立功表现的。

关于从轻、减轻或者不予处罚的情形，两部法律都有相似的规定，教育与处罚相结合，总的一个原则就是规劝违法行为人积极向善、浪子回头，要么自首、要么立功、要么消除违法后果……如此这般才能获得“优惠”的待遇。

## 70 非法持有、使用假币行政与刑事责任的界限

导语：求财心切，贪小便宜是要付出代价的，王某因非法持有、使用假币被行政处罚十日。在电子支付的时代，使用纸币的机会越来越少，但是王某却因为对法律的无知实施了非法持有、使用假币的违法行为。那么问题来了，非法持有、使用假币并未规定在《治安管理处罚法》中，而规定在《中国人民银行法》里，而《刑法》中规定了非法持有、使用假币罪。那么行政责任和刑事责任的区分、界限在哪里呢？

**基本案情：**

8月19日8时许，有群众报警称有人在杭州某工地门口使用假币。接到报警后，民警迅速到达现场，经现场了解发现嫌疑人王某有非法持有、使用假币嫌疑，民警经出示工作证件，将王某传唤至派出所接受调查。

图　假币

嫌疑人王某，男，36岁，在杭州从事流动商贩工作，在某些市场边上或者工地旁边用小型货车摆一些流动摊位，卖的都是相对便宜的布鞋或者裤子，销售的对象是工地上的工人。王某当日带了13张100元面额

的假币准备用出去。方法非常简单，当有工人过来买布鞋的时候，如果给的是100元现金，就把真的收下，假的还给对方，“狸猫换太子”，不声不响地完成违法行为，然后借口说因为没有零钱找不开，建议对方使用微信或者支付宝付钱。

据王某交代，这些面额100元的假币是10元一张从路人那里买来的，一共购买了15张，之前已经使用了2张。纸张比较滑，颜色跟真币不一样，没有钢印。

王某抱着“贪小便宜，用出去就赚了，用不出去就拉倒”的心态，这种赚钱方式终究难逃法网。经中国人民银行鉴定，13张2005年版100元人民币为假币。

**争议焦点：**

本案查获的假币有13张，涉及的纸币面额共计1300元，承担的法律责任是行政违法责任还是刑事犯罪责任？非法持有、使用假币的违法和犯罪的界限在哪里？

**警官评析之以案释法：**

**一、构成非法持有、使用假币**

“持有”指的是行为人控制、掌握伪造的货币的行为，“使用”是指行为人将伪造的货币当作真币使用、流通的行为，“币”是指在国内市场流通或者兑换的人民币和境外货币。

非法持有、使用侵犯的客体是国家货币管理制度，妨害货币流通管理秩序，如果普通市民每天担心收到的人民币是否为假币，那正常的商业秩序将会被打乱。

《中华人民共和国中国人民银行法》第四十三条之规定，购买伪造、变造的人民币或者明知是伪造、变造的人民币而持有、使用，构成犯罪的，依法追究刑事责任；尚不构成犯罪的，由公安机关处十五日以下拘留、一万元以下罚款。

王某明知是假币而予以购买，之后想方设法将假币用出去，不管是购买商品也好，还是趁机调包也好，都是违法行为，当日民警现场查获了王某身上的13张假币。

《人民银行法》规定十五日以下拘留、一万元以下罚款，那么究竟是并处条款还是选择条款？笔者的理解是，这里的“、”表示“或者”的意思，行政法上讲究过罚相适应，什么样的行为对应什么样的责任，如果是并处罚款，显然对行为人来说处罚过重。最终，江干公安分局决定给予王某拘留十日的行政处罚。

**二、非法持有、使用假币刑事与行政责任的界限**

《刑法》第一百七十二条规定有非法持有、使用假币罪，《人民银行法》第四十三条规定有非法持有、使用假币，刑事和行政的责任区分在哪里？

《最高人民法院关于审理伪造货币等案件具体应用法律若干问题的解释》第五条规定，明知是假币而持有、使用，总面额在四千元以上不满五万元的，属于“数额较大”；总面额在五万元以上不满二十万元的，属于“数额巨大”；总面额在二十万元以上的，属于“数额特别巨大”，依照刑法第一百七十二条的规定定罪处罚。

达到“数额较大”标准的处三年以下有期徒刑或者拘役，本案查获涉及的金额是1300元，未达到“数额较大”入罪门槛，因此尚未构成刑事犯罪，由公安机关给予拘留或者罚款的处罚。

**三、是否要作出收缴决定？**

根据《公安机关办理行政案件程序规定》的规定，毒品、淫秽物品等违禁品，赌具和赌资，伪造、变造的公文、证件、证明文件、票证、印章等，倒卖的车船票、文艺演出票、体育比赛入场券等有价票证以及主要用于实施违法行为的本人所有的工具，这些物品应当依法收缴，但是没有规定假币应当如何处理？

而《中国人民银行假币收缴、鉴定管理办法》仅规定了金融机构在办理业务发现假币，由两名业务人员当面予以收缴，向持有人出具《假币收缴凭证》，而没有规定公安机关是否应当对假币进行收缴。

最后笔者在《中华人民共和国人民币管理条例》中找到了相关依据，公安机关发现伪造、变造的人民币，应当予以没收，加盖“假币”字样的戳记，并登记造册。公安机关应当将没收的伪造、变造的人民币解缴当地中国人民银行。

所以，根据规定，对于假币不需要作出收缴的决定，而是要作出没收决定，之后应当解缴中国人民银行。

《杭州市公安机关处置使用假币案（事）件警情标准操作程序》也有这样的规定，“民警将假币送交人民银行或商业银行，由银行出具《假币收缴凭证》。对于上交银行的假币，公安机关无需再另行作出收缴决定。”

## 71　达不到刑事追诉标准的信用卡诈骗行为，公安机关能否给予行政处罚？

导语：冒用他人信用卡取现的行为，《刑法》上规定为信用卡诈骗犯罪。对于达到刑事追诉标准（浙江：5000 元）则按照刑事诉讼流程进行即可，但是对于涉案金额较小的信用卡诈骗行为，该如何处理？《治安管理处罚法》中没有规定信用卡诈骗的违法行为，那么对于这样的行为公安机关能否查处？是按照《治安管理处罚法》第四十九条规定的诈骗行为处罚？还是不能处罚？

**基本案情：**

2020 年 12 月 3 日 10 时许，王某到杭州某工商银行 ATM 上取钱，当他将自己的银行卡插入 ATM 上时发现银行卡插不进去，仔细一看，发现前一个取款者将银行卡遗留在 ATM 内没有取走，且自己无须输入密码。一时财迷心窍的王某认为“天上掉馅饼了”，于是王某分两次，每次 2000 元，总共取款 4000 元后离开自助柜员机。而被侵害人张某刚走出去 10 分钟左右，自己的手机上收到了扣款的信息，一摸口袋才想起自己粗心大意忘记拔自己的工商银行储蓄卡了，于是返回寻找并同时打了 110 报警。后民警在杭州某小区找到了嫌疑人王某，王某对上述行为供认不讳。

**争议焦点：**

对于未达到信用卡诈骗罪刑事追诉标准的违法行为，有人认为《治安管理处罚法》没有相关法条规定不予处罚，有人认为应按照《治安管理处罚法》第四十九条规定的诈骗违法行为处理，有人认为应按照《全国人民代表大会常务委员会关于惩治破坏金融秩序犯罪的决定》的规定处理。

有人认为行为人是用别人的储蓄卡取钱的，不能定信用卡诈骗违法行为，有人认为储蓄卡应当按照信用卡理解，能定信用卡诈骗违法行为。

**警官评析之以案释法：**

**一、构成信用卡诈骗违法行为**

王某发现张某的银行卡遗留在 ATM 上未及时退卡带走，趁张某粗心大意之时，王某就顺手取钱，且该卡已经输入了密码，王某只要输一下取现的金额就可以手到擒来。本案中王某并不是真正的持卡人，但是他以非法占有为目的，冒充持卡人进行取款操作，这种行为属于《刑法》第一百九十六条第一款第三项规定的信用卡诈骗罪中的冒用他人信用卡。

另外，捡了他人的信用卡再到ATM机上试密码，如果被试出来后取现，这类行为也被认定为信用卡诈骗，只不过金额的大小决定了嫌疑人是受到刑事处罚还是行政处罚。

王某的行为不仅侵犯了被侵害人的财产权利，还侵犯了国家的金融管理秩序，应当定性为信用卡诈骗行为。对此《刑事审判参考案例》中有明确的认定，最高人民法院也支持相应的观点。

**二、处罚的法律依据**

公安部2020年8月6日实施的《违反公安行政管理行为的名称及其适用意见》（公通字〔2020〕8号）第一百八十五条规定了“信用卡诈骗（第十四条和第二十一条）”的违法名称及法律依据，法律依据是《全国人民代表大会常务委员会关于惩治破坏金融秩序犯罪的决定》（以下简称《惩治破坏金融秩序决定》）第十四条和第二十一条。

根据1995年6月30日实行的《惩治破坏金融秩序决定》（后称《决定》）第十四条之规定，有下列情形之一，进行信用卡诈骗活动，数额较大的，处五年以下有期徒刑或者拘役，并处二万元以上二十万元以下罚金；数额巨大或者有其他严重情节的，处五年以上十年以下有期徒刑，并处五万元以上五十万元以下罚金；数额特别巨大或者有其他特别严重情节的，处十年以上有期徒刑或者无期徒刑，并处没收财产：（一）使用伪造的信用卡的；（二）使用作废的信用卡的；（三）冒用他人信用卡的；（四）恶意透支的。盗窃信用卡并使用的，依照刑法关于盗窃罪的规定处罚。

按此《决定》第二十一之规定，有本《决定》第二条、第四条、第五条、第十一条、第十二条、第十四条、第十六条规定的行为，情节轻微不构成犯罪的，可以由公安机关处十五日以下拘留、五千元以下罚款。

信用卡诈骗罪的刑事追诉标准是5000元，本案中冒领了4000元，未达到追究刑事责任的程度，符合上述第十四条和第二十一条的规定，属于情节轻微不构成犯罪，则由公安机关处以十五日以下拘留、五千元以下罚款。

虽然说《惩治破坏金融秩序决定》是1995年实施的，但是到目前为止并没有废除。而《治安管理处罚法》中并没有相关信用卡诈骗的内容，所以引用该决定于法有据。

三、是否需要拘留并处罚款？

依据《惩治破坏金融秩序决定》第二十一条的规定，由公安机关处以十五日以下拘留、五千元以下罚款。这里是拘留和罚款是“并列关系”还是“或者关系”呢？实践中产生很大争议，有人认为是“并列关系”，因为法条上用的是顿号，按照词义理解是并处的；有的人认为是“或者关系”，体现行政法上的过罚相当原则。

笔者认为是或者的关系。

理由一：《惩治破坏金融秩序决定》有关信用卡诈骗罪、伪造货币罪、非法吸收公众存款罪、集资诈骗罪等罪名已经纳入了刑法中，有关行政处罚的规定并未失效。而《治安管理处罚法》第四十九条中所规定的诈骗违法行为，量罚幅度一是处五日以上十日以下拘留，可以并处五百元以下罚款，量罚幅度二是情节严重的，处十日以上十五日以下拘留，可以并处一千元以下罚款。诈骗违法行为处罚都是可以并处，而不是应当并处，所以按照体系解释，《惩治破坏金融秩序决定》的规定是“或者关系”，这样才能够体现过罚相当原则。

理由二：1995年3月我国通过了《中国人民银行法》，其中第四十三条规定，购买伪造、变造的人民币或者明知是伪造、变造的人民币而持有、使用，构成犯罪的，依法追究刑事责任；尚不构成犯罪的，由公安机关处十五日以下拘留、一万元以下罚款。

这里面也规定了“由公安机关处十五日以下拘留、一万元以下罚款”，在实践操作中，公安机关在量罚的时候用的是“或者关系”，并不会拘留和罚款并处。所以法律的实施具有统一性，对于情节轻微不构成犯罪，而需要给予行政处罚的时候，统一适用，类案检索，同案同判，不能量罚过重。

**四、储蓄卡能否构成信用卡诈骗？**

有人会认为，本案中王某用的是被侵害人的储蓄卡，储蓄卡本身就有余额，而无论是《刑法》还是《惩治破坏金融秩序决定》中法条讲的都是信用卡，按照一般理解，金融机构发行的储蓄卡和信用卡是有区别的。所以认为储蓄卡不能构成信用卡诈骗。

其实这样的理解是错误的，立法者早就已经想到这个问题了，2004年12月29日全国人民代表大会常务委员会《关于中华人民共和国〈刑法〉有关信用卡规定的解释》规定，有关信用卡规定的解释，刑法规定的“信用卡”，是指由商业银行或者其他金融机构发行的具有消费支付、信用贷款、转账结算、存取现金等全部功能或者部分功能的电子支付卡。

有了上述的立法解释，储蓄卡完全可以按照信用卡来处理，因此构成信用卡诈骗是没有问题的。关于是盗窃还是信用卡诈骗，其实与卡无关，与行为手段有关。如果盗窃他人信用卡并使用的，就按照盗窃罪定罪处罚。

无独有偶，笔者在实践中还遇到另外一个类似的案例，某日下午章某在网吧边上的ATM上取了100元后就去上网了，玩了2个小时就回家了，在路上把农业银行卡弄丢了，在22时许手机上收到了4000元扣款信息，于是就报案了，民警通过调取银行监控发现是嫌疑人常某拿的，常某在路上捡到银行卡发现背面写着6位数字密码，然后就在ATM上尝试，果真把钱取出来了，后来公安机关以信用卡诈骗违法行为给予了行政处罚。

总结：对于日常执法中碰到的涉案金额较小（小于5000元）的信用卡诈骗行为，尽管未到达《刑法》第一百九十六条规定的信用卡诈骗罪的刑事追诉标准，但是仍然应当以信用卡诈骗的违法行为予以行政处罚。

## 行政（治安）执法篇小结：让人民群众感受正义

行政法是一个庞大的规范体系，遍及社会各个领域，单单规定在《浙江省公安机关行政处罚裁量基准》目录中的就涉及治安行政管理、出入境和边防管理、计算机和网络管理、交通管理、禁毒管理、反恐怖主义行政管理、民用航空安全管理、食品药品环境卫生管理八大类行政管理内容，更何况还有其他众多行政执法机关的管理规范，可谓是法条多、内容广、涵盖深。

行政（治安）执法篇共有33篇，内容涉及《治安管理处罚法》《行政处罚法》《消防法》《禁毒法》《人民警察法》《人民银行法》《全国人民代表大会常务委员会关于惩治破坏金融秩序犯罪的决定》等法律、法规、规章及规范性文件，由于篇幅的限制和笔者水平的粗陋，只选取了其中常见的、多发的与公安机关执法工作有关的案（事）例。

本篇主要讲的是行政、治安类案件的事实、定性、量罚标准等法律适用问题，目的是规范行政处罚行为，统一裁量标准。

在学生时代，老师告诉我们行政法的制度精髓在于“控权”二字，当时不太理解什么叫“控权”。我成为一名执法者之后，才真正理解“控权”实际上就是约束权力、控制权力，是捆在行政执法主体上的“缰绳”。

在采取行政强制措施、限制公民人身自由、作出行政处罚时，行政机关对于行政相对人而言具有优势，为了平衡两者之间的差距，行政执法机关要履行相关程序性义务，告知相对人拟作出处罚的事实、理由及依据，并告知其依法享有的权利，要听取相对人的意见和证据，还要进行复核，不得因为相对人的陈述和申辩而加重处罚。

行政法讲究合法行政和合理行政原则，公安机关面对量大、面广的违反治安管理行为，也要遵循上述两个原则。

## 一、合法行政

合法行政是行政法的首要原则，合法行政是最主要的控权方式，行政法的精髓是控权，而民法的精髓在于意思自治。

比如，在《侵犯隐私应当负什么法律责任以及同种违法行为的认定》中，根据《治安管理处罚法》第四十二条规定，偷窥、偷拍、窃听、散布他人隐私的，处五日以下拘留或者五百元以下罚款；情节较重的，处五日以上十日以下拘留，可以并处五百元以下罚款。违法行为人在出租房里偷拍隔壁女租户洗澡，构成侵犯隐私的违法行为。如果公安机关对其行政拘留12日，该行为就是违法的，因为12日的行政拘留超出了法律规定的幅度范围。

在《未成年人违法应当从轻或者减轻处罚》中，16周岁多一点的未成年人秘密盗取公私财物违反治安管理行为，应当予以从轻或者减轻处罚，这是法律明文规定的法定量罚情节，因为国家对于未成年人的违法行为，坚持以教育为主、惩罚为辅的原则，实行教育、感化、挽救的方针，这也是2021年6月1日起施行的《未成年人保护法》的题中应有之义，突出强调家庭保护、学校保护、社会保护、网络保护、政府保护、司法保护，保护未成年人身心健康，对此公安机关等部门坚持合法行政的要求切实保障未成年人合法权益。

## 二、合理行政

依法行政、依法处罚当然还要遵循合理行政，合理行政原则也是重要的控权方式，在法律规则没有规定的情况下，合理行政有着大展拳脚的空间。

不管是《公安机关对部分违反治安管理行为实施处罚的裁量指导意见》，还是《浙江省公安机关行政处罚裁量基准》，其实都是关于合理行政的方方面面的规定。

比如，在《以跳楼自杀为要挟进行讨薪如何定性以及如何处置？》中，赵某甲提出并带领赵某乙、赵某丙以跳楼方式吓唬工地项目部达到讨回工钱的目的，对三人给予七日至八日的行政拘留是否合适？笔者认为根据过罚相当要求，给予赵某甲行政拘留是合适的，对于赵某乙、赵某丙罚款则体现了合理行政的原则，当事人有多大的过错，公安机关就应当给予多大的处罚，行政决定应当具有理性。

比如，在《家庭亲情纠纷案件适用调解还是适用治安处罚？》中，父亲因口角打了儿子，情急之下还用刀来吓唬儿子，针对家庭矛盾纠纷，一种意见认为按照殴打他人处理，一种意见认为在法律和政策范围内适用调解方式妥善处理，修复家庭内部关系。笔者认为要尊重当事人的意愿，调解解决矛盾是最佳选择。另外还要根据《反家庭暴力法》的规定出具家庭暴力告诫书。上述处理方式是合理行政原则的体现，公安机关能用轻微方式实现行政目的的，就不能选择更激烈的方式。

当然除了遵循合法行政、合理行政原则外，还要遵循程序正当原则、高效便民原则、诚实守信原则。顺应依法治国、依法执政、依法行政的要求，共同推进法治国家、法治政府、法治社会一体建设。

# 第三部分

# 派出所执法篇

## 72 天太冷了，我不想上去……

导语：在民警繁忙的工作中，总能接触到一些令人哭笑不得的警情，媒体也报道了很多奇葩警情。比如，报警人称电动车没电了，多次告知求助方法，仍执意要求民警与其联系；再如，报警人说自己门锁坏了，非要警察爬梯子到三楼将其门锁打开；又如，报警人称在此点菜，受到欺骗，称点的腊肉炒竹笋里面没有腊肉，告知其拨打12315，回复工商休息，执意要求民警出警。下面这个警情也让民警很无奈，究竟怎么回事呢？

**基本案情：**

2月13日凌晨0时30分许，四季青派出所接到报警称其在某小区家中楼上有人敲墙，影响报警人睡眠。话说有警必接，有难必帮。黄警官接到该指令后迅速赶到现场。深夜寒意刺骨，冷风飕飕，只有寂静的路灯，稀少的行人。

图　事发小区

黄警官到达现场找到了报警人，男，30岁左右，他向黄警官描述称楼上有人敲了墙壁，断断续续的，搞的他睡不好。

黄警官问："楼上敲了多少时间？"

报警人答："时有时无大概半个小时吧。"

黄警官接着问："你有没有到楼上问过或者看过？"

报警人理直气壮回答："天太冷了，我不想上去。"

好嘛！看来"有困难找警察"这句话深入骨髓，只要是自己不想干的，不愿意做的，打个110就行了。

既然群众有需求，黄警官到楼上201敲门解决噪音问题。楼上邻居表示自己睡不着，床内侧正好靠近墙壁，所以无聊敲了几下而已，没承想楼下还报了110。经过黄警官的善意提醒，邻居表示不会再敲了。

黄警官提醒：110可不是随便可以打的哦，基层派出所民警承担了大量的刑事破案、治安案件、纠纷调解、户籍办理、防案控案、防诈骗宣传等工作，任务重、人手少、时间紧、工作忙，切勿为了一些小事浪费了警力资源。

最后一句话："有危难找警察"，而非"有困难找警察"，虽是一字之差，但意义不同。

**警官评析之以案释法：**

根据《人民警察法》第二十一条规定，人民警察遇到公民人身、财产安全受到侵犯或者处于其他危难情形，应当立即救助；对公民提出解决纠纷的要求，应当给予帮助；对公民的报警案件，应当及时查处。人民警察应当积极参加抢险救灾和社会公益工作。

人民警察具有维护国家安全和社会治安秩序，保护公民的合法权益的职责要求。一般对于公民的危难情况应当及时、准确给予救助，保护公民人身和财产安全。对于普通的纠纷，不管是民间纠纷，还是经济纠纷，抑或是消费纠纷，警察法的要求是应当给予帮助。目前大量派出所由于承担的任务繁重，接警量大，对于纠纷类的警情往往告知报警人上法院解决，或者找市场监督管理局等部门，由此会产生警察与报警人之间的口角或投诉纠纷，为了避免接警过程中不必要的投诉，对于报警人的要求尽量做换位思考，能帮助则帮助，不能帮助的也要告知其不能帮助的原因以及其他合理建议或者告知应该找具体哪个部门，赢得报警人的理解和支持，维护人民警察在老百姓心目中的良好形象和地位。

本案中，报警人实际上就是“巨婴”心态，本可以自己上楼先行与邻居协商解决，或者通过社区、物业帮忙协调处置，实在解决不好的则可以求助110，让公权力机关及时介入，维护良好的邻里关系。但是，报警人没有这样做，太依赖于110，把责任推卸给人民警察，给基层派出所带来不必要的非警务类工作。

## 73 自称有抑郁症就能万事大吉了？逃到外省也要抓回来！

导语：还记得10月在杭州某高档写字楼“大闹天宫”随意毁损公私财物的张某吗？因为应聘不成心生怨恨，毁物砸车，终酿大错，其于10月28日被江干公安刑事拘留，同年11月12日检察院以事实不清、证据不足未批准逮捕。后经精神疾病司法鉴定，张某具备完全刑事责任能力，难辞其咎的他在取保候审期间拒不到案，江干警方将其列入全国通缉逃犯，难逃法网，次年6月30日张某落网，四季青派出所民警赶往外省将张某抓获！

**基本案情：**

**一、应聘工作不成，心怀怨恨**

7月3日晚上，25岁的小张再一次被带回了四季青派出所。他原本以为逃回老家就没事了，没想到还是被抓了回来。

小张和父母之前在杭州打工两年多。去年10月，小张到杭州财富中心某投资公司应聘当司机，面试人员便让小张试驾。试驾时，面试人员发现小张驾龄不足两年且技术也不过关。于是，公司人事部婉拒了小张的求职。

没想到小张觉得自己受到侮辱，与招聘负责人大吵一架后愤愤不平地离开了。

**二、讨要工资未果，砸了公司**

回家后，小张越想越气，觉得自己为对方上了一天班，应该支付他一天的工资。他致电对方公司，表达了这一要求，但遭到对方单位负责人拒绝，理由是小张当天只是试用应聘人员，本来就没有工资。小张没要到工资，更加怀恨在心。

**图　监控截图**

10 月 25 日下午 2 点多，小张背着装有砖块的背包来到公司门口，用砖块将公司玻璃大门砸破。进门后，他又将公司内装饰画、打印机、电脑等砸坏，将办公柜推倒。之后，他又进入老板办公室，用铅笔刀将沙发划破，将办公用品推到了地上。

3 天后，小张又来到公司索要工资。在公司楼下，他看见了之前试驾过的别克商务车，随手捡了一块石头，将车子前后挡风玻璃砸碎，公司员工见状当场合力将其抓住。

**三、自称患有抑郁症，检察机关未批准逮捕**

到了四季青派出所后，小张自称曾被医院诊断为抑郁症，且没有按时服用医生开出的药。根据医院的病历，小张曾因和同事关系紧张，感到周围人都在排挤他，从而出现易怒、打人的情形。

检察机关认为小张可能存在不具备事责任能力问题，决定对其不批准逮捕，11 月 12 日，小张被江干公安分局取保候审。

## 四、玩失踪的他，在外省落网

过了几天，民警带小张进行精神障碍及刑事责任能力的司法鉴定。之后，小张被取保候审。

从看守所释放之后，小张返回了老家。小张听信朋友的话，以为取保候审就是没事了，现在公安机关是没事找事，于是玩起了失踪。

次年1月底，司法鉴定意见出来了，小张具有完全刑事责任能力。

图　涉案人员被捕

民警多次通知小张到公安机关接受传讯，小张以在老家不方便来杭为由，拒不到案。后来干脆关机，换了一个新号码，玩起了失踪。在联系无果的情况下，四季青派出所民警将其列入在逃人员，全国通缉。

在老家毫无束缚的小张逍遥自在了6个多月，以为这件事情就过去了。没想到，法网恢恢，疏而不漏。次年6月30日，在办理二手车购买手续时的小张被警方抓获。

目前，小张已被批准逮捕。

# 74 谎报110，自食其果

导语：谎报警情案例，民警同志曾经做过不少提醒和警示，但是有些人就是不当回事，以身试法进了拘留所。近日，就有这样一个人，因为谎报110，被处以行政拘留并罚款的处罚。

**基本案情：**

7月10日晚上10点，四季青派出所接到了一个姓刁的小伙子的报警，说他的女友偷走他一块浪琴手表。民警赶到刁某租住处。刁某穿着汗衫裤衩，手里拿着毛巾，刚洗完澡。

刁某今年刚30岁，安徽人，在四季青一带打工已经很多年了。他说他这段时间新认识一个女网友，约对方到他家来玩。他先去洗澡，留了女孩子一个人在客厅里，结果等他洗好出来，女孩不见了，还顺走了他的手表，至今电话也不接。

这类警情，平日里并不少见。民警向刁某要来女孩电话，打了过去，没想到对方很快就接了电话。

听了民警讲述的情况，女孩非常气愤。女孩表示自己是四川人，在网上跟刁某认识没几个月。刁某好说歹说、千方百计请她来杭州玩。于是在“盛情难却”之下趁这几天有空，就买了机票飞到杭州。刁某很是殷勤主动，请她吃饭、看电影，一路说着笑话逗她开心。她见刁某白白净净的，在杭州也算勤勤恳恳打工，对他还算有点好感。两人电影看到一半，刁某主动牵对方的手，试探性地问她愿不愿意做他的女朋友，她半推半就答应了。

电影结束，刁某又邀女孩去自己家里坐坐。“一进屋，他就亲了上来。我觉得进展太快了，这样不行。”女孩跟民警说，“他这么猴急，我觉得他不可靠，想想还是走了算了。他生气了，给了我 2000 块钱，说是抵我的机票钱，两不相欠，我就走了。”

民警把女孩的说法转述给刁某。刁某爽快地承认了：“我想亲她，她不高兴了，不肯跟我好了，还说她后悔白来了一趟杭州。买机票什么的就花了 2000 多元。我火起来就甩给她 2000 元，大家从此各走各路……她走了，我想想实在不甘心，早知道不给她钱了，打她电话又不接，我就想报警抓她，把她抓回来，再把钱要回来。”所以，偷走一块浪琴手表根本子虚乌有，完全是刁某编造出来的。

对刁某荒唐、幼稚的想法，民警当场给予了严肃的批评教育。因涉嫌谎报案情，刁某最终被区公安分局处以行政拘留 7 日并处罚款 200 元的。

**警方提示：**

110 报警电话是有限的公共资源，无效报警、骚扰报警、谎报警情都有可能阻断真正的报警救助电话，延误了出警救援的最佳时机。同时也给自己带来不必要的惩罚，给自己的人生留下一段不光彩的经历。

请珍惜警务资源！

## 75　寂寞男子凌晨网上搜美女上门按摩，钱汇出后……

导语：俗话说，路边的野花莫乱采。6月3日16时左右，一名男子急匆匆地跑进四季青派出所，说被人骗了，要报案。值班民警让他详细讲一下事情经过，男子却有些犹豫……

**基本案情：**

民警仔细了解了事情缘由：男子姓李，34岁，来自贵州，初中学历。他说自己6月3日凌晨2时左右在家无聊，突然想找人上门按摩。

他通过手机搜索，输入了“杭州市××家园北园旁边哪里有小姐服务”等一些关键词，跳出来很多网页，选择了其中一个点击进入。进入网页后，里面有个联系的手机号。

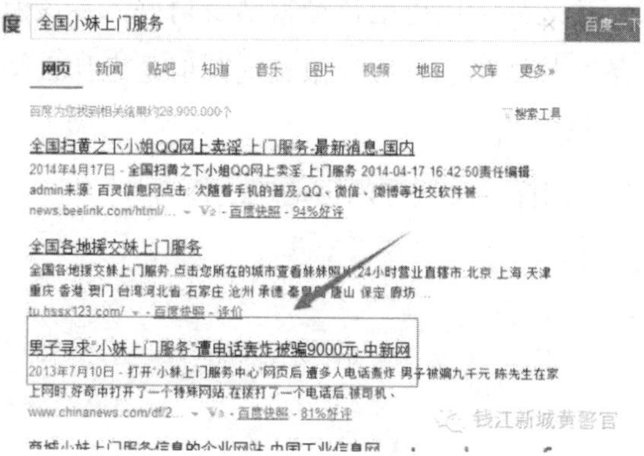


图　网上搜索结果

但接下来发生的事情，就有些奇葩了。

李某电话打通后，接电话的是一名女子，对方非常干脆回答有上门按摩服务，让李某先汇保证金300元，李某二话不说就同意了，通过支付宝往对方银行账号汇款300元。等了一段时间，没有人上门，李某按捺不住又打电话过去询问。对方提出要上门服务的话，得交1800元的出门费。李某犹豫了一下，但一想，连300元保证金都交了，如果不上门服务也太亏了，他又把1800元打入对方账户。可是左等右等，仍然不见有人上门来。

此时的李某意识到可能遭遇诈骗，他主动打电话过去要求退款，对方女子说退款可以，但是还需要付 1800 元的退款手续费，李某第三次汇款 1800 元。对方告诉他，15 时之前会把钱退还。

碰了一鼻子灰的李某郁闷了一个晚上，然而让他更无语的是到了 15 时，李某仍没收到退款，而对方的手机已经设置了拒绝，他才明白自己的确被骗了。当日 16 时，李某到四季青派出所报案。

民警同志对小李进行了防诈骗宣传和普法教育：只要你在搜索引擎输入“×× 区按摩”等一些关键词，就会显示成千上万的有害垃圾信息，其中不乏有“全套服务”“小姐”等不堪入目词语。所以一定要经受住各类诱惑的考验，不能放松自己而陷入骗子精心设计布局的桃色陷阱。

**警方提示：**

类似的事件绝对不是第一起，相信这次也不是最后一次，除了要明白这是网络诈骗，不能转账汇款之外，还更应该懂得洁身自好，不该做的事情不要做。民警想说的是李某被骗了是应该报案的，但是为什么会被骗，李某自己是不是该好好反思一下……

网络诈骗是违法犯罪行为，同样，卖淫嫖娼也是违法行为！

## 76 保安监守自盗，被行政拘留 7 日

导语：保安的职责是守护一方平安，但是有的保安偏偏还干起了盗窃的勾当。今天的故事嫌疑人在杭州某小区保安岗亭内值班时盗走收件人要求快递员临时寄存在岗亭内的两个快递包裹，然后藏于暂住地。嫌疑人如何盗取快递包裹呢？为什么要偷快递包裹呢？

**基本案情：**

**一、三个快递，两个不见了**

7 月 7 日 10 时 30 分左右，快递员小方根据物流分流地址将三个快递送到了杭州某小区，小方认识其中一件快递包裹的收件人，另外两件快递包裹的收件人不认识，通过电话联系，两户人家家里都没有人，快递无法当面接收。

两名收件人都要求小方将快递包裹放在小区门岗保安室内。小方到保安室的时候里面有一位年纪大一点的保安在值班，小方跟他说两家的快递要求存放保安室，下班后客户会过来取，保安说让他们尽快来取。

中午 12 时 50 分，第一个快递由收件人拿走了。另外两个快递仍然存放在保安亭，到了 18 时左右，客户打电话给小方说没有找到快递，小方觉得事有蹊跷，表示第二天过来处理。

**二、心存侥幸盗窃快递，行政拘留 7 日**

到了 7 月 8 日，小方来到了保安岗亭，看见保安室内有两个保安，一个是之前存放快递时年纪大一点的保安，另外一个是年纪轻一点的保安。他们表示都没有看到，让小方去物业管理处查看一下，结果也没有找到，后来小方就报警了。

民警接到报警后，立即赶赴现场，询问在岗两名保安，两人均称不知情。经查看监控，发现 7 月 7 日 13 时左右，两个快递包裹被年纪轻一点的保安拿走了。

民警出示工作证件，将涉嫌盗窃的嫌疑人口头传唤至派出所接受调查。

经询问，嫌疑人对盗窃客户包裹的事实供认不讳，嫌疑人称外面巡查回来之后发现门岗多了两个快递，于是就动了歪念，将两个快递夹在腋下偷偷拿到了宿舍，之后放进了衣柜里。第二天快递员小方当面询问时，撒谎说没有看到过。

两个快递包裹的价值达300元，因为涉嫌盗窃，根据《治安管理法》第四十九条之规定，决定对嫌疑人行政拘留7日。

莫伸手，伸手必被捉！

## 77 吸食毒品不找自身原因，居然还埋怨警察

导读：杭州男子吸食了冰毒，即将面临强制隔离戒毒两年，男子声泪俱下地埋怨公安机关管得太多，事实果真如此吗？

**基本案情：**

“你们公安真是多管闲事，我没有害别人，只是悄悄地吸食了一下，碍着你们了吗？”陈某边哭边埋怨。说这话的陈某是一名瘾君子，对于这次的被抓，他大感意外，也觉得冤枉无比。

陈某，38岁，目前从事小商品生意，7年之前因为贩毒被法院判刑6年，他出狱之后没有好好吸取教训，依然在违法犯罪道路上一路狂奔。2015年7月因为吸毒被行政拘留12日，2015年9月因为再次吸毒被公安机关行政拘留15日。

那么这次又是怎么被抓的呢？

2021年6月3日下午，陈某独自一人在家，因为老婆闹离婚，陈某心情郁闷，情绪低落，恰好儿子上学去了，老婆上班去了，于是他拿出了一点冰毒，在客厅内以烫吸的方式吸食毒品，吸完之后顿感烦恼消散，之后将吸食工具扔进垃圾箱，自以为神不知鬼不觉。

时间到了6月6日上午10时许，陈某在中国建设银行某支行办理业

务，在此期间，民警正好巡逻此处，发现陈某略显慌张，有些可疑，于是民警出示工作证件，将该陈某口头传唤至四季青派出所接受审查。

于是就出现了开头的一幕，陈某抱着侥幸的心理吸食了冰毒，以为没人发现，亦无人找他，只要不惹事、不犯事就会过去的。殊不知，陈某这样的行为既害了自己，也害了家人。

因为有过 3 次“进宫”的经验，陈某自知此次在劫难逃，强制隔离戒毒 2 年是必不可少的，请求民警放自己一马，列举了很多原因：一是如果这次强制隔离戒毒 2 年，老婆势必跟他“say goodbye”；二是这次只是自己一人吸食，没有危害他人；三是目前生意刚刚起步，进了戒毒所后生意上的事情全部泡汤。但是，不管陈某如何解释，违法的事实是不会改变的，法律也不会因为他的解释而改变。

**警官评析之以案释法：**

经查证，陈某属一年内因同类违法行为受到两次以上公安行政处罚并且在刑罚执行完毕三年内，又违反治安管理行为，根据《治安管理处罚法》第七十二条第三项、《公安机关办理行政案件程序规定》第一百六十条第四项、第五项之规定，江干公安分局决定给予陈某行政拘留 15 日。另外根据《禁毒法》第三十八条、第四十七条之规定，区公安分局决定对违法行为人陈某强制隔离戒毒 2 年。

## 78 贼心不死，偷上老东家

导语：胡某没有一技之长，好吃懒做，有小偷小摸的习惯，对待工作也是得过且过，经常换公司。还利用熟悉原工作单位的地形优势干起了“老本行”，最终受到了法律的严惩。

**基本案情：**

钱江新城某国际大厦原保安胡某，在大厦当了一年左右的保安，8 月提出辞呈不干了。该人有盗窃车内物品被判有期徒刑的前科，且在刑罚执行完毕后五年之内。后来贼心不死，过了 4 个月，胡某又回来了。

晚上 7 时许，胡某躲在 23 层的消防通道上，到了凌晨 1 时左右等所有业主都离开的时候，其从消防楼梯走到 32 层，翻某公司每个办公室的柜子和抽屉，盗窃阳光利群香烟，世纪联华超市卡。隔了一个星期，又来到汉嘉国际，也是在 23 层躲起来，等到凌晨进入 32 层，盗窃了现金和飞天茅台酒。

两次得手之后，胡某胆子越来越大。次年 1 月，换了个地方来到了森禾广场，在 22 楼里的一家公司盗窃现金。盗窃成功之后，又过了几天，再次来到森禾广场，盗窃中华香烟。2 月 2 日，他第三次来到森禾广场时被保安发现，及时通知四季青派出所民警，民警赶到现场搜索了整个大厦，最后在 9 楼将其当场拿下。该盗窃嫌疑人对以上事实供认不讳。供述超市卡和茅台酒卖了 1900 元，现金自己花费掉了。

目前，胡某已被江干区公安分局刑事拘留。

**警官评析之以案释法：**

经鉴定，胡某盗窃的财物价值达到了 8000 多元，根据《刑法》第二百六十四条之规定，盗窃公私财物，数额较大的，处三年以下有期徒刑、拘役或者管制，并处或者单处罚金。又根据《浙江省高院、浙江省人民检察院、浙江省公安厅关于确定盗窃罪执行具体数额标准的通知》（2013 年）之规定，盗窃公私财物价值人民币三千元以上、八万元以上、四十万元以上的，应当分别认定为刑法第二百六十四条规定的“数额较大”“数额巨大”“数额特别巨大”。所以胡某的涉案价值已经超过了 3000 元，理应要受到刑事处罚，体现罪责相适应。

胡某涉及四次盗窃行为，两次在汉嘉国际，两次在森禾广场，如果价值未到 3000 元，也可以按照多次盗窃（两年内三次）对他刑事拘留。

胡某还涉嫌累犯，根据《刑法》第六十五条规定，被判处有期徒刑以上刑罚的犯罪分子，刑法执行完毕或者赦免以后，在五年以内再犯应当判处有期徒刑以上刑罚之罪的，是累犯，应当从重处罚。胡某之前有盗窃罪被判处有期徒刑前科，现因再次涉嫌盗窃罪，且在刑罚执行完毕五年之内，前后两罪都是故意犯罪，故构成累犯。

## 79　套路太深！偷了手机还不够，还冒充警察再骗人

导语：一个的哥乘人不备偷了别人手机不说，还冒充警察获取机主的个人信息，并转走了机主支付宝里的 2 万余元。然而法网恢恢，疏而不漏，再狡猾的狐狸也会露出尾巴，他最终难逃法网。

**基本案情：**

**一、在车里睡觉，醒来手机失窃**

4 月 12 日凌晨，杜某喝多了，就开着车窗睡在了车里。一觉睡到天亮，

醒来后却发现自己的手机不见了，杜某就怀疑有人趁自己熟睡，把手机偷走了。果然，派出所民警调取事发地附近监控视频发现，一名的哥从出租车里下来，在杜某的车旁徘徊许久。民警猜测这名的哥就是偷走杜某手机的人。但由于角度问题，监控未能拍到出租车的车牌号和的哥的清晰相貌。大家以为线索就这样断了时，的哥却主动联系上杜某。

**二、的哥冒充“民警”，演技滴水不漏**

杜某让朋友小李给自己丢失的手机打了个电话，发现手机关机。刚挂断电话，就收到短信：你好，我是老城东关的一名环卫工，在路上捡到了这部手机，我把手机交给了东关派出所民警，你可以直接打过来跟民警联系。

杜某赶紧回拨过去，电话那头却没人接。过了一会儿，杜某又收到一条自称“民警”的短信：把你的身份证号和银行卡号发过来，我们需要核实一下。杜某以为要核实身份，就把自己的信息发了过去。随后，“民警”回复，让杜某次日到派出所领手机……

**三、心生疑惑，但为时已晚**

第二天，杜某和朋友在领取手机途中，又收到“民警”发来的短信：手机已寄到了你的住处，直接去取即可。杜某心生疑惑，但仍按照“民警”指示返回小区。果然有个包裹，但打开包裹一看，手机却不是自己的……再打“民警”的电话，一直无人接听，杜某这才意识到被骗了。他赶紧去营业厅补办电话卡，刚装上卡，就接到支付宝客服的电话，这才发现自己支付宝里的2.1万元被分4次转走了。

**四、真民警出马，假民警束手就擒**

办案民警发现，杜某支付宝里的钱都被转到了一个QQ财付通账号里。民警顺藤摸瓜发现，该QQ号为我市一女子刘某所有。经查，刘某的男朋友是一名的哥，并且该的哥的体型、形态、穿着与监控中的男子相符，民警第一时间将其控制。

该男子对自己盗取杜某手机，并冒充民警骗取杜某个人身份信息，转走杜某支付宝里的2万余元钱的犯罪事实供认不讳。目前，犯罪嫌疑人因涉嫌盗窃罪被区检察机关批准逮捕。

**警方提示：**

如果手机被盗，一定要做到：

1. 如果是苹果手机，可通过另一部手机设置“丢失模式”，或者“抹掉 iPhone”。部分安卓手机也有类似功能。

2. 挂失手机号，凭身份证去营业厅补办手机卡。

3. 立即发短信通知朋友家人，谨防诈骗。

4. 尽快使用电脑更改手机 QQ、微信、支付宝等敏感应用账号密码。

5. 报警，请民警帮忙。

## 80 为了减轻牙齿疼痛，男子决定盗窃山核桃

导语：23岁的甘肃小伙，2011年来杭打工，之前在某餐馆上班，后来嫌累辞职不干。近日，因牙齿疼痛，他想到了用山核桃来减轻痛苦，于是来到了杭州华联超市盗窃物品，本以为神不知鬼不觉，但很快就被四季青派出所巡防队员抓获。

**基本案情：**

6月24日下午2点多，四季青派出所接到华联超市工作人员报警称，

有一年轻小伙盗窃超市的物品逃离了。民警接到报警后，迅速赶赴现场。

超市店长介绍，该男子进入超市后，在货架上挑选物品，随后将这些物品直接装进黑色背包里，之后又装模作样转了几圈。随后在经过收银台的时候，没有结算直接走出。

图　账单与被盗物品

随后店长追出去，该男子正要打开自行车准备逃离，店长将男子叫住，一起回到了店里，打开包一看，超市物品还不少，有2包美国山核桃、2包大壳杏仁、1瓶味全原味活性饮料、8包美味鸭掌，价值99元人民币。店长问：“这怎么解释？”男子面无表情，闭口不答。随后店长表示要报警让民警处理，男子听到要报警非常害怕，于是趁工作人员不注意溜之大吉，店长没有追上。

出警民警和巡防队员立即调取超市内部监控，确定男子的相貌特征后，立即部署警力在周边展开巡查，10分钟后，在钱江路边的绿化带附近找到了正在休息的盗窃男子，于是民警出示工作证件将该男子传唤至派出所接受调查。

在审讯室内，男子“婉转”解释了盗窃山核桃等物品的理由，说是最近因为牙齿痛，不想去看病，就想着买点山核桃，用硬的东西戳一下牙齿，可以减轻疼痛，据他所说还真有效。

这样的理由真让警方无语，之后，警察教育他出去后好好找份工作，养活自己，不要再做违法的事，这名男子认识到自己的错误，表示下次不会再做了。好好工作，靠自己的努力勤奋挣钱养活自己。

最终该男子因为涉嫌盗窃，警方依法给予其拘留5日的行政处罚。

**警官评析之以案释法：**

男子的行为已经涉嫌盗窃，根据《中华人民共和国治安管理处罚法》第四十九条之规定，盗窃、诈骗、哄抢、抢夺、敲诈勒索或者故意损毁公私财物的，处五日以上十日以下拘留，可以并处五百元以下罚款；情节较重的，处十日以上十五日以下拘留，可以并处一千元以下罚款。

## 81 外卖小伙屡屡作案，江干区警方快速破案

导语：如今的社会多学一门技术自然是好事，正所谓技多不压身。但是好技术应该用在正途上，有这么一个人管不住贪小便宜的心态，利用搭线技术盗窃多辆电动自行车，最终受到法律的制裁！

**基本案情：**

**一、快侦快破，锁定嫌疑人**

7月18日16时43分李某报警称：7月18日15时，自己停放在江干区某商场地下室员工停车库的一辆未锁菲利普牌电动车被人盗走，价值2500元。

民警立即赶往现场，经侦查发现一名身穿蓝色短袖衬衫的男子较为可疑，后经监控追踪，发现该男子驾驶本案涉嫌电动车至杭州某社区，

随后民警对该楼层检查发现某室的周某与嫌疑人的体貌特征相似，经现场初步询问，该嫌疑人周某当场承认于某商场地下车库盗窃电动自行车的违法犯罪事实，民警出示证件将周某带至派出所进行调查。

周某，27 岁，2006 年来杭州打工至今以送外卖为经济来源，虽并不富裕，但也能靠自己的收入养活自己。可周某还是走上盗窃之路，利用搭线的技术活，盗走多辆电动车。

## 二、技术搭线，多次盗窃

7 月 18 日下午，周某从居住地坐公交车到了临平，接着坐地铁到火车东站，再转地铁到了市民中心下车，最后走到了某商场，当时周某心想没有电动车骑了，于是就准备去某商场地下停车库看一下有没有电动车可以偷。之后到了地下车库，逛了一圈，周某发现一辆黑色的小龟电动车车身和车头都没有上锁，接着周某将电动车推出了某商场，一直到边上的一个路口，周某就开始搭线，搭线成功后周某立即骑上电动车，顺利盗走这辆未上锁的电动车。

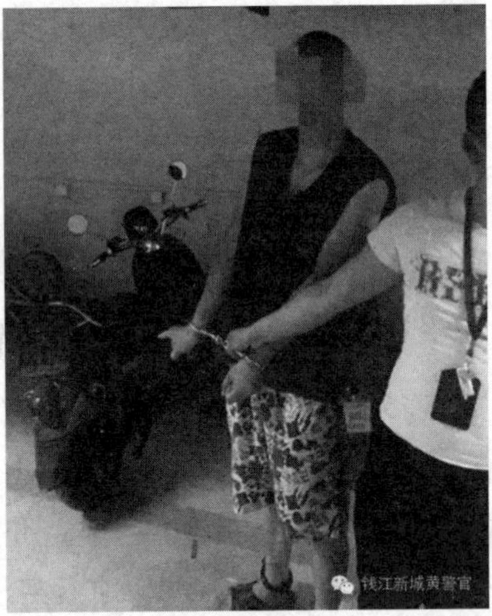


图　现场指认

7 月 21 日 22 时，为进一步检查有关物证，民警经出示搜查证，并在相关见证人的见证下对嫌疑人周某的住处进行搜查，后于客厅发现除涉及本案被盗电动车以外，还有两辆电动自行车及一辆自行车。民警当场对该车辆进行扣押，后经审讯，嫌疑人周某承认电动自行车均为盗窃物品。

三、被盗车辆，全部物归原主

经杭州市江干区价格认证中心鉴定，嫌疑人周某所盗多辆电动车于价格认定基准日的认定总价格为人民币 6982 元。

多辆涉案电动车被追回后，该嫌疑人在审讯中将每辆电动车的盗窃过程一一坦白，民警最终找到所有被盗电动车主人，目前已将电动车全部还给受害人。周某因涉嫌盗窃被江干警方刑事拘留，等待他的是法律的严惩。

**警方提示：**

如果你的电动车不锁，那么被偷走的概率将大大提升，小偷只需稍稍动下手脚，就可以轻松地骑走你的电动车，民警在此提醒广大市民，哪怕用上洪荒之力也请锁上你的爱车，别给小偷一点机会！

## 82 保安做了盗窃的勾当，民警 2 小时破案

导语：保安应该是保一方平安，今天的派出所故事主角罗保安，非但没有履行职责，反而干起了盗窃电动车的勾当。四季青派出所快速反应，立即侦查，在短短的 2 个小时，迅速破案，这是快侦快破机制在四季青派出所的又一重大实践。

**基本案情：**

罗某，50 岁，在杭州某工地从事保安工作。按理说这样一种工作，是不应该去盗窃的，但是鬼迷心窍的他却做起了盗窃电动车的勾当。

6月10日早上6时30分左右，罗某早早地骑着电动车上班，因为工作地是钱江路某工地，离市民中心非常近，于是他把电动车停在了市民中心图书馆地下停车库，停好之后，发现对面有两辆电动车没有锁，于是就到车子旁边仔细看了一下，发现车子还是比较新的，心想无论是自己拿来骑也好，卖也好，都是可以用的。接着他就将车子推了出去，推到了自己上班的工地上。

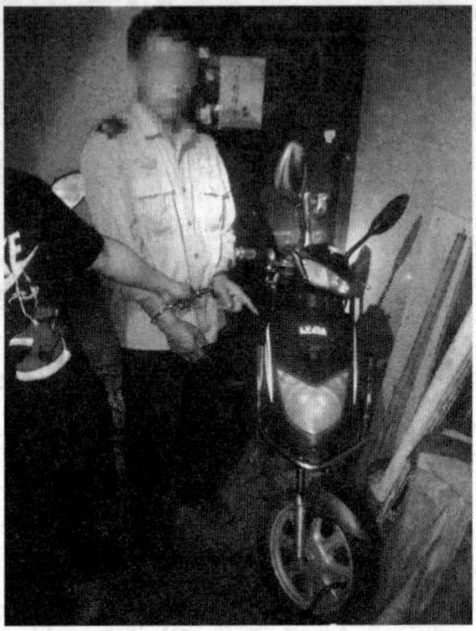

图　现场指认

等到下午下班的时候，他再回到图书馆地下停车库，将自己的电动车骑回家。

后来的几天，他照样将自己的电动车停在地下停车库，观察了一下，发现留下的那辆还是原地停在那里，也是照样没有锁。罗某想了一下，不偷白不偷。6月23日早上6时30分左右，他偷了第二辆电动车。后来在工地上他将电动车电线接了一下，启动车子，先后将两辆偷来的电动车骑回家了。

报案人6月24日上午来到地下停车库准备骑车上班，发现自己和妻子的两辆电动车全部不见了，到监控室调阅监控发现两辆车应为同一人盗窃所为，于是报警。

四季青派出所民警迅速赶到现场，报案人的两辆车于20天之前停在地下车库，之后他和妻子回老家收麦子去了，当时是没有上锁的，只是上了龙头锁。

根据报案人的描述，他应该见过偷车人，好像经常光顾这里，但是不知道在哪里上班，反正看上去很眼熟。

根据线索，民警一边调取监控，一边安排巡逻力量对周边展开巡查，巧的是2个小时之后，报案人发现了疑似偷车人，1分钟之内边上巡逻力量和调取监控民警迅速赶到，将正在走路的嫌疑男子抓获。

当民警问其为何盗窃电动车时，罗某的回答是：我想着自己以后可以骑，实在不行，还可以卖掉。

6月25日，罗某因为涉嫌盗窃被江干警方刑事拘留。

**警方提示：**

民警提醒大家要为电动车配备一把坚固结实的锁具，是一种行之有效的防盗措施。同时，还可以给电动车装上防盗报警设施，如GPS，一旦失窃，可迅速查询、锁定被盗车辆位置。

加强防范意识，让盗贼无处下手！

## 83 “头盔哥”覆灭记

导读：4月至6月，四季青派出所辖区接连发生多起电动三轮车电瓶被盗的案件，随后民警展开侦查，一名头戴黄色头盔的嫌疑男子浮出水面，进入警方视线。法网恢恢，疏而不漏，四季青派出所便衣民警在巡逻中抓获“头盔哥”。

**基本案情：**

**一、四起电瓶被盗案件**

第一，4月12日9时30分至10时40分，张某停放在三堡某大厦楼下门前的一辆未锁杂牌三轮电动车电瓶被拆下盗走，价值600元。

第二，4月18日10时至11时10分，聂某停放在某大厦门口的一辆未锁杂牌电动三轮车电瓶被人拆下盗走，价值500元。

第三，5月6日11时至11时05分，谭某停放在某小区3幢楼下的一辆未锁杂牌三轮车电瓶被人拆下盗走，价值600元。

第四，6月2日10时至10时20分，李某停在某广场南门岗亭处一辆绿色杂牌三轮电动车的电瓶被偷，价值500元。

**二、功夫不负有心人**

案值虽小，侵害的是人民群众的财产安全，四季青派出所民警认真分析每起案件，通过视频监控，发现该人在作案的时候经常头戴一顶黄色头盔。所长指令队员加强巡查和守候，要尽一切力量将嫌疑人捉拿归案！

6月14日上午9时40分许，江干区公安分局四季青派出所队员李警官、张警官跟往常一样在辖区四季青街道三新路一带巡逻。

当巡逻至中豪湘座附近时，发现一名驾驶黑色踏板车、头戴黄色头盔的嫌疑男子。因四季青派出所前期已发现该人有涉嫌多次盗窃电瓶的行为，故上前对其跟踪。当嫌疑男子准备盗窃停在大楼边上的一辆电动三轮车的电瓶时，发现后面有人跟踪。

在此过程中，嫌疑男子准备逃跑，队员们立刻把握时机，实施抓捕，嫌疑男子拒捕并加速驾车逃离，队员们对其紧追不放，最终顺利将该名男子抓获，并在其踏板摩托车上发现两个可疑电瓶。

经审讯，该可疑电瓶是嫌疑男子于当天9时30分左右在某小区附近盗窃所得。

目前，嫌疑人尹某因为涉嫌多次盗窃被江干警方刑事拘留。

**警官评析之以案释法：**

《刑法修正案（八）》第三十九条规定，将刑法第二百六十四条修改为："盗窃公私财物，数额较大的，或者多次盗窃、入户盗窃、携带凶器盗窃、扒窃的，处三年以下有期徒刑、拘役或者管制，并处或者单处罚金；数额巨大或者有其他严重情节的，处三年以上十年以下有期徒刑，并处罚金；数额特别巨大或者有其他特别严重情节的，处十年以上有期徒刑或者无期徒刑，并处罚金或者没收财产。"

盗窃类案件发案数量多、涉及面广，严重影响人民群众的生命财产安全。派出所民警在办案中用到的最多的罪名之一，属于侵财类犯罪。《刑法修正案（八）》取消了盗窃罪适用死刑的规定，修改之后，盗窃罪最高只能判处无期徒刑。

《刑法修正案（八）》将盗窃罪表述为五种具体情形，一是盗窃公私财物，数额较大；二是多次盗窃；三是入户盗窃；四是携带凶器盗窃；五是扒窃。"多次盗窃"，是指二年内盗窃三次以上，应当认定为"多次盗窃"。这里还要注意一点，就是对于犯罪嫌疑人基于同一犯意在同一地点对多人实施盗窃的，如在一次犯罪中对一幢居民楼的多户居民连续实施盗窃，一般认定为一次犯罪。

## 84　男子卖赃车的奇葩理由：因为国家开峰会，他要回老家休息

导语：30岁出头的男子嫌打工来钱太慢，专门将目标瞄向了未锁的电动车，这还不够，还把黑手伸向了朋友，最终得来的结果是刑事拘留。

**基本案情：**

**一、打工太累萌生盗窃**

曹某，初中毕业后在广州、上海等地打工，2012 年来杭州务工，在服装厂干过，也在餐饮店做过，一直没有稳定的职业，嫌打工来钱太慢，老是琢磨怎么样来钱快一些。经过多天的“冥思苦想”，终于想出了一条“锦囊妙计”。

7 月 10 日晚上 9 点多，曹某从九堡出发到了乔司朝阳一带闲逛，虽是漫无目的，但他的目光一直在寻找好下手的电动车，到了朝阳村二组附近，看到一家服装加工厂门口有一辆电动三轮车停在那里，钥匙插在上面，曹某立刻上前将电动三轮车骑走。

第二天上午曹某就准备处理这辆车，他来到一家修车铺，店主问其卖车的理由，曹某回答干脆：自己是开服装厂的，现在不开了，想把拉货的电动车卖掉。就这样，曹某得款 750 元。之后就吃吃喝喝花掉了。

**二、奇葩理由转卖赃车**

7 月 12 日，曹某故伎重演，在九堡一区东逛逛西逛逛，来到了一家快递中转站，看到一辆电动三轮车停在那里，也是钥匙没拔，他就偷偷骑上开走，害的快递小哥没法送货。当天，他跑到另外一家修车铺卖车，店主问其是否有凭证？是否为本人的？为什么要卖车？曹某回答是凭证早就丢了，是本人的车子，卖车的理由是：因为现在 G20 杭州峰会，所以就不做了，准备回老家休息，想把车子卖掉。

图　涉案车辆

7 月 13 日，曹某到

朋友家里玩，谎称自己需要临时用车，让朋友将电动车借给他，拿了车的曹某迅速骑向某电动车维修部，卖车的理由如出一辙，因为有峰会，打算回老家，所以卖车。

后来警察通过监控追踪，在九堡一带将曹某抓获，7 月 15 日，曹某因涉嫌盗窃被江干警方刑事拘留。

**警方提示：**

这两起案件的事主将电动三轮车停放在自己单位门口，钥匙没有拔，电动车未上锁，受害人以为就在门口不会有事，没想到这就给小偷盗窃创造了机会，所以，大家要吸取经验教训，要么拔掉钥匙、要么锁上车，或者不要让车离开自己的视线范围。

看来小偷也非常"与时俱进"，卖车搭上奇葩理由，偷、骗样样顺手，只是没有把精力放在正途上。

## 85 马桶盖不翼而飞，真相是什么？

导语：大家见过的不文明现象通常有闯红灯，过马路不走斑马线，公共场所大声喧闹，不爱护公共设施等，但是今天民警同志要讲的故事不仅仅是不文明现象，而且还触犯了法律。究竟是一个什么故事呢？男子为什么盗窃马桶盖呢？

**基本案情：**

前段时间，陈某家里的卫生间马桶盖坏了，于是到就近的五金店想买一个新的，但是因同型号的缺货而没有买到。

7月21日下午，陈某到某图书馆看书，其间上了一次洗手间，好巧不巧的是他突然想到自己家里正好缺一个马桶盖，而这个洗手间里的马桶上装着马桶盖，看上去非常新。陈某心中窃喜，“踏破铁鞋无觅处，得来全不费工夫”，干脆拿过来用得了。

接着，陈某将小房间的门关上，徒手拧开马桶盖塑料螺丝，动作娴熟将盖子拆了下来，然后装进书包里，悄悄离去。回到家里的他将新的马桶盖换上，旧的扔掉。

后来保洁阿姨在打扫卫生的时候发现少了马桶盖，一开始觉得不可思议，这真是闻所未闻啊。报警之后，民警经查看监控发现了陈某的所作所为，经过监控追踪在陈某家中将他拿下。经审查，陈某对其盗窃马桶盖的违法事实供认不讳。

民警心想，也许损公肥私说的就是像陈某这样的人吧，拆掉公家的东西，来弥补自家的损失，于私也不差这几十元钱吧。这样的行为，法律是不能容忍的，行政拘留少不了。

图　涉案马桶盖

**警官评析之以案释法：**

陈某的行为构成盗窃，虽然盗窃财物的价值未达到1500元，但是他使用了破坏性手段盗窃他人财物，属于情节严重。根据《中华人民共和国治安管理处罚法》第四十九条之规定，盗窃、诈骗、哄抢、抢夺、敲诈勒索或者故意损毁公私财物的，处五日以上十日以下拘留，可以并处五百元以下罚款；情节较重的，处十日以上十五日以下拘留，可以并处一千元以下罚款。江干公安分局决定给予陈某拘留十日的行政处罚。

己所不欲，勿施于人，希望陈某好好面壁思过！

# 86 借了三万元，对方竟然提出要还九万元

导语：你是不是在大街上看到过“无须抵押，低息贷款，当日放款”等小卡片广告？有这么一帮人专门从事这类生意，事实上钱真的有那么好借吗？其实未必。近日四季青派出所打掉了以这种方式放款的敲诈勒索团伙。

**基本案情：**

**一、放款之前“审核”客户资料**

杨某、孙某、孟某三人一起合作做放贷业务，这样钱生钱的生意还赚了不少钱。业务的来源有些是通过微信朋友圈和门户网站发布，有些通过朋友介绍，有些通过发放小卡片。

2021 年 4 月初，孟某接到一个客户的电话说想要贷款，因为当时人在外地，于是就把这单生意转给了杨某。杨某了解了客户王某的一些资料后，就准备处理这个单子。

接着依照他们的“标准”对客户王某进行审核，先是到客户家里，后又到客户店里考察，了解了客户的实际情况后，在没有车子抵押的情况下决定签订借款合同，向对方贷款 3 万元，约定利息是 20%，期限为一个月，当场扣除一个月的砍头息，杨某支付客户 24000 元，同时签订一张借条内容为：客户王某某向我方借了 6 万元用于资金周转。另外还有一张违约书内容是：如不按时还 6 万元，就算违约，每天得付 20% 的利息。还有一张担保书内容是以客户的女朋友作为这笔借款的担保。

**二、借款 3 万元，合同上写 6 万元**

至于为什么借款 3 万元，而合同上写 6 万元呢？杨某的解释是如果对方正常还款，就按照 3 万元的借款，如果对方违约，就让对方还 6 万元。然而这些都是他们的口头约定。

急于用钱的王某对于这样的合同条款照签无误。

过了一个月，王某还不出本金，于是王某与杨某等协商又付了6000元作为下一个月的利息。

在此期间，王某给杨某等人介绍了两个客户，这些客户与他的共同点就是同样急需用钱，而没有地方借钱，于是就介绍了杨某等人，其中一名客户借了4万元后逃逸，另外一名客户在考察期间因为被发现无还款能力，杨某等人没有借钱。

中间闹了这一出，再加上王某又延续了一个月，杨某等人认为客户王某是不可靠的，需要好好查查，否则这3万元的借款很可能有去无回。

**三、以车子为筹码，要挟对方再还6万元**

为了保险起见，5月11日，杨某等人将王某的车子要过来，从余杭开到了萧山办理抵押手续，以装GPS名义将车子开走，口头上说装好GPS后就把车还给王某。

实际上，杨某等人认为王某隐瞒了有车这一事实，认定王某违约，不打算将车还给对方，除非把借款全部还清。

过了几天，王某眼看拿车无望，就主动提出来要还本金，双方约好见面地点，还了3万元本金之后，杨某等人还是没有将车子还给王某。孟某提出对方必须再还6万元后才能将车子归还，否则将车子卖掉。

王某觉得此事已经无力再解决了，于是报警。

6月3日凌晨，四季青派出所民警在杨某等人的住处将三人抓获。

**四、还款6万元的理由**

民警问："为什么又向对方要6万元？"

杨某答："因为车子在我们手里，再说因为他介绍的客户让我们损失了4万元，再加上交通费、食宿费等费用就强行向他要6万元。"

民警问："如果不还怎么办？"

杨某答："我们吓唬他，如果不还上钱，就把车子卖掉。"

民警问：“为什么要扣车？”

杨某答：“扣车了就有谈判的筹码。”

6月3日，杨某、孙某、孟某三人因涉嫌敲诈勒索罪被江干警方刑事拘留。

**警方提示：**

不要相信所谓的低息贷款以及什么不需要担保就可以提款，这类小贷公司、担保公司非常不靠谱！

## 87 电动车被盗，小偷竟是90后自主创业老板

导语：90后创业小伙开了一家修车店，却走上了违法犯罪道路，利用自己拆卸电动车的技术盗取电动车随即变卖，从盗走电动车到被抓获只有10小时，来不及销赃就被民警抓获。那么问题来了，好端端开了一家修车店，他究竟为什么要盗窃电动车呢？

**基本案情：**

**一、电动车未上锁被偷**

7月12日早上6时许，小东将自己的一辆小龟形杭爵牌电动车停放在小区单元门外后便上楼休息，到了第二天16时许下楼取车时发现电动车不见了，随后小东在小区单元门外寻找始终没看到自己的电动车，小东想起自己的电动车并没有警报锁，车轮上也没有上锁，猜想肯定是被偷了，于是向派出所报案。

二、立即侦查6小时破案

7月13日16时许，民警接到报案后立即赶赴现场展开侦查，通过查看监控发现一名可疑男子，后该男子在江干区皋塘一带消失，民警立即赶往皋塘进行侦查。于22时许在一家名为“便民修车店”里发现该可疑男子，后民警出示工作证件对其初步询问，其当场承认了于7月13日凌晨1时许在庆春东路钱江路地铁站附近的小区盗走一辆黑色电动车的违法事实，随后民警出示工作证件及传唤证将该可疑男子传唤至派出所进行询问调查。

三、交不上房租动了歪心思

嫌疑人杜某，22岁，原本在杭州打工的他慢慢有了自己的积蓄，之后在江干区开了一家修车店面，名叫“便民修车店”，“便民”听上去有一丝服务举措，但没想到，作为修车店老板的杜某却干起了偷电动车的事。

据杜某陈述，7月11日因自己的修车店面交不上房租，而房东又一直催着交房租，再加上最近生意不好基本上没赚到钱，一时冲动的杜某想到了自己拆卸电动车的技术，便决定“冒险”去偷辆电动车放在自己店里卖掉换钱交房租。

四、老本行派上用场

7月13日凌晨1时许，杜某从江干区皋塘坐优步到庆春东路钱江路地铁站附近下车，下车后杜某步行走进某小区的东门，一路往小区内走，直到自己转身看不到小区门岗保安为止。杜某随意走到其中一幢楼下，发现该处停着一辆黑色电动车，他试探性地用手触碰该电动车，发现该电动车上并没有警报锁，车轮上也没有上锁，他便从口袋里拿出打火机把电动车的电源线烧断再将线搭起来，该电动车就这样被发动起来了。

五、心思不正终落网

杜某立马骑着电动车往小区的东门出去，接着往庆春东路骑行，路上杜某将作案工具（打火机）扔到街上的垃圾筒里。杜某还称当天想过要将自己作案所穿的衣服全扔掉，直到他回到自己开的修车店内才稍稍平静，但让其没想到的是从自己偷走电动车到被公安机关抓获只有十个小时。

**警方提示：**

尽量不要将电动车停放在小区楼下，给犯罪分子作案提供机会，应当停在车库和有防盗门的楼道内，最好停放在有监控的地方，并且给自己的电动车装上防盗报警设施或GPS，一旦失窃，可迅速查询，锁定被盗车辆位置。

本可以通过努力开创属于自己的天地，但愿小伙只是一时财迷心窍，积极改正，为时未晚！

## 88 因老板要求严厉，便进行盗窃报复

导语：防火防盗防身边人，小刘是某公司老板的驾驶员，趁着工作上的便利将黑手伸向了老板，最终他以失业告终，等待着他的是法律的严惩……

**基本案情：**

小刘是杭州某实业公司老板的司机，每天的任务是接送老板，从2013年开始做起已经有三年多了，一直以来老板都把小刘当成自己人看待，可是事情在2015年的时候发生了转折。

民警问他为什么要偷老板的物品？小刘的回答是老板对他比较严厉，脑子一热，犯了糊涂，做错了事。

图 现场指认

2015年的时候，小刘在董事长的办公室里等待老板下班，当时老板上厕所去了，小刘起身见办公室的抽屉没有锁，于是将老板放在桌子抽屉里面的宝珀手表直接盗走。小刘于当年10月将手表以2万元的价格卖给了一个陌生人。殊不知，董事长是以24万元的价格买过来的，而且是在六七年之前。

尝到了甜头的小刘没有停止违法犯罪行为，在2015年11月的一天晚上，当时老板的办公室门没有锁，小刘径直走进办公室，将柜子里的一台新买的苹果电脑顺手牵羊，然后像没事一样回家，将赃物放在自己家中“享用”起来。

这样偷了两次以后，小刘观察了很久，看董事长没有什么反应，于是继续实施盗窃行为。2016年3月的一天，早上9时许，当时小刘和老板在办公室里，过了一会儿，老板出去谈业务了，就剩下小刘一人，于是他又故技重施，将抽屉里的一只女式手表顺走，后来将这块手表拿回家一直放在家里。

第四次是在2016年4月的一天早上，当时也是和老板两人在办公室，趁他出去接电话的时候，又在办公室抽屉里偷了一只宝珀牌手表。

过了两天，老板找小刘谈话，小刘倒也干脆，承认了这几件物品都是他干的，为了表示悔过将4月偷的那只手表还给了老板。

过了2天，公司将小刘开除，随后，将工资等全部结清。小刘最终因为他的盗窃行为付出了失业的代价。老板也向四季青派出所报案！

不过，比失业更严重的是，小刘将面临法律的严惩，5 月 25 日，小刘因为盗窃被江干公安分局刑事拘留。

**警官评析之以案释法：**

根据《中华人民共和国刑法》第二百六十四条之规定，盗窃公私财物，数额较大的，或者多次盗窃、入户盗窃、携带凶器盗窃、扒窃的，处三年以下有期徒刑、拘役或者管制，并处或者单处罚金；数额巨大或者有其他严重情节的，处三年以上十年以下有期徒刑，并处罚金；数额特别巨大或者有其他特别严重情节的，处十年以上有期徒刑或者无期徒刑，并处罚金或者没收财产。小刘以非法占有为目的，窃取他人占有的财物，数额高达 49 万元左右，其行为已经构成盗窃罪。

好好工作，比什么都好，遵纪守法，做个好公民！

## 89　实力坑友坑自己！朋友喝醉了要翻墙，他却选择报假警

导语：晚上和朋友喝点小酒，这可以理解；朋友喝醉了想送其回家，这也可以理解；但是为了“教育”朋友，却报假警叫警察过来，这就万万不能理解了。令人遗憾的是，报假警的小张居然报警谎称看见有人偷盗，结果搬起石头砸自己的脚，把自己“请进”了拘留所。

**基本案情：**

5 月 11 日凌晨 3 点多，来杭州打工 2 个多月的小张和朋友小罗一起

喝酒撸串，几瓶啤酒下肚，小张还微醺，没想到小罗却不胜酒力，明显喝大了。他跌跌撞撞地搀着开始撒酒疯的小罗，往住处方向走，走到了太平门直街和顺福路的路口，喝大了的小罗开始拦截路人，还试图跑去招惹停路上的私家车，小张担心朋友的安全，赶紧上前阻拦。

二人在路上拉扯起来，已经喝醉的小罗却根本不听小张的劝。“当时已经离我们住的地方很近了，我就想把他拉回家，但是他就是不听我的，我就生气了。”小张回忆，自己火气一上来，“我就想找警察帮忙，教育他，让他醒酒。”

小张知道，本来这该是朋友该做的事，不属于民警的工作。但是怎样才能召唤民警同志呢？借着酒劲，他想出了个办法：编！

看着喝醉的小罗闹着要翻过路边工地的围墙，他拨通了110：“喂，是警察吗？我看到有人翻过工地的围墙要偷东西！你们快来……”几分钟后，四季青派出所的民警火速赶到了现场，但是在工地里反复地查看，并没有什么盗窃的痕迹。在民警勘查工地的时候，小张还若无其事地去附近找了找朋友小罗喝醉后丢失的衣服、手机……

发现工地没有异样，走出工地的民警就发现了报警人小张，小张支支吾吾，说不清楚“看见小偷”的具体经过。民警发现他疑似报假警，就把他带回了派出所。在派出所里，小张的酒醒了。他承认，自己根本没看到什么小偷，“我报警就是想请你来把他带回派出所醒醒酒，把他送回我家也可以……”小张明白自己报假警的行为错了。接下来，他就该为自己的行为承担责任。

**警方提示：**

第一，110这个电话别随便拨打，谎报案情既浪费了有限的警力，影响正常的出警工作，又占用了通信路线，耽误了真正有需要警察帮助的群众。根据《中华人民共和国治安管理处罚法》第六十条第（二）项之规定，有下列行为之一的，处五日以上十日以下拘留，并处二百元以上五百元以下罚款：（二）伪造、隐匿、毁灭证据或者提供虚假证言、谎报案情，影响行政执法机关依法办案的。小张因为谎报案情被江干公安分局行政拘留五日并处二百元罚款！

第二，天热起来了，像小张、小罗这样吃夜宵喝夜酒的年轻人会渐渐增多。近期还是初夏时节，夜酒喝多、引发警情的状况还不算多，但综合历年的情况，到6月初，这类警情的发生率就会显著上升。民警郑重提醒，饮酒务必适量，否则可能做出让自己追悔莫及的傻事。

## 90 杭州男子重逢初恋，欲罢不能，竟然做出了这样的事

导语：30年后的一场同学会，48岁的杭州男子张某重遇了30年未曾谋面的初中女同学李某，为了心中的女神，张某重温初恋的点点滴滴，竟然做出了糊涂举动。

**基本案情：**

**一、三十年后再相逢，一见钟情**

12月1日，48岁的张某在一次初中同学会上，遇到了30年未曾谋面的初中同学李某。相互寒暄之后，两人互相加了微信，之后一发不可收拾，频繁交往，经常在微信上聊天，常常聊到晚上十一二点。

张某说，女同学李某是他的初恋，30年来自己一直单身，也是因为“一直想着她”。

在接下来的几个月里，两人一起看电影、吃饭、逛街购物，感情越

来越深。

## 二、视对方为女神，欲罢不能

次年5月初，张某与李某因为口角发生纠纷，双方各有芥蒂，张某一直向李某认错，向她解释，但是得不到李某的原谅。

李某也有自己的苦衷，想尽早结束这层关系，但是张某心不甘、情不愿。

在接下来的几天里一直发短信、打电话，后来又以微信方式发送恐吓、威胁信息，影响李某的工作，干扰李某的正常生活。

5月6日上午，张某再次拨通李某的电话，电话那头却关机。张某一来气索性直接到李某工作单位，找到她的座位，坐上去赖着不走。

无奈之下，李某约张某在楼下谈，最终，争执不下的两个人来到了派出所。

在派出所内，民警对双方进行调解，但是张某态度恶劣，完全没有认识到自己的错误行为，民警依法对其传唤。

据了解，张某初中毕业后一直无业，单身，20世纪80年代曾因打架被劳教，后还因为盗窃被判刑1年6个月。

张某表示“她说开始就开始，她说结束就结束，我很不情愿，我认为她玩我”“如果她一开始就拒绝，也就没有下文了”。自己这样做的目的就是“让她难堪”。

**警官评析之以案释法：**

张某与初中同学李某因为男女感情问题产生纠纷，为干扰对方，张某多次发送恐吓信息，影响李某的正常工作和生活，张某的行为构成干扰他人正常生活。根据《中华人民共和国治安管理处罚法》第四十二条第一款第（五）项之规定，警方对张某作出罚款500元的行政处罚。

# 91 骗子："您好，我是警察！"

导语：如果在未来的某一天你也接到这样一个电话，对方自称是某某公安局的警官，并且能准确地报出你的身份信息，还告知你正在办案或核实身份信息中发现你的身份证开户的银行卡涉嫌参与一起洗钱案件，要求你配合调查以及将所有银行卡冻结。也许警惕性高一点的你会怀疑这是一起电信诈骗，但如果骗子加了点前奏引你上当呢？看看故事中的小王是如何一步步掉进陷阱的。

**基本案情：**

**一、挂号信是假，引出案外案是真**

4月13日10时许，小王接到一个电话，对方自称是邮政客服人员，说是前段时间给小王寄了一封挂号信，并且寄了两次。小王觉得奇怪，自己根本没有收到过什么挂号信，客服接着说现在可以将挂号信的内容通过电话的方式读给小王听，内容是说小王在2月5日的时候在上海电信办理过一个套餐，该套餐目前已经欠费，要求小王现在补交费用，小王觉得奇怪，毕竟自己从未去过上海，更别提办理过此类电信套餐，客服接着说那可能是小王的身份信息被泄露了，并且让小王打电话到“上海嘉定公安分局”进行报案。

**二、陷阱重重，骗子早有对策**

接着电话就从电信客服转拨到所谓的“上海嘉定公安分局”了，电话接通后一位自称是“陆警官”（骗子）的男子听完小王的讲述，告诉小王可能是身份信息被泄露了。初步获取小王的信任之后，这位“陆警官”称可以帮小王查询银行卡是否已被泄露，于是让小王提供身份证号码，小王就将自己的身份证号码报给“陆警官”，5分钟不到的时间“陆警官”突然变得很凶，接着很不客气地告诉小王，经过身份信息查询之后发现小王的这张身份证有参与过一起洗钱案，并且说小王是重要人员，要将其立案拘捕，并且通过网络形式把拘留证发给小王。

小王被吓得不轻，反复告诉“陆警官”自己没有参与过，之后“陆警官”对小王说如果这件事不是他做的就必须提供人证、物证、财力证明，并且要配合公安工作将所有银行卡冻结。尽管如此，小王心里还是有点怀疑，早就想好对策的“陆警官”对小王说你可以打 114 查询这个号码（02159995000）看看是不是上海嘉定公安分局，小王马上用手机打 114 查询该号码，114 电话查询的工作人员告诉小王，该号码确实是上海嘉定公安分局的电话，这个肯定的答案将小王最后一点顾虑也打消了。

**三、亲自操作，送走 2 万元**

于是“陆警官”让小王提供财力证明并且需要将所有银行卡都冻结，小王将自己所有银行卡的后 4 位数告诉“陆警官”，并且说这些银行卡内都没钱，只有建行卡里有朋友刚转的 2 万元，之后“陆警官”让小王将建行卡内的 2 万元转到工商银行卡内，接着小王按照“陆警官”的指示到附近的 ATM 上将建行卡内的 2 万元存入工商银行卡内。之后又按照“陆警官”的要求继续在 ATM 上进行安全加密的操作，操作结束之后小王的手机就收到短信，短信内容显示工商卡内的 2 万元被成功转出，电话中也传来被挂断的声音，小王马上电话回拨但已经无法接通，此时的小王被蒙晕了，第一时间能想到的就是打 110 报警。

**警方提示：**

骗子通过冒充警察等，谎称正在办案或核实身份信息中发现被害人身份证开户的银行卡涉嫌犯罪案件，要求被害人以其身份开户的所有银行账户冻结，进而要求被害人进一步操作，以达到诈骗目的。在骗局中骗子为骗取被害人信任主动提示被害者可以拨打 114 查询号码的十有八九就是骗子，民警提醒遇到此类情况也可拨打辖区派出所电话或者 110

咨询。

不法分子在实施上述电话诈骗时，常常会利用任意显号软件、改号软件等，在被害人的来电显示上呈现出任意号码的方式，冒充公安机关或特定身份进行诈骗，民警在此提醒广大市民接到此类电话时一定要提高警惕，不要随意提供个人信息，更不可轻信，以免上当受骗！

## 92 查询微信聊天记录和开房记录，分分钟搞定，你会怎么想

导读：如果有人对你说可以查询任何一个人的微信聊天记录和开房记录，你会相信吗？如果有人跟你说需要缴纳保证金和安全交易金，你会相信吗？这种电信诈骗在网络上大行其道，看的多见的也多，但是很遗憾，还是有人相信了！

**基本案情：**

**一、想查询男友的微信聊天记录**

4月28日15时许，小李（女，25岁）闲来无事在网上搜索到一个名叫“联盟技术”的QQ号，对方号称能够查询各种微信短信聊天记录和开房记录。小李最近和男朋友闹别扭，于是就非常想查询一下男友的微信聊天记录。于是就加了对方的QQ，在QQ上对方表示可以满足小李的要求，只需支付600元的费用，先付300，等完全查出来之后再付300元。小李觉得对方靠谱，于是就通过支付宝给对方汇去300元。

说来动作也快，对方马上发来一张微信网页版登录界面的截图，小

李看到截图上的男友的头像和昵称，一模一样，于是深信不疑，就把剩下来的300元也转过去了。

**二、保证金和安全交易金少不了**

转完后，对方又说要防止小李泄露他们破解的信息，需要再交2000元的保证金，不过这个保证金之后会退还的。于是小李第三次汇钱。汇完之后，没想到的是对方又以“所查询的聊天记录里有暧昧词汇，唯恐涉及刑事责任”为由，要求小李再交2000元安全交易金。小李为了尽快得到她所想要的东西，就第四次汇款2000元。

没有想到的是对方没完没了，又以技术人员需要1800元的红包为由要求小李再次汇款。小李不想再交了，要求退款，但是对方先是不回复信息，接着将她删除。小李意识到上当受骗了。

**警方提示：**

网上充斥着诈骗信息，大家务必小心。实际上这种诈骗方式与之前的“重金求子”“机票改签”等诈骗如出一辙，只是换了一个“马甲”而已。警方提醒涉及个人隐私的信息，任何公司或个人是无权、无法获取的。同时泄露隐私信息也是违法犯罪行为！

防不胜防更要防，必要时向110求助咨询！

## 93 碰瓷索要钱财，让自己“摊上事儿”进了局子

导语：“碰瓷”不但是不诚信的行为，更是违法犯罪行为。本期的两位主角想通过该方法谋取发财机会，不料，刚一出手就被民警抓了个

正着。面对铁证如山的事实，还拒不承认，且看民警如何将其绳之以法。

**基本案情：**

**一、驾驶途中遭“碰瓷”**

4月16日13时许，事主章某驾驶汽车从新塘路转至杭海路方向行驶，看到两名男子在马路中间站着，章某想避让他们就从右边绕过去，在行驶过程中这两个人推搡着撞到了车身尾部，其中一个人躺在地上，另外一个人拦着章某不让离开，隔着玻璃对章某说要200元钱。章某意识到自己“摊上事了”，于是赶紧报警称自己遭遇“碰瓷”了。

四季青派出所接到报警后，民警带领辅警立即出警，初步了解到两人故意以“碰瓷”的方式敲诈他人钱财，随即民警将二人传唤至派出所接受调查。

**二、寻衅滋事被拘留**

经审查，两人均有前科记录，孟某于2014年因殴打他人被江干公安分局行政拘留15日，另外一人袁某也于2014年因殴打他人被西湖风景名胜区公安分局行政拘留10日。孟某和袁某合谋在杭海路附近以故意和机动车碰撞的方式，纠缠车主章某并强行索要200元人民币，两人均不承认寻衅滋事的违法行为，但是现场有旁证指正，有监控录像记录“碰瓷”行为，足以证明孟某和袁某寻衅滋事的违法事实。

4月17日，袁某和孟某被江干警方分别处以行政拘留八日，沉重打击了不法分子妄图以违法手段谋取不义之财的不良势头，净化了辖区治安环境。

**警官评析之以案释法：**

公安机关根据《中华人民共和国治安管理处罚法》第二十六条第（三）项规定：有下列行为之一的，处五日以上十日以下拘留，可以并处五百元以下罚款；情节较重的，处十日以上十五日以下拘留，可以并处一千元以下罚款：强拿硬要或者任意毁损、占用公私财物的。最终，袁某和孟某被江干警方分别处以行政拘留八日。

## 94 男子在楼顶欲跳楼，民警及时出手化险为夷

导读：跳楼警情、自杀警情，遇到这类紧急情况，如何及时处理、化解危机对每位基层公安提出了更高的要求，除了过硬的素质外，还需要有勇有谋，才能更好地保障人民群众生命和财产安全。

**基本案情：**

4月2日15时26分，四季青派出所接到群众报案称钱潮路××号有人欲跳楼，值班所长立即带领民警出警。

途中民警通过通话手机联系报警人了解情况，并确认该警情发生在辖区某某家园小区，但是不知道是具体哪一幢。为核实准确情况，民警马上联系了小区物业，小区物业保安确认了4幢1单元确有一男子站在楼顶欲跳楼。

图　民警劝导男子

民警赶到现场后马上奔赴楼顶，看到一名男子站在小区楼顶边沿，他情绪激动、语无伦次、大喊大叫，情况危急。民警慌而不乱，一边通

过言语安抚该男子，一边询问跳楼的原因，得知该男子的一辆无牌的摩托车从庆春隧道违规开出驶向市区，到达出口时被交警现场查扣，男子认为交警执法不公，想不开要跳楼。

民警在与其沟通过程中，发现该男子说话逻辑有些混乱，一直重复那么几句话，怀疑该男子的精神不正常。民警改变思路，调整策略，一边同该男子交流，分散该男子注意力，一边趁机接近该男子，说时迟那时快，民警上前一把抱住该男子，随后众人一拥而上控制住该男子。

跳楼警情成功处置，接着民警通知120，后经医院检查，该男子确患有轻度精神疾病，现已在医院接受治疗。

**警方提示：**

精神病人缺乏有效监护，病情得不到及时治疗，对城市社会治安带来较大影响，因此对这些病人加强管理对维护社会安定具有重要意义。精神病患者家属做好监督工作，重视心理疏导，辖区派出所要做好患者管控工作，实行属地管理。群众看到类似跳楼警情应马上报警，由公安民警专业处理。

## 95 职称英语考试内部原题1000元打八折?

导读：人生分为几个阶段，每个阶段或多或少逢有考试。小升初考试、中考、高考、研究生考试、公务员考试、资格证考试、职称考试等，考试资料也应运而生，盗版伪劣的考试资料流入市场以低价出售，对等的商品交易，以钱换物。但是却有考试资料变成钱的离奇故事，与您一起分享。

**基本案情：**

**一、考试资料变成了钱**

3月23日，小琴（化名）来四季青派出所报案，她要的考试资料变成了钱，还没有拿到手。听得同志也是一头雾水，小琴接着说，事情都源于一场考试。她3月26日要参加职称英语考试，很巧的是，3月7日小琴收到一份qq邮件，寄件人是95ec××，内容为本机提供2016年职称英语内部原题，提前掌握，包一次轻松通关，后附有QQ：53648××××。

小琴想着，26日就要考试了，不妨去买来看看，于是她就添加了邮件里的QQ好友，骗子发了一份试题价目表给她，价目表上写有三种支付方式，支付完了就可以拿到考试资料。第一种是考前付清所有费用，第二种是考前付一半，考后付一半，第三种是考后付清费用。

**二、1000元打八折内部原题**

小琴本着谨慎的想法，想先拿资料，考完再付钱，但是她说骗子真的太会糊弄人，被骗子的言语绕进去了，骗子说考前付就可以打八折，原价1000元的费用可以便宜200元，只要800元，所以小琴就一下子把钱付完了。

付完之后，小琴心里也是有想法的，她打了骗子留给她的电话，想确认一下能否打通。结果是一个年轻女性接的电话（QQ界面上显示男性），这个女骗子也不是省油的灯，糊弄伎俩“一山更比一山高”，小琴答应她等几天再拿资料。3月22日，QQ上的骗子主动找到小琴，让小琴再付一笔钱就给她考试资料，小琴拒绝付钱，之后就把小琴的QQ删了，电话也打不通，小琴才发现自己被骗。

小琴悔不当初，考试资料变成了800元钱，钱还没了，也对她的考试造成了影响。参加职称英语考试的肯定有很多人，受害的肯定不止小琴一人。

**警方提示：**

万万没想到，骗子把心思动在了考试资料上。如要参加考试的朋友，需要辅导资料的，请至书店购买或在官网及人气高的淘书网站上购买，不要轻易相信 QQ、微信上的莫名推荐，骗子的骗术十分逼真，现已不是擦亮眼睛就能看清，竖起耳朵就能听清那么简单了！民警提醒群众，不确定的事就先缓缓，问问好友、专家，不认识的人就先防着，不要有金钱来往！

相信内部原题，还不如相信自己，努力学习，不搞歪门邪道。

## 96　移动工作人员上门充话费，是真还是假？

导语：近日，在钱江新城建设银行工作的李先生匆匆赶来四季青派出所报警，说是前段时间有移动公司的人上门办理移动充值话费优惠活动，自己觉得挺靠谱的，另外很多同事都办理了，后来话费没有到账，甚至连自己缴纳的本金都查询不到。究竟是怎么回事呢？

**基本案情：**

**一、被骗了将近一万元**

市民李先生说，12 月某日，自己接到一个电话，对方说自己是中国移动集团公司下属的一个代理商，公司正在进行充 900 元送 300 元的“欢乐送”优惠活动，每个月返还 100 元，直至返完为止。

李先生看到这名工作人员穿着西装，还有正规合同等格式文本，抬头写着“移动欢乐送用户优惠协议”，另外还自备了 POS 机，再者居然还亲自上门。李先生想想对方做得还是挺周全的。

李先生考虑到曾经也参加过类似活动，关键优惠活动非常划算，并且每个月10086都能准时发送充值到账成功的短信提醒，于是这次便深信不疑。

李先生掏出银行卡刷了900元，“移动工作人员”热心办起手续，填写单子，然后让李先生签名。李先生的办公室同事见状纷纷掏腰包办理。后来李先生统计了一下，8位同事共计充了9000元。

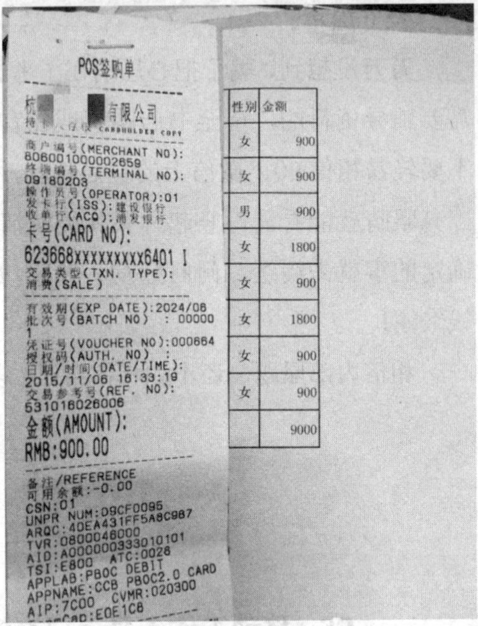


图 涉案单据

**二、优惠协议是假的，下属公司亦是假的**

一个月过去了，同事发现不仅“移动”承诺送的话费迟迟没有到账，连自己缴的基本话费也查不到。纷纷向李先生询问情况，李先生也是一头雾水，摸不着头脑。不但同事办理的优惠活动没有到账，而且自己也是同样遭遇。

李先生想想怪难为情的，自己的钱损失事小，同事的损失事大。于是马上致电“移动工作人员”，对方和颜悦色地告诉他不要着急，由于系统原因所以延迟了。再过了几天打电话追问，对方告诉他办理的客户非常多，公司正在抓紧处理……前几天李先生又一次拨打电话，对方已经不接电话了……

李先生隐隐感觉到这里肯定有猫腻，于是致电10086咨询。客服告诉他移动工作人员一般不会上门推销业务，再经过核实，发现骗子提供的“移动欢乐送用户优惠协议”是假的，所谓的编号是假的，所谓的下属公司亦是假的!

李先生将此事反馈给同事，同事一致认为不能让骗子继续行骗下去，必须要报警。李先生提供了协议、刷单凭证等材料向四季青派出所报案。目前，此案还在进一步调查中。

**三、运营商有话说**

对此，民警致电杭州几大电信运营商，他们给出了几乎一致的回答：市民朋友如果要办理业务，目前来说有三种情况是靠谱的：

1. 前往正规移动、联通、电信营业厅办理；

2. 登录运营商手机官方 App 或通过运营商官方微信账号，自助办理相关业务；

3. 用户主动拨打官方客服电话办理业务。

一般情况下，不会有客服人员上门办理。

**警方提示：**

如果碰到运营商上门推销业务，千万要注意甄别，谨慎为之，可以拨打运营公司正规客服热线询问，以免让骗子有机可乘。平时大家最好在充值完成后保留相应的充值凭据，如因特殊原因出现话费未到账等问题也能够及时处理。

## 97 “钱江新城黄警官”微信平台帮助报警人挽回9000元经济损失

导读：“钱江新城黄警官”微信公众号一直致力于原创公安普法文章，自2014年11月发布第一篇文章以来，截至目前总计发布600多篇原创文章，影响力与日俱增，还帮群众挽回9000元经济损失。

**基本案情：**

2月4日，平台发布一篇《移动工作人员上门充话费，是真还是假？》的文章，说是前段时间某科技公司员工冒充“移动公司”业务员上门办理移动充值话费优惠活动，报案人觉得挺靠谱的，很多同事也办理了，后来话费没有到账，甚至连自己缴纳的本金都查询不到。

业务员手机关机，后到中国移动营业厅查询优惠协议证明是假冒的，中国移动营业厅建议当事人报警。

文章发布后引起广泛关注。某科技公司董事长因为朋友发给他的链接看到了该篇文章，2月6日晚上11时打电话到派出所并联系到民警黄警官，主动要求承担赔偿责任并积极配合公安机关调查。时值春节，公司业务部门放假，董事长许下承诺年后一定解决该问题。2月19日上午，某科技公司董事长在黄警官的主持下亲手将9000元返还给报警人，报警人叶先生连连称赞“钱江新城黄警官”平台覆盖面广，影响力大，创新公安破案新手法，对犯罪分子有震慑力，又省钱省时，为群众挽回近1万元的经济损失。

**警方提示：**

平台自成立以来收到上千条举报线索、法律咨询、求助询问、破案信息等，黄警官每条都认真予以答复，粉丝互动频繁。

在自媒体的年代，又有多少人一直坚持在写，又有多少像“钱江新城黄警官”这样的小小公众号，一直坚持原创，将基层真实故事图文并茂变成普法小文章，通俗易懂，符合当前人们的阅读习惯。正如歌手李健在一首歌中唱道：“生活有些忙，坚持有点难。”尽管前行的路上有过踌躇、犹豫，也不止一次想放弃，但是“钱江新城黄警官”会一直走下去。在G20峰会召开之年，“钱江新城黄警官”会继续服务公安工作，增进警民关系，为G20峰会顺利举行做贡献！

## 98 大年初一，滴滴司机“出手不凡”，结果进了拘留所

导语：春节期间，很多在杭打工的新杭州人都回家过年了，但是王师傅（化名）为了多赚些钱，选择在杭过年继续工作，可是因为自己的一时冲动不但没有赚到钱，反而被送进拘留所，这年是过不了了，事情究竟是怎么回事呢？

**基本案情：**

王师傅是滴滴快车司机，在杭州做了很长时间，没有发生交通事故或不愉快的事情，但在2月8日这一天事情发生了转折。小许通过滴滴打车软件想叫一辆车，正好叫到王师傅，他就打电话询问小许的具体位置，小许告诉他在某某小区，王师傅说：“我马上就到，你快点下来。”

过了三四分钟王师傅到达小区，见小许还未下楼，于是就把车子靠路边停下。又过了几分钟，对方还是没有下来，王师傅又打电话催，可是打了两次，对方一直通话中。虽然是大年初一，但是等待乘客迟迟不来，

王师傅心情显然不愉快。

过了15分钟，小许到了岗亭门口，四处张望没有找到王师傅的车，但是王师傅已经看到他了，向他挥手致意。原本以为可以出发了，但是小许的一句话让他心里拔凉拔凉。“我爸爸已经来接我了，我不需要叫车了。”见小许一边慢悠悠地说，一边在手机上点击取消订单，王师傅心里着急说：“你怎么好随意取消订单的？”小许说：“我爸爸来接我了，关你什么事。”

因为白白等了20多分钟，还浪费了电话费，王师傅非常郁闷，打开车门，一时冲动打了小许一巴掌。小许责问：“为什么打人？取消滴滴司机订单是很正常的事。”“我等了你20多分钟，你知道吗？”王师傅手一挥出去就后悔了，想想不应该打对方。

随后赶来的小许爸爸和王师傅争论起来，之后报警。因为涉嫌殴打他人，王师傅被民警传唤。

王师傅对殴打他人的违法事实供认不讳，小许未满十四周岁，根据《中华人民共和国治安管理处罚法》相关规定，王某被江干警方行政拘留十日并处罚款五百元。

**警官评析之以案释法：**

“殴打他人”是一种比较典型的以强凌弱的行为，动辄挥拳打人，是一种严重侵犯他人人权的行为，必须予以惩处，王师傅的行为已经构成殴打他人。根据《中华人民共和国治安管理处罚法》第四十三条之规定，殴打他人的，或者故意伤害他人身体的，处五日以上十日以下拘留，并处二百元以上五百元以下罚款；情节较轻的，处五日以下拘留或者五百元以下罚款。有下列情形之一的，处十日以上十五日以下拘留，并处五百元以上一千元以下罚款：（一）结伙殴打、伤害他人的；（二）殴打、伤害残疾人、孕妇、不满十四周岁的人或者六十周岁以上的人的；

（三）多次殴打、伤害他人或者一次殴打、伤害多人的。

殴打他人，恃强凌弱，法律代价不可不察！

## 99 违反安全规定拒不改正，出租房子被拘留

导语：为加强居住房屋出租安全管理，保护房屋租赁当事人的合法权益，维护公共秩序和公共安全，杭州市政府于2015年10月29日发布市政府令第287号《杭州市居住房屋出租安全管理若干规定》，该规定于2016年1月1日起施行。明确对“群租房”进行严格管理。现在民警给大家解读违反规定的案（事）例！看看公安机关执行该规定的有关情况！

**基本案情：**

1月27日，四季青派出所对王某进行了处罚，王某因违反公共场所安全管理规定被江干警方行政拘留三日。

事情的经过是这样的：1月20日，四季青派出所民警在钱江四苑小区检查时发现，一出租房内共4个小房间28张床铺，居住20人，而且里面没有按规定配备消防器材、口哨、手电筒、口罩等，也没有安装监控，有重大安全隐患。民警当日发出责令改正通知书交由负责人王某签名，王某对以上事实表示认可并签名保证在改正期限内完成！

但是时间到了1月27日，四季青派出所民警再次到该房间进行检查，发现房内仍未改正，民警马上通知王某到现场，王某的解释理由很充分，一是春节快到了，等住在里面的租客走了再说；二是房子比较难找，没

有选好心仪的房子。所以就什么都没动。

根据《中华人民共和国治安管理处罚法》第三十九条规定，江干警方对王某给予行政拘留三日的处罚。

**警官评析之以案释法：**

《中华人民共和国治安管理处罚法》第三十九条规定，旅馆、饭店、影剧院、娱乐场、运动场、展览馆或者其他供社会公众活动的场所的经营管理人员，违反安全规定，致使该场所有发生安全事故危险，经公安机关责令改正，拒不改正的，处五日以下拘留。

最新出台的《杭州市居住房屋出租安全管理若干规定》第十五条又规定：出租居住房屋集中供他人居住，出租居室达到10间及10间以上的，或者出租床位达到10个及10个以上的，视为供社会公众活动的场所。

民警在此特提醒出租人、管理人以及房地产经纪机构和房地产经纪人员要仔细阅读《杭州市居住房屋出租安全管理若干规定》，该规定明确了居住出租房屋“最小出租单位”和“人均最小使用面积、租住人数限制”等标准，并新增了对“群租房”的管理条款，违反规定者将面临行政拘留或罚款处罚。

## 100 男子非法持有、吸食毒品后，竟然还准备毒驾

导语：天作孽犹可恕，自作孽不可活。男子吸食毒品后准备驾车离去，幸亏被交警及时查获，做贼心虚的他拒绝现场检测，最终法网恢恢，男子为此付出了沉重的法律代价！究竟是怎么回事呢？

**基本案情：**

**一、事故揪出瘾君子**

1月16日1时50分许，我所接交警报案称其在钱潮路钱江三苑处理交通事故过程中现场查获一名涉嫌毒驾的男子。

据交警介绍，该男子打了122报警称自己的车子被人撞了，需要交警前来处理交通事故。后经了解，有辆车子在倒车的时候不小心碰擦到了男子的车子，前车牌处被撞弯了一点，事故虽然很小，但是双方协商不了，男子坚决不肯私了坚持报警。交警赶到现场按惯例核实双方身份证、驾驶证，发现该冯姓男子有贩毒前科，在检查时发现行驶证也未年检，然后要求男子配合毒驾检测，该男子竟然拒绝，回到车内就关上车门后反锁，“此地无银三百两”的表现更加证明了该男子有问题。

**二、心存侥幸百口辩**

民警立即赶赴现场，该男子神志不清、语焉不详，疑似吸毒人员，坐在驾驶座上拒绝配合交警现场对其检测，嘴里还念叨着：“我吃了感冒药了，也有可能检测出的。”

面对此情，民警将其带回派出所接受调查，凌晨3时许在派出讯问室内，男子仍然不肯配合尿检，否认吸毒行为。问其是否有毒驾行为，男子说自己是将车子停在路边的，是别人撞了他的车，自己并未驾驶车辆。

**三、人赃并获认罪服法**

后经人身检查，发现冯某外套右侧内口袋里有一包可疑白色晶体、

图　现场指认

一只玻璃质冰壶、一根吸管。人赃俱在，男子不得不承认吸食和持有毒品的违法事实。

经审查，男子在当天晚上在钱江三苑朋友处以烫吸冰毒的方式吸食毒品，吸完之后将剩下的半包冰毒和吸管等工具放进内侧口袋，打算开车回家，刚刚走到岗亭的时候，发现有辆车子倒车的时候剐擦到自己的车，于是赶过去理论，后来就发生了前面的一幕。

根据《中华人民共和国治安管理处罚法》，冯某涉嫌吸食、持有毒品被江干警方处以行政拘留 20 日。

**警官评析之以案释法：**

根据《中华人民共和国治安管理处罚法》第七十二条第（一）项之规定，冯某涉嫌非法持有毒品被处以行政拘留 12 日，根据《中华人民共和国治安管理处罚法》第七十二条第（三）项之规定，冯某涉嫌吸毒被处以行政拘留 10 日，两项行政处罚合并执行，决定给予冯某行政拘留 20 日的处罚。

吸食、持有毒品是违法犯罪行为，如果吸食了毒品还去驾驶车辆，更是错上加错。希望冯某好好吸取教训，毒品碰不得！

# 派出所执法篇小结：让法律有温度

在这一篇里，所讲述的是笔者在从事派出所工作三年多以来，所接触到的人和事，在处理各种鸡毛蒜皮、家长里短的纠纷中的所思所想。

很多人会产生不少疑问，为什么这些案例会如此奇葩，人物也很奇葩，事情也非常奇葩。这是因为我们执法者面对的对象就是如此，无须刻意隐瞒。

比如《天冷了，我不想上去……》，报警人就有“巨婴”的心态，不想穿上衣服上楼查看敲墙的原因，只要碰到了困难就随意使用警力资源；再如《谎报110，自食其果》，正常的人连110都不想打，更何况以谎报案情的方式拨打110，然而就有个别人不顾民警的提醒和警示，以身试法走进了拘留所；又如《为了减轻牙齿疼痛，男子决定盗窃山核桃》，男子因为牙疼，就想着盗窃山核桃，用硬的东西戳一下牙齿，能减轻疼痛，据他所说有效；再如《因老板要求严厉，便进行盗窃报复》，因为老板工作要求高，为了报复就盗窃了老板的贵重手表，最后以失业告终……

这正是摆在公安机关人民警察面前的执法对象，执法者面对的世间百态、芸芸众生有时候真的是五味杂陈、酸甜苦辣。

正因为民警同志面对的对象，其中一些人学历水平较低，法治意识淡薄，甚至无法识文断字，所以这一篇里面所讲的内容尽量通俗易懂，能让很多的人知法懂法。

实际上这29篇小案例不足以体现基层派出所所面临的复杂的辖区环境，鉴于篇幅的关系，笔者选了其中比较有代表性的案（事）例。

公安派出所的任务是维护社会治安，维护公共秩序，保护公共财产，保障公民合法权益，预防和制止违法犯罪行为。除了这些任务外，还要通过具体的、一件件的个案实现社会的长治久安和人民的安居乐业，体现法律的温度。

在派出所除了办理大量刑事、治安案件，实施“谁执法谁普法”工作外，还承担着国庆、春节等节假日期间执勤任务，跳楼警情紧急增援任务，路面塌陷及时出警任务，钱塘江观潮安保任务，城乡接合部拆迁值勤任务，防范电信网络诈骗任务……

尽管派出所很忙很累，尽管人民警察流血流汗流泪，尽管公安机关面临的形势较为严峻，但是“对党忠诚、服务人民、执法公正、纪律严明”的总要求不变，落实习近平总书记重要指示精神不会变。

在新的历史条件下人民警察坚决完成党和人民赋予的使命任务，责任在肩，须鼎力扛起，责任在心，须担当于行。

再微小的案件、再琐碎的案件、再奇葩的案件，都是法治的孩子，希望通过人民警察的努力，能让法治阳光普照中国大地。

## 参考资料：

1. 张景华．法制在线案例精选［M］．浙江省公安厅法制处．

2. 柯良栋，等．治安管理处罚法释义与实务指南［M］．中国人民公安大学出版社，2014.

3. 张述元，等．刑法条文理解适用与司法实务全书［M］．北京：中国法制出版社，2018.

4. 张红军．一本书读懂法律常识［M］．北京：中华工商联合出版社，2015.

5. 徐光华．徐光华讲刑法［M］．北京：人民日报出版社，2018.

6. 高艳东．极限正义：刑案之道［M］．北京：北京大学出版社．2021.

7. 陈兴良．判例刑法学（下卷）[M]．北京：中国人民大学出版社．2009.

8. 李佳．行政法攻略［M］．北京：中国法制出版社．2018.

## 附录：相关法律规定

1.《中华人民共和国刑法》（1997 年 10 月 1 日）

2.《中华人民共和国刑事诉讼法》（2018 年 10 月 26 日）

3.《中华人民共和国治安管理处罚法》（2013 年 1 月 1 日）

4.《刑法修正案（六）》（2006 年 6 月 29 日）

5.《刑法修正案（八）》（2011 年 5 月 1 日）

6.《刑法修正案（九）》（2015 年 11 月 1 日）

7.《刑法修正案（十一）》（2021 年 3 月 1 日）

8.《中华人民共和国行政处罚法》（2021 年 7 月 15 日）

9.《中华人民共和国消防法》（2021 年 4 月 29 日）

10.《中华人民共和国禁毒法》（2008 年 6 月 1 日）

11.《中华人民共和国人民警察法》（2013 年 1 月 1 日）

12.《中华人民共和国人民银行法》（2004 年 2 月 1 日）

13.《中华人民共和国民法典》（2021 年 1 月 1 日）

14.《中华人民共和国行政诉讼法》（2017 年 7 月 1 日）

15.《中华人民共和国食品安全法》（2021 年 4 月 29 日）

16. 最高人民法院关于适用《中华人民共和国刑事诉讼法》的解释（2021 年 3 月 1 日）

17.《中华人民共和国人民币管理条例》（2000 年 5 月 1 日）

18.《全国人民代表大会常务委员会关于惩治破坏金融秩序犯罪的决定》（1995 年 6 月 30 日）

19. 公安部《关于对同性之间以钱财为媒介的性行为定性处理问题的批复》（2001 年 2 月 18 日）

20.《110 接处警工作规则》（2003 年 4 月 30 日）

21. 公安机关执行《中华人民共和国治安管理处罚法》有关问题的

解释（2006 年 1 月 23 日）

22.《公安机关执法公开规定》（2012 年 8 月 18 日）

23.《公安机关受理行政执法机关移送涉嫌犯罪案件规定》（2016 年 6 月 16 日）

24.《公安机关现场执法视音频记录工作规定》（2016 年 6 月 14 日）

25. 浙江省高级人民法院、人民检察院、公安厅《关于办理盗窃、故意伤害、赌博刑事案件的若干意见》（2018 年 10 月 24 日）

26. 浙江省高级人民法院、人民检察院《关于确定盗窃罪数额标准的通知》（2013 年 6 月 14 日）

27. 浙江省高级人民法院、人民检察院、公安厅、司法厅《浙江省刑事案件适用认罪认罚从宽制度实施细则》（2020 年 12 月 23 日）

28. 浙江省高级人民法院、人民检察院、公安厅《关于办理盗窃刑事案件的若干意见》（2015 年 11 月 24 日）

29. 浙江省高级人民法院、人民检察院、公安厅《关于推行刑拘直诉工作机制的意见》（2019 年 10 月）

30. 浙江省公安厅、司法厅《涉刑强制隔离戒毒人员剩余强制隔离戒毒期限执行工作规定》（2016 年 8 月 23 日）

31.《浙江省公安机关行政处罚裁量基准》（2021 年 3 月 10 日）

32.《违反公安行政管理行为的名称及其适用意见》（2020 年 8 月 6 日）

33.《公安机关办理经济犯罪案件的若干规定》（2006 年 6 月 1 日）

34.《公安部关于改革完善受案立案制度的意见》（2015 年 11 月 4 日）

# 后记：法律人的心声

2020年11月16日至17日，中央全面依法治国工作会议在北京召开，这次会议的一个重要成果，就是首次提出了习近平法治思想。

在习近平法治思想的指引下，国家治理体系和治理能力现代化，建成法治国家、法治政府、法治社会的总目标一定能够实现。

公安机关既具有行政管理职责，又具有刑事司法职能，是直接面对群众第一线执法机构。能够最直观地感受到执法是否公正、办案是否文明的就是公民，甚至是违法犯罪分子。

公安机关是准确、及时查明犯罪事实的启动者，把好第一道关，看好第一道门，守好第一道口，为以审判为中心的刑事诉讼的顺利开展奠定良好的基础，目的就是要维护社会主义法治，尊重和保障人权。因为每一个刑法案例都是昨天的故事，每一份刑事判决都是明天的航标。

2021年是笔者从事公安工作的第十年，笔者深刻感受到公安法制工作在不断地进步和完善，执法规范化建设如火如荼，建章立制扎紧了制度的篱笆，但同时也存在着一些不足和缺点，比如少数执法主体的执法能力和执法素质不适应新形势，仍停留在老套路、老办法、老观念中。

所以笔者想总结一下从事公安工作十年以来的办案经验，把自己曾经办过的案件做一下梳理，从导语、基本案情、争议焦点、警官评析之以案释法等几个方面阐述某个刑法问题或者行政案件法律适用问题。本书共分为三个部分，一是刑事执法篇，二是行政（治安）执法篇，三是派出所执法篇，共计100个案例，每一个案例都是笔者精挑细选，或具有典型性，或具有新闻性，或具有普及性，或具有教育性，或具有警示性。每一篇案例都能说明三个至四个问题，虽然有些很不成熟，但也能够讲清楚部分观点和问题。

刑事罪名和违法名称在某些案由上很难区分，在界限上很难划分，甚至模棱两可、似是而非，比如案例中的非法侵入住宅罪与非罪的界限，伪造国家机关证件罪与使用伪造、变造的公文、证件的区分。另外还有刑民交叉、刑行交叉等，更是理论和实务上的难点。笔者试图通过 100 个案例，打通刑事责任与行政责任的筋脉，能够精准定罪、量刑、判罚。

写作的初心主要来源有二：

一是来源于值班的故事。

笔者在基层公安机关从事法制工作，每五天值班一次，值班的时候面临着大量的案件咨询、法律问题咨询，而法制部门的意见会影响办案单位对案件的办理。所以作为提供意见和建议的人，必须要掌握整个法律体系的内容，对有关刑事、行政领域必须要有研究和把握。值班的时候需要“三头六臂”“八面玲珑”，脑子要动、手脚要快、反应要敏，才能应付各种问题和咨询。笔者深刻感受到同一个知识点有的民警早已掌握，而有的民警要咨询好多次，存在着个体差异。而有些点可能是共性问题，有些点是个性问题。比如，在值班的时候就接到过这样的问询：物业工作人员因为查看漏水问题而进入业主家中，是否构成非法侵入住宅？笔者听了这则警情后非常感兴趣，就编写了《究竟是紧急避险还是非法侵入住宅？》案例故事，以供大家参考。因为如果构成非法行为，派出所就要受案，如果不构成就无须受案。

所以笔者把一线执法工作中常见的问题做了一个归纳，以案例故事、以案释法的形式展现出来，是为初入警界队伍的师弟师妹们提供指引，为对法制工作感兴趣的小伙伴们提供一些素材。

二是来自就医的故事。

2020 年有一次因为结肠炎而就医，辗转了几家医院仍不见好转，直到遇见了浙二医院的好医生陈焰。因为生病总想了解一下该疾病的发病原因、治疗方案、各种禁忌等，而在她的就诊室就放了很多关于炎症性肠病知识普及的相关系列丛书，将克罗恩病和溃疡性结肠炎解释得非常到位，还有小说故事，将文学小说与医学知识普及很好结合在一起。因为是面向患者的普及医学类书籍，所以没有晦涩难懂的医学专业术语，讲的是患者因为得了该病而就医的故事，篇篇入耳、事事入心，使笔者很快掌握了该方面的医学知识，打开了求知的大门。笔者就想到了本职工作，公安机关每天产生大量的案（事）例，可以把这些案（事）例整合成故事，以提供给对法律有兴趣的人，毕竟隔行如隔山，法律知识类的普及能够让大众迅速掌握公安执法方面的知识。

回想起十年前笔者刚进公安队伍时，在办理刑事案件、行政案件的时候也非常迷茫和无助，执法办案系统生疏，定性问题把握不好，量罚问题把握不准，那时候经常请教师傅、前辈们。在不懂的时候参考已经批过的、成熟的案件，一点一点地摸索前进。其实这也是符合最高人民法院《关于统一法律适用加强类案检索的指导意见（试行）》中提出的同案同判、类案检索的观点和实质的。

笔者也看过清华大学法学院副教授、博士生导师刘晗所著的《刘晗·法律思维 30 讲》，讲授的法律思维非常有意思，介绍的美国宪政、美国案例也非常有趣，能够开阔眼界、活络思维。但是同样讲好中国故事，提出中国法治解决方案也非常重要。习近平总书记在十八届三中全会上指出：“我们共产党人干革命、搞建设、抓改革，从来都是为了解决中国的现实问题”。本书正是立足于公安执法实践，在现行法律框架内提出解决问题的办法。

作为一个法律人，执法者的心声和愿望是天下无贼，没有违法、没有犯罪，但是每个自然人个体存在文化水平、素质程度、理解能力、经济状况、理念观念的差异，步调不可能一致，这就需要法律人加强普法宣传，让法治的光辉照耀每个角落。

古人有言：生如蝼蚁，当有鸿鹄之志；命比纸薄，应有不屈之心。

笔者没有那么远大的志向和目标，只是希望在自己的小小领域内有一份小小的耕耘。

衷心感谢所有帮助过我的师傅、老师，衷心感谢法制大队的领导和同事们对本书的指导和支持。

由于写作时间仓促，加之自身法律水平的局限性，在本书的编写过程中还存在着很多的问题和不足，敬请各位读者批评指正。

黄胜　于杭州隐寓轩

2021 年 2 月 12 日

**鸣谢：**

感谢上城区（原江干区）公安分局田国刚局长、余伟青政委、应朝晖常务副局长和各位法制大队、案审大队、各派出所法制员同事对笔者工作的支持和帮助。感谢吴函青、周俊对本书给予的帮助和指点，承担了本书大量的校对工作，感谢浙江大学光华法学院互联网法律研究中心主任高艳东教授和浙江之声新闻主播飞扬为本书作序。

感谢蔡静老师为本书提供了精美的漫画，增添了一道亮丽的风景线。

感谢中国人民公安大学出版社公安业务分社赵学颖分社长、张欣老师认真细心地指导和修改，没有你们辛勤的工作，本书的出版也不可能那么顺利。

感谢各位兄弟姐妹、家人的支持，是你们的鼓励让我不断坚定信心往前走。